权威·前沿·原创

皮书系列为
“十二五”“十三五”国家重点图书出版规划项目

中国城市轨道交通协会

城市轨道交通蓝皮书

BLUE BOOK OF URBAN RAIL TRANSIT

中国城市轨道交通运营发展报告（2018~2019）

REPORT ON THE DEVELOPMENT OF URBAN RAIL TRANSIT OPERATION IN CHINA (2018-2019)

主　编／崔学忠　贾文峥

副主编／蔡昌俊　毛保华

社会科学文献出版社

SOCIAL SCIENCES ACADEMIC PRESS (CHINA)

图书在版编目（CIP）数据

中国城市轨道交通运营发展报告. 2018～2019 / 崔学忠，贾文峥主编. -- 北京：社会科学文献出版社，2019.7

（城市轨道交通蓝皮书）

ISBN 978-7-5201-5135-1

Ⅰ.①中… Ⅱ.①崔… ②贾… Ⅲ.①城市铁路-交通运输管理-研究报告-中国-2018-2019 Ⅳ.①U239.5

中国版本图书馆 CIP 数据核字（2019）第 136936 号

城市轨道交通蓝皮书

中国城市轨道交通运营发展报告（2018～2019）

主　　编 / 崔学忠　贾文峥

副 主 编 / 蔡昌俊　毛保华

出 版 人 / 谢寿光

责任编辑 / 宋　静

出　　版 / 社会科学文献出版社·皮书出版分社（010）59367127

地址：北京市北三环中路甲 29 号院华龙大厦　邮编：100029

网址：www.ssap.com.cn

发　　行 / 市场营销中心（010）59367081　59367083

印　　装 / 天津千鹤文化传播有限公司

规　　格 / 开　本：787mm×1092mm　1/16

印　张：16.75　字　数：249 千字

版　　次 / 2019 年 7 月第 1 版　2019 年 7 月第 1 次印刷

书　　号 / ISBN 978-7-5201-5135-1

定　　价 / 128.00 元

本书如有印装质量问题，请与读者服务中心（010-59367028）联系

城市轨道交通蓝皮书编委会

主　　任　崔学忠　仲建华

副 主 任　杨新征　何　霖　邵伟中　张建平　徐会杰　吴新安　陆文学　祁国俊

编　写　组

主　　编　崔学忠　贾文峥

副 主 编　蔡昌俊　毛保华

编写人员　冯旭杰　胡雪霏　刘　悦　陈绍宽　张目然　朱庆武　李芙蓉　江　浩　彭　行　张红欣　李　享　侯文军　刘宏泰　曹　薇　冯　键　刘书浩　曹文忠　豆　飞　殷　峻　赵　源　宋晓敏　李松峰　展晓义　伍九霖　栾文波　王　洋　胡　昊　梁　成　姚伟国　侯秀芳　史丰收

主要编撰者简介

崔学忠 高级工程师，交通运输部科学研究院副院长。中国城市轨道交通协会副会长兼任运营管理专业委员会主任、全国城市客运标准化技术委员会委员。参与编写《中国城市轨道交通运营发展报告（2017～2018）》、《中国公路水路交通科技发展战略》、《中国道路运输发展报告》（2001、2002、2003）等著作。参与起草《国务院关于城市优先发展公共交通的指导意见》《国务院办公厅关于保障城市轨道交通安全运行的意见》《城市轨道交通运营管理规定》等行业指导性文件。参与制定《城市轨道交通试运营基本条件》（GB/T 30013－2013）等多项国家及行业标准。组织完成多项交通运输部科技项目和标准研究项目。组织开展哈尔滨、郑州、西安、乌鲁木齐等城市的"公交都市"创建工作和综合交通发展规划编制工作。

贾文峥 交通运输部科学研究院副研究员，理学博士。中国城市轨道交通协会运营管理专业委员会副主任委员兼秘书长。主持或参与完成国家重点研发计划项目课题、国家973计划项目课题、交通运输部西部交通建设科技项目及标准化研究项目等。主持或参与编写《城市轨道交通试运营基本条件》《城市轨道交通运营管理规范》《有轨电车试运营基本条件》《城市轨道交通行车调度员技能和素质要求》等国家和行业标准。主持或参与编写《国内外城市轨道交通事故案例评析》《城市轨道交通网络运营组织理论与方法》《城市轨道交通综合联调组织与实践》等著作。

蔡昌俊　教授级高级工程师，工学博士，广州地铁集团有限公司副总经理。全国城市轨道交通标准化技术委员会委员、中国电工技术学会轨道交通电气设备技术专业委员会副主任委员、中国城市轨道交通协会运营管理专业委员会副秘书长等。主持编写直线电机轨道交通系列丛书及《城市轨道交通直线电机牵引系统设计规范》。主持“城市轨道交通能馈式牵引供电系统及牵引传动系统研制”“城轨交通基于通信的列车控制系统（CBTC）研发”等项目。设计发明“DC1500V三轨平面布置结构”“直线电机径向转向架”“无线式站台屏蔽门车地联动控制系统”“轨道交通设备质量评估方法”等专利。曾多次获得国家、省、市级科学技术奖项，获评广东省五一劳动奖章、广东省十项工程劳动竞赛模范科技工作者等。

毛保华　北京交通大学教授，中国综合交通研究中心执行主任、城市轨道交通系系主任，工学博士，博士生导师。中国城市轨道交通协会运营管理专业委员会副主任委员，全国城市客运标准化技术委员会委员，中国系统工程学会交通运输系统工程专业委员会常务副主任委员、秘书长，《交通运输系统工程与信息》学报主编，《系统工程理论与实践》等多个期刊编委。主持完成了国家973计划项目课题，国家自然科学基金重大项目课题、重点与面上项目等。著有《城市轨道交通网络运营组织理论与方法》《“一带一路”与交通运输》《城市轨道交通系统运营管理》《城市轨道交通规划与设计》等著作10余部；曾获国家自然科学二等奖、茅以升铁道科技奖、钱学森城市学金奖等。

序

更好地服务乘客出行是城市轨道交通作为一种城市公共交通方式的基本要求，随着城市轨道交通逐步投入网络化运营，不同服务范围、不同速度等级和不同敷设方式的轨道交通协同发展，乘客出行服务需求逐渐多元化，早晚高峰进站候车、乘车和换乘过程中存在诸多由于工程项目前期运营需求考虑不足影响乘客出行体验的现象，例如，线路运能不足、线路换乘能力不匹配、站台和车厢拥挤等问题，产生客流安全隐患；同时由于存车线、折返线和列车编组等线路设计和车辆运用等实际情况，行车调整等运营组织工作存在诸多难题。

国务院办公厅《关于保障城市轨道交通安全运行的意见》（国办发〔2018〕13 号）指出，在工程可行性研究和初步设计文件中设置运营服务专篇，对涉及运营安全和乘客服务的关键影响因素提前谋划、精心设计、分步实施，确保运营交付时满足各项功能要求。运营需求前置是保障乘客服务的根本途径，系统梳理我国城市轨道交通运营在服务乘客出行方面面临的实际困难，研究提出具体的运营需求，并给出可行的实现途径，为运营服务专篇设计提供技术支撑，是目前亟须研究的重点问题。

我国城市轨道交通正处于发展的关键时期，一批线路正在运营，其中投入运营较早的一些线路即将进入更新改造阶段，大量新线正在进行规划设计或工程建设，涉及运营需求设计、运行与维护管理、服役能力保持以及更新改造等诸多运营管理的重大技术问题。因此，系统梳理现阶段我国城市轨道交通工程项目前期运营需求与后期运营出现的问题间的联系，整理车站改造、配线改造、增购列车、交通衔接、安全设施布局和设施设备选型等方面案例库，研究形成运营需求体系，对正在或即将进行规划建设轨道交通的城市具有重要的参考价值，为新线建设的系统性、合理性和科学性提供保障，避免对运营需求考虑不足导致后期运营困难，从源头上提高城市轨道交通的服务品质以及企业可持续发展能力。

本蓝皮书在编写过程中，得到交通运输部科学研究院、北京交通大学等科研院校和广州、深圳、上海、北京、西安、南京、苏州、重庆、郑州等城市轨道交通企业的大力支持，在此表示衷心感谢。本蓝皮书观点是根据相关企业运营管理实际情况和学者研究成果提炼的，不当之处，恳请读者批评指正。

编写组

2019 年 6 月

摘　要

《中国城市轨道交通运营发展报告（2018～2019）》共分为五部分，包括总报告、行业管理篇、网络化运营篇、专家观点篇和借鉴篇。

总报告包括城市轨道交通发展情况回顾、基本运行情况、运营服务情况分析、运营标准化建设情况、运营管理创新以及发展热点预测等内容。针对网络化发展情况，分析了网络客运量、客运强度、换乘系数、平均运距、运营服务时长和平均旅行速度等指标。收集整理了新发布的相关国家标准、行业标准、地方标准和团体标准。分析了智能运维等企业管理创新，从行业安全监管、多元化支付、区域轨道交通一体化和智慧运营等方面探讨了城市轨道交通运营管理发展热点。

行业管理篇重点分析了管理体制和法规建设进展情况，提出了相关政策建议。梳理分析了国家相关部门印发的城市轨道交通相关文件和城市人民政府出台的地方性法规和地方政府规章，围绕运营安全源头治理、运营突发事件处置以及公共安全防范等方面提出了相关政策建议。

网络化运营篇包括网络化运营需求概述、网络化客运服务需求、网络化行车组织需求、网络化应急管理需求和网络化条件下企业管理需求等内容。针对网络化条件下服务环境、设施和乘客换乘等出行体验，围绕车站扩能改造、售检票系统改造和厕所革命等典型案例进行了分析。针对换乘站运能适应性、线路运能匹配、网络化运能管理和突发事件应急处置等需求，重点讨论了客流时空分布、运用车配置、晚点传播、网络安全韧性和网络应急指挥中心设置等内容，针对典型案例进行了现状和原因分析，提出了实现网络化运营需求的相关建议。

专家观点篇重点围绕网络化条件下设备管理需求、企业管理需求、大型活动保障、运营需求标准、车辆智能运维以及完善安全管理体系等方面进行了专题讨论。

借鉴篇以东京和中国香港为例对网络化运营进行了分析，重点探讨了东京城市轨道交通的运营指标情况、网络化行车组织方式和安全与应急管理典型案例等；分析了香港城市轨道交通的票制票价、换乘站设计和客流组织方式以及运营收支情况等。

目　录

Ⅰ　总报告

Ⅱ　行业管理篇

Ⅲ　网络化运营篇

Ⅳ 专家观点篇

Ⅴ 借鉴篇

总 报 告

General Report

B.1

2018年城市轨道交通发展回顾与展望

摘 要： 2018 年中国城市轨道交通持续高速发展，运营规模突破 5700 公里，较 2017 年增长了 14.5%，越来越多的城市迈入网络化运营阶段，行业监管不断加强，企业管理与技术创新能力不断提升。本报告在系统回顾 2018 年城市轨道交通发展情况的基础上，对客运量、客运强度、换乘系数等指标进行了深入分析，系统梳理了 2018 年发布的相关国家标准、行业标准、地方标准和团体标准，探讨了企业近年的创新举措，并对未来城市轨道交通运营管理的发展热点进行了预测。

关键词： 轨道交通 运营规模 创新管理

一　城市轨道交通发展情况回顾

1. 运营规模突破5700公里

据中国城市轨道交通协会统计，截至2018年底，我国大陆地区城市轨道交通[①]开通运营线路总长度达5761.4公里，较2017年底增长了14.5%；开通城市轨道交通运营的城市有35个，分别为北京、上海、天津、重庆、广州、深圳、武汉、南京、沈阳、长春、大连、成都、西安、哈尔滨、苏州、郑州、昆明、杭州、佛山、长沙、宁波、无锡、南昌、兰州、青岛、淮安、福州、东莞、南宁、合肥、石家庄、贵阳、厦门、珠海和乌鲁木齐；开通运营车站3394座（线网车站每个车站只计一次，换乘站不重复计算）。

从线网层面看，2018年，北京城市轨道交通线网里程突破700公里，和上海成为国内两个里程超过700公里的城市；广州线网里程突破400公里，重庆、南京、武汉和成都突破300公里，线网建设不断完善。

截至2018年底，全国在建线路总长6374公里，北京、广州两市建设规模均超过400公里，成都、武汉、杭州3市建设规模均超过300公里；全年共完成城市轨道交通建设投资5470.2亿元，规划、在建线路规模稳步增长，年度完成建设投资额创历史新高。

2. 多城市进入网络化运营阶段

根据《城市轨道交通行车组织规则》（JT/T 1185－2018）规定，满足以下特征的线网可称为网络化运营：线路数4条及以上，线路关联形成网格状，基本连通、覆盖城市中心城区；基本实现中心城区1公里半径内能找到城市轨道交通车站，站点布局可达性强；换乘站3座及以上，不同线路间可实现无障碍换乘。截至2018年底，我国大陆地区步入或基本步入网络化的城市共有17个，分别为北京、上海、广州、深圳、天津、武

① 除特殊说明外，总报告中涉及的城市轨道交通线路数据包括地铁、轻轨、单轨、市域快轨、现代有轨电车、磁浮交通和APM。报告中仅包含中国大陆地区城市轨道交通运营情况，不含中国香港、澳门和台湾地区。

汉、南京、大连、成都、西安、杭州、重庆、苏州、沈阳、长春、青岛和昆明。

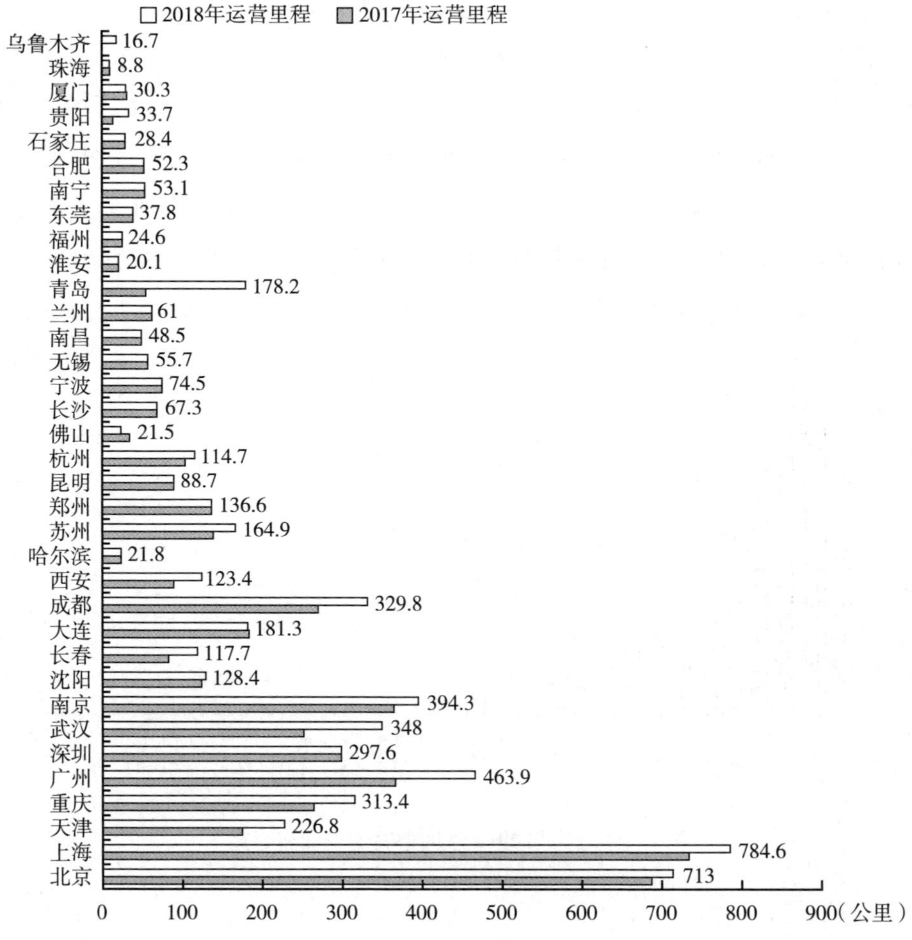

图1　中国大陆2018年城市轨道交通运营里程

资料来源：根据2017年和2018年中国城市轨道交通协会《城市轨道交通年度统计和分析报告》整理。

截至2018年底，据不完全统计，共有63个城市的城市轨道交通线网获得中华人民共和国国家发展和改革委员会或地方政府批复。北京、上海、天津、重庆、广州、深圳、武汉、成都、西安、杭州、长沙和厦门等城市的规划建设线路长度超过200公里，其中北京、上海和杭州超过300公里，线网可达性和换乘便捷度会进一步提升。建设完成后，宁波、无锡、哈尔滨、郑州、合肥、南昌、南宁、石家庄、济南、贵阳等城市也将步入网络化运营阶段。

3. 客运量不断攀升

2018 年，我国城市轨道交通共完成客运量 210.7 亿人次，比上年增长 25.9 亿人次，增长 14%。其中北京完成客运量 38.5 亿人次，上海完成 37.1 亿人次，广州完成 30.3 亿人次，三个城市完成客运量占全国完成客运量的 50%。与 2017 年相比，由于服务覆盖区域加大，网络化水平增加，成都、南京和武汉首次累计完成客运量均突破 10 亿人次：成都累计完成客运量 11.6 亿人次，南京累计完成客运量 11.2 亿人次，武汉累计完成客运量 10.5 亿人次。

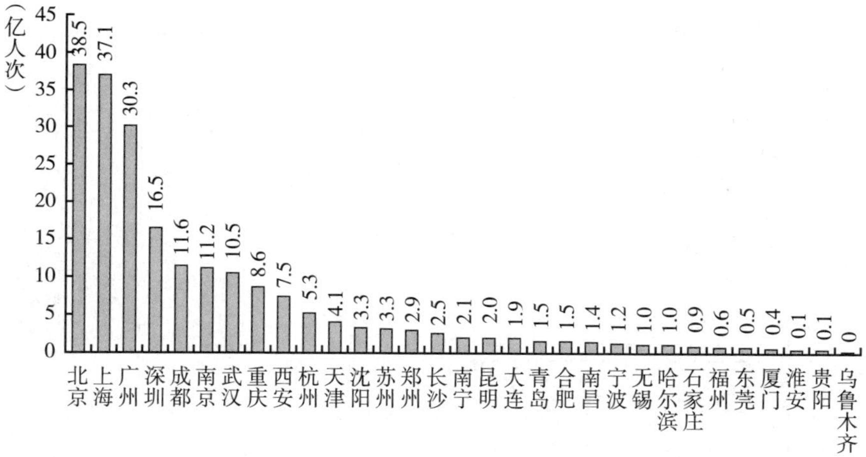

图 2　中国大陆 2018 年城市轨道交通客运量

注：乌鲁木齐地铁 1 号线（北段）于 2018 年 10 月开通，截至 2018 年底客运量为 244 万人次。

资料来源：根据 2017 年和 2018 年中国城市轨道交通协会《城市轨道交通年度统计和分析报告》整理。

二　城市轨道交通基本运行情况

1. 客运强度与上年基本持平

客运强度是反映线网运力使用效率的指标之一。从线网层面看，全国城轨交通平均客运强度为 0.8 万人次/（公里·日），与 2017 年基本持平。客运强度达到或超过 1.0 万人次/（公里·日）的城市为北京、上海、广州、深圳、成都、西安、哈尔滨、杭州、长沙、南宁，其中西安客运强度最高，达到 1.91 万人次/（公里·日）。与 2017 年相比，北京、上海、天津、广州、武汉、沈阳、长春、青岛、贵阳等城市的客运强度略有下降。一是因为新建线路短期内大规模投入使用，客流培育工作仍需要时间；二是市郊线路站间距大、客流贡献小，会拉低平均客运强度。随着线网规模的不断完善、客流培育逐步完成，客运强度会保持稳定或有一定程度的增长。

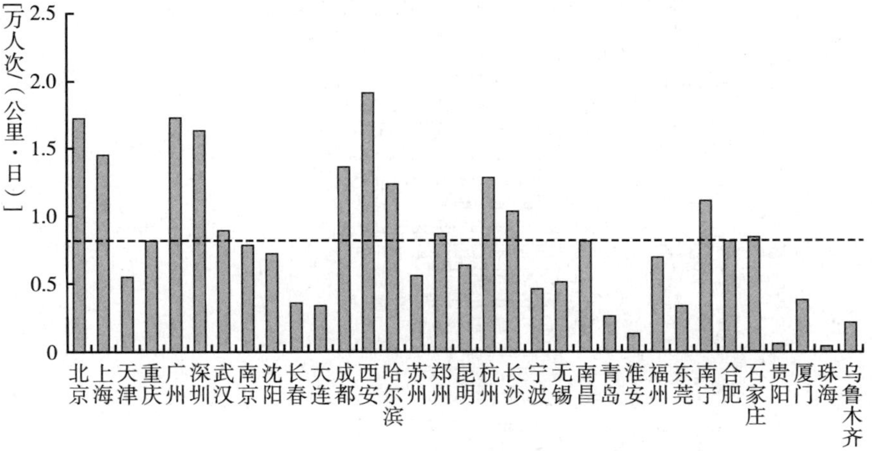

图 3　中国大陆 2018 年城市轨道交通客运强度

资料来源：根据 2017 年和 2018 年中国城市轨道交通协会《城市轨道交通年度统计和分析报告》整理。

从线路层面来看，线路客运强度最高的是广州地铁 1 号线，为 5.6 万人次/（公里·日），与 2017 年相比仍旧是客运强度最高的线路。

2. 线网最大客流分布新形势

统计期内，换乘车站仍旧是线网客运量最大的车站之一。从最高日客运量车站来看，与 2017 年相比，由于新开线路成网、商业和住宅等城市功能区建成和变化，部分城市的最高日客运量车站有了一定的变化，如西安最高日客运量车站由北大街站变成小寨站，重庆市由观音桥站变成两路口站，东莞市由虎门火车站变成鸿福路站，苏州由火车站变为东方之门站，福州由火车南站变为东街口站等。最高日客运量大都发生在节假日期间或前后，如元旦、五一劳动节、七夕节、国庆节等。与2017年相比，由于学生、在职人员出行时间段分散，春节期间或前后没有造成最高日车站进站量，而由于对传统节假日的重视、消费习惯的变革，七夕节成为新的乘坐高峰时段。从最高日进站量车站来看，大部分车站有一定程度的增长，上海－人民广场站、北京－西直门、深圳－老街、武汉－江汉路、杭州－火车东站等车站的客运量有所下降。

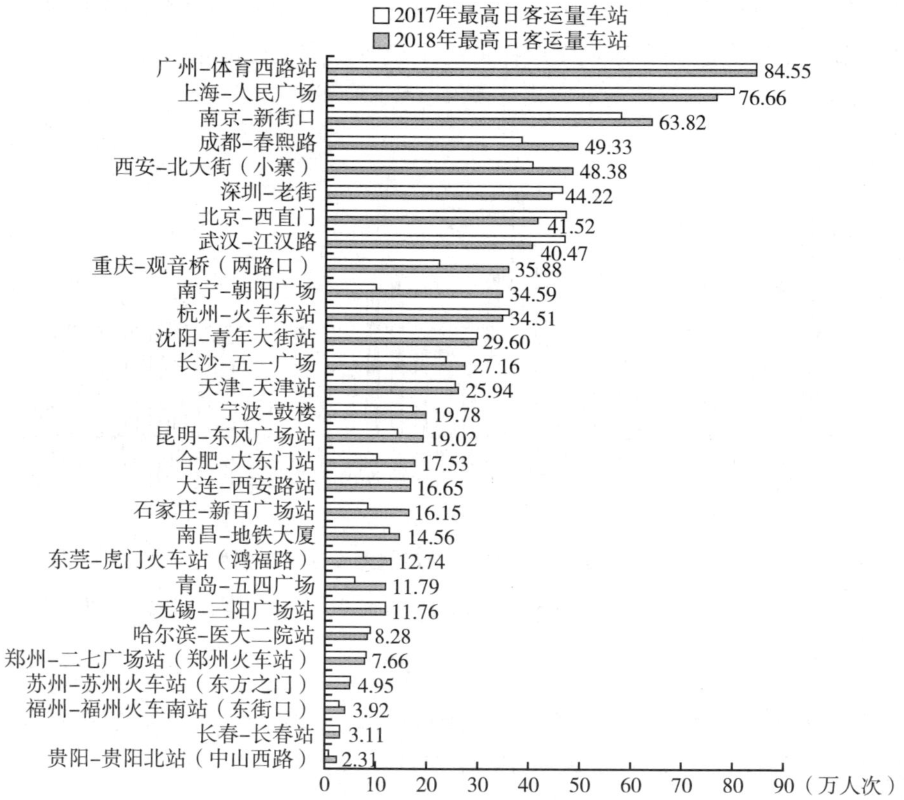

图4　中国大陆2017年和2018年各市最高日客运量车站

注：图中括号中车站为2018年城市最高日客运量车站，括号外车站为2017年城市最高日客运量车站，如2018年与2017年相比最高日客运量车站未发生变化，则未特别标示。

资料来源：根据2017年与2018年中国城市轨道交通协会《城市轨道交通年度统计和分析报告》整理。

3. 换乘系数持平

换乘系数是衡量乘客直达程度的重要指标，换乘系数越小，表明线路的直达程度越好。我国 2017 年和 2018 年平均换乘系数均为 1.58，2018 年高于平均换乘系数的城市有北京（1.89）、上海（1.74）、广州（1.74）、南京（1.65）以及郑州（2.0）。一方面，由于城市中心和郊区线网规划模式不同，线网中很多郊区线路与中心城区线路单站连接，如北京地铁拥有的昌平线、西郊线、房山线、亦庄线等线路，均通过线路终点站来与其他线路相连；或不同地铁线路贯通运营，例如，郑州地铁 2 号线和城郊线，乘客不需要下车即可完成一次换乘，所以综合来看，部分乘客至少换乘 1 次线路到达目的地。另一方面，线网越来越完善，乘客可选择的路径增加，但是受线路布设限制，很难满足所有乘客的直通需求。

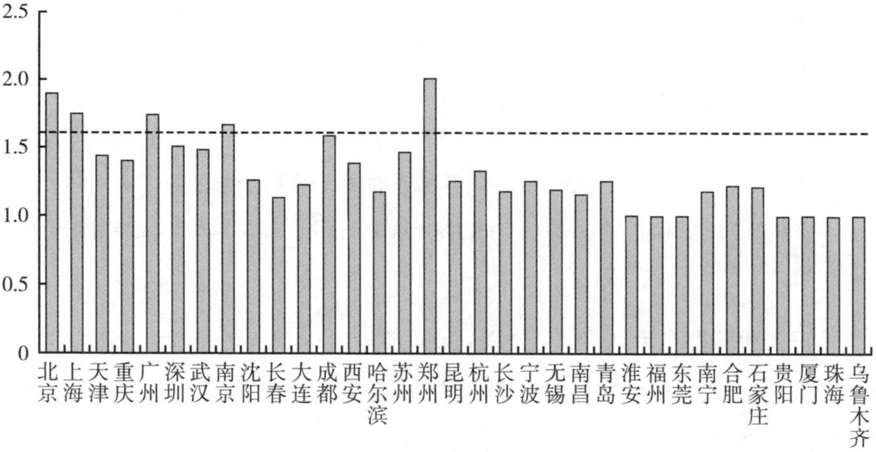

图 5　中国大陆 2018 年城市轨道交通换乘系数

资料来源：根据 2017 年和 2018 年中国城市轨道交通协会《城市轨道交通年度统计和分析报告》整理。

4. 平均运距略有增长

2018 年我国城市轨道交通平均运距为 13.2 公里，比 2017 年增加了 0.3 公里。2018 年平均运距超过平均水平的城市分别为北京（16.5 公里）、上海（15.9 公里）、南京（13.7 公里）、郑州（19.7 公里）。随着城镇化水平的提升和轨道交通线网快速发展，职住分离现象更加显著，平均运距会有一定程度的增长；之后随着线路沿线建设发展，城市规模、线网规模基本稳定后，线网平均运距趋于稳定，甚至会由于内部出行增多，平均运距降低。以上海为例，2008 年线网平均运距为 12.6 公里，2018 年为 15.66 公里，10 年中线网平均运距年均增长率达到 2.2%。

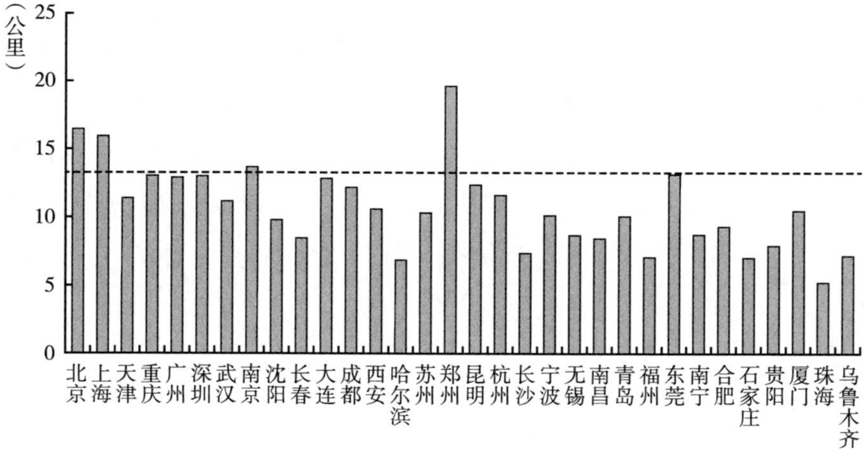

图 6　中国大陆 2018 年城市轨道交通平均运距

资料来源：根据 2017 年和 2018 年中国城市轨道交通协会《城市轨道交通年度统计和分析报告》整理。

5. 万人线网拥有率达到0.3公里以上

万人线网拥有率体现了城市体量与城市轨道交通规模的匹配程度，2018 年，我国部分城市的轨道交通万人线网拥有率达到 0.3 公里以上，其中南京最高，达到 0.47 公里，北京为 0.33 公里，上海为 0.32 公里，广州为 0.31 公里，深圳为 0.23 公里。目前，虽然我国城市轨道交通运营总里程已居于全球各国第一，但万人线网拥有率仍不是很高，随着规划建设规模的不断扩大，人均拥有的线网里程仍有进一步提升的空间。

表 1　国内典型城市万人线网拥有率

序号	典型城市	运营里程(公里)	常住人口(万人)	万人线网拥有率(公里)
1	北京	713.0	2154.20	0.33
2	上海	784.6	2423.78	0.32
3	天津	226.8	1559.60	0.15

续表

序号	典型城市	运营里程(公里)	常住人口(万人)	万人线网拥有率(公里)
4	重庆	313.4	3101.79	0.10
5	广州	463.9	1490.44	0.31
6	深圳	297.6	1302.66	0.23
7	武汉	348.0	1089.29	0.32
8	南京	394.3	843.62	0.47
9	成都	329.8	1633.00	0.20
10	西安	123.4	1000.37	0.12

资料来源：根据2017年和2018年中国城市轨道交通协会《城市轨道交通年度统计和分析报告》以及各城市2018年经济和社会发展公报整理。

三　城市轨道交通运营服务情况分析

1. 发车最小间隔不断缩小

2018年，各个城市根据客流分布和乘客乘车需求不断调整完善客运组织和行车组织，合理设置线路高峰小时最小发车间隔，提高服务质量。全国城市轨道交通高峰小时最小发车间隔平均为265秒。进入120秒及以内的线路共有10条，其中上海城市轨道9号线高峰小时最小发车间隔最短，为115秒。

2018年，多个城市缩短了高峰小时最小发车间隔，其中上海、天津、深圳、武汉、沈阳、西安、苏州、郑州、昆明、杭州、长沙、宁波、无锡、南昌、青岛、东莞、南宁、贵阳等城市缩短了发车间隔，12座城市的线路高峰小时最小发车间隔缩短了30秒以上，其中贵阳城市轨道交通线路高峰小时最小发车间隔缩短了100秒，达到390秒；南昌城市轨道交通线路缩短了78秒，最小发车间隔达到312秒；宁波城市轨道交通线路缩短了73秒，最小发车间隔达到280秒。长春市城市轨道交通根据线路运力和运量的匹配关系，将线路高峰小时最小发车间隔延长了66秒，达到330秒。

2. 运营服务时长灵活调整

2018年城市轨道交通平均运营服务时长为16.6小时/日，其中北京服

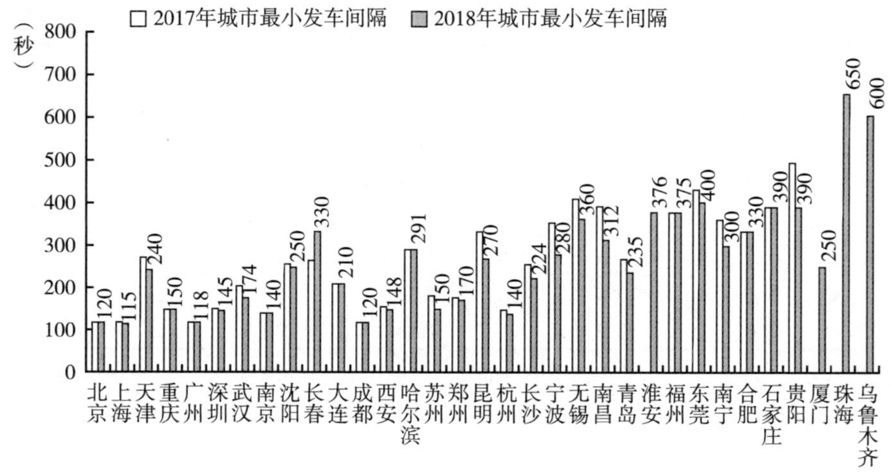

图7　中国大陆2017年和2018年各市最小发车间隔

资料来源：根据2017年和2018年中国城市轨道交通协会《城市轨道交通年度统计和分析报告》整理。

务时长最长，为18.6小时/日，其次为上海（18.1小时/日）、西安（18小时/日）和杭州（18小时/日）。

一方面，在重大节假日期间或前后，为满足乘客出行需求，各个城市会适当临时延长运营服务时长。以广州地铁为例，在元旦假期期间，2018年12月31日和2019年1月1日线网分别延长运营服务时间1.5小时和1小时；五一劳动节假期期间，2018年4月29日、30日及5月1日延长运营服务时间1小时。另一方面，部分运营单位根据客流变化情况和客运组织规律，常态化延长运营时长，例如，成都地铁2号线常态化延长运营15分钟，满足成灌铁路由都江堰开往犀浦方向末班车乘客的接驳需求；南宁地铁考虑到火车站换乘需求以及乘客晚间出行需求，运营时间延长到夜间23：00。

3. 平均旅行速度略有降低

2018年，城市轨道交通平均旅行速度为35.3公里/小时，比2017年降低了2.5%。由于2018年新开通运营的线路中现代有轨电车占比较高，与2017年相比增幅达40.9%，截至2018年底，现代有轨电车线路里程达

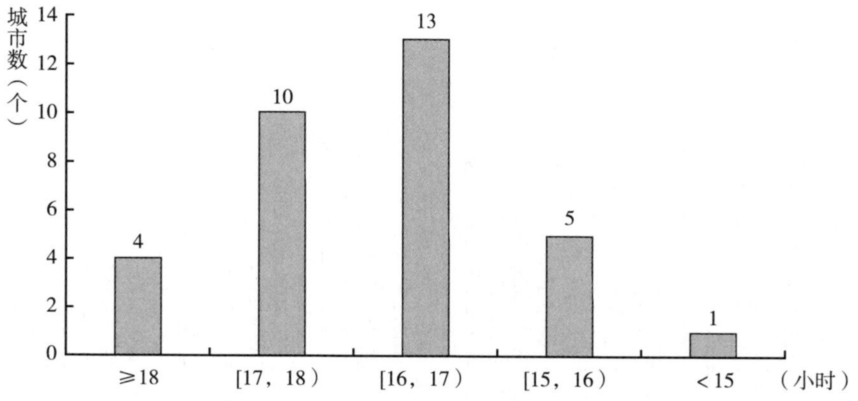

图8　2018年按日平均运营服务时长划分城市分布

资料来源：根据2017年和2018年中国城市轨道交通协会《城市轨道交通年度统计和分析报告》整理。

328.7公里，占总运营里程的5.7%。与地铁、轻轨等制式相比，现代有轨电车的平均旅行速度较慢，因此我国城市轨道交通平均旅行速度略有降低。2018年开通运营的城市中，珠海市轨道交通制式全部为有轨电车，因此平均旅行速度最低，为18.1公里/小时；东莞城市轨道交通由于线路站间距较大且设计时速较高，因此平均旅行速度最高，为53.9公里/小时。

平均旅行速度与线路和土建工程、行车组织、驾驶模式、车辆性能、信号系统能力、运营延误等因素有关，在设计、施工和运营阶段均应对以上因素予以关注和完善优化，确保车站、线路和线网的服务水平进一步提升。

四　城市轨道交通运营标准化建设稳步推进

伴随着城市轨道交通的快速发展，我国运营标准化建设也取得了一定成效。据全国城市客运标准化技术委员会统计，在城市轨道交通运营领域，2018年我国共出台国家标准1项、行业标准9项，并有2项行业标准《城市轨道交通运营安全隐患排查规范第1部分：地铁、轻轨和单轨》和《城市轨道接驳设施技术要求》公开征求意见，具体如表2所示。

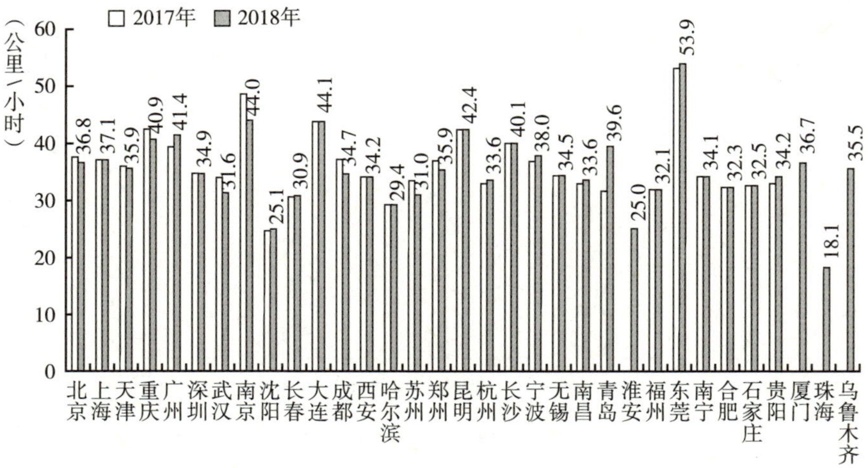

图 9　2017 年和 2018 年各城市平均旅行速度

资料来源：根据 2017 年和 2018 年中国城市轨道交通协会《城市轨道交通年度统计和分析报告》整理。

表 2　2018 年我国已发布的城市轨道交通运营领域国家和行业标准

序号	标准编号	标准名称	发布时间	实施时间
1	GB/T 36953. 3 – 2018	《城市公共交通乘客满意度评价方法第 3 部分:城市轨道交通》	2018 – 12 – 28	2019 – 7 – 1
2	JT/T 1180. 15 – 2018	《交通运输企业安全生产标准化建设基本规范第 15 部分:城市轨道交通》	2018 – 2 – 26	2018 – 5 – 1
3	JT/T 1185 – 2018	《城市轨道交通行车组织规则》	2018 – 2 – 26	2018 – 5 – 1
4	JT/T 1218. 1 – 2018	《城市轨道交通运营设备维修与更新技术规范第 1 部分:总则》	2018 – 9 – 6	2018 – 12 – 1
5	JT/T 1218. 2 – 2018	《城市轨道交通运营设备维修与更新技术规范第 2 部分:车辆》	2018 – 9 – 6	2018 – 12 – 1
6	JT/T 1218. 3 – 2018	《城市轨道交通运营设备维修与更新技术规范第 3 部分:信号》	2018 – 9 – 6	2018 – 12 – 1
7	JT/T 1219 – 2018	《跨座式单轨车辆维护与更新技术规范》	2018 – 9 – 6	2018 – 12 – 1
8	JT/T 1220 – 2018	《跨座式单轨道岔设备维护与更新技术规范》	2018 – 9 – 6	2018 – 12 – 1
9	JT/T 1221 – 2018	《跨座式单轨轨道梁桥维护与更新技术规范》	2018 – 9 – 6	2018 – 12 – 1
10	JT/T 1222 – 2018	《跨座式单轨接触网维护与更新技术规范》	2018 – 9 – 6	2018 – 12 – 1

资料来源：根据全国城市客运标准化技术委员会调研资料整理。

在地方标准建设方面，据中国城市轨道交通协会运营管理专业委员会函调，2018 年我国各省（市）共出台城市轨道交通运营方面地方标准 12 项，涵盖线路安全评价、换乘区域服务规范、运营服务规范、导向标识设计等内容，具体如表 3 所示。

表 3　2018 年我国已发布的城市轨道交通运营领域地方标准

序号	标准编号	省(市)	标准名称	发布时间	实施时间
1	DB11/T 1510 – 2018	北京市	《城市轨道交通运营线路安全评价规范》	2018 – 4 – 4	2018 – 10 – 1
2	DB3302/T 1095 – 2018	宁波市	《综合客运枢纽换乘区域服务规范》	2018 – 3 – 16	2018 – 4 – 15
3	DB3302/T 1096 – 2018	宁波市	《综合客运枢纽换乘区域引导标识》	2018 – 3 – 16	2018 – 4 – 15
4	DB61/T 1172 – 2018	陕西省	《城市轨道交通运营服务规范》	2018 – 10 – 11	2018 – 11 – 11
5	DB61/T 1145 – 2018	陕西省	《城市轨道交通运营安全标志及使用规范》	2018 – 4 – 12	2018 – 5 – 12
6	DB6101/T 3027 – 2018	西安市	《城市轨道交通引入无线局域网/WLAN 覆盖技术规范》	2018 – 9 – 17	2018 – 10 – 16
7	DB6101/T 3025 – 2018	西安市	《中运量跨座式单轨交通系统运营管理规范》	2018 – 6 – 8	2018 – 6 – 28
8	DB44/T 2117 – 2018	广东省	《中运量跨座式单轨交通系统道岔技术条件》	2018 – 3 – 28	2018 – 6 – 28
9	DB44/T 2114 – 2018	广东省	《中运量跨座式单轨交通系统车辆技术条件》	2018 – 1 – 25	2018 – 4 – 25
10	DB31/T 1105 – 2018	上海市	《城市轨道交通车站服务中心服务规范》	2018 – 9 – 18	2018 – 12 – 1
11	DB31/T 1104 – 2018	上海市	《城市轨道交通导向标识系统设计规范》	2018 – 9 – 19	2018 – 12 – 2
12	DB31/T 1122 – 2018	上海市	《城市轨道交通运营评价指标体系》	2018 – 12 – 25	2019 – 4 – 1

资料来源：根据中国城市轨道交通协会运营管理专业委员会调研资料整理。

在团体标准建设方面，中国城市轨道交通协会继续积极开展团体标准制定工作，2018 年全年共发布团体标准 62 项，涵盖规划设计、技术装备、运营管理等各个领域，其中运营管理领域发布有轨电车相关标准 4 项，形成报批稿 1 项，形成征求意见稿 1 项，具体如表 4 所示。

表 4　2018 年中国城市轨道交通运营管理领域团体标准清单

序号	标准编号	标准名称	发布时间	实施时间
1	T/CAMET 07001 －2018	《现代有轨电车运营管理规范》	2018 －9 －10	2018 －12 －10
2	T/CAMET 07002 －2018	《现代有轨电车运营安全评价规范》	2018 －9 －10	2018 －12 －10
3	T/CAMET 07003 －2018	《现代有轨电车行车组织规范》	2018 －9 －10	2018 －12 －10
4	T/CAMET 07004 －2018	《现代有轨电车信号系统通用技术条件》	2018 －9 －10	2018 －12 －10
5	—	《城市轨道交通车站装饰装修工程技术要求》	已形成报批稿	—
6	—	《地铁振动源强测量规程》	已形成征求意见稿	—

资料来源：根据中国城市轨道交通协会官网资料整理。

此外，2018 年中国城市轨道交通协会共分三个批次下达 27 项团体标准制修订计划，其中运营管理领域共新制定标准 2 项，分别是《穿越城市轨道交通既有结构安全保护技术规范》和《城市轨道交通车地通信漏泄波导技术规范》，预计 2020 年发布。

五　城市轨道交通运营管理创新

2018 年，我国城市轨道交通运营企业在管理体系优化、运营成本控制、智慧运维技术等方面进行了持续探索，取得了一系列优秀的创新成果。

1. 企业管理创新

（1）优化岗位配置

苏州地铁通过调整工班设置、优化派班计划、创新修制修程等方法，有效优化了人员配置，提高了工作效率。例如，合并信号 ATS、通信网管工班减编 29 人，推广 2 名场调搭班模式，共节约 297.91 万元/年；试点无客值运作，减员 32 人，节约 416 万元/年；试行电客车均衡修，人员缩减 35 人，人车比由 0.93 降至 0.76，线网推广后减员 61 人。

（2）构建“安全库存数据体系”

历时 6 个月，无锡地铁运营分公司完成备件类物资 8089 项的物资等级分类划分和安全库存数据体系的编制评审发布工作。通过物资等级分类的编制，清晰识别物资的重要程度，实现重点管理，有效提高投入产出比和工作效率。安全库存数据体系的建立，有效地避免了依靠个人主观经验判断等粗放式的管理，提升了物资标准化管理水平，降低企业成本支出，提高故障应变能力，进一步增强企业竞争力。

（3）开展“五心”服务建设

合肥城市轨道交通有限公司运营分公司于 2017 年初在客运、站务首次提出了以“热心、细心、耐心、虚心、诚心”为主要内容的“五心”服务理念，并将理念机制化、常态化，贯穿于客运服务的全过程。为进一步扩展“五心”服务深度、广度，加强文化品牌知名度与影响力，2018 年初，紧密围绕“下道工序就是用户，面对服务对象都是窗口”工作理念，开展全方位“五心”服务文化建设。强化“设备服务行车、行车服务客运、后勤服务生产、上道工序服务下道工序”，构建具有合肥特色、内外兼修、全方位的“五心”服务体系。“五心”服务建设先后获得交通运输部企业管理创新一等奖、安徽省管理创新三等奖，公司被中国交通企业管理协会授予“优秀文化建设单位”荣誉称号等，进一步提升了“五心”服务的品牌影响力和知名度。

2. 节能降耗技术创新

随着城市轨道交通运营里程和承载客流的增长，运营能耗呈刚性上升趋势。由于能源单价的不断提升，城市轨道交通运营成本的相对值和能耗的绝对值都面临持续增长的压力，各城市轨道交通企业相继开展了一系列节能技术研究。

深圳地铁于 2015 年起开展照明和广告灯箱节能改造工程，对公共区照明、广告灯箱的灯具改造数量超过 20 万套。截至 2016 年 3 月，该项工程照明系统节电率不低于65.19%，广告灯箱系统节电率不低于56.41%，改造后可以降低照明负荷超过4500kW，在灯具全开使用的情况下，每年可节约用电约2000万kWh，可节约人民币约2000万元。此外，深圳地铁同步实施建设了照明能耗计量系统，实现了照明能耗的实时监控，为线路的精细化运营提供了有力支持。

3. 智能运维技术创新

（1）车辆技术及维护体系优化

车辆是城市轨道交通运行的核心载体，长期以来车辆关键系统维护主要依赖检修人员的个人经验，缺乏科学有效的技术手段进行系统评价及量化判定，严重制约了车辆系统可用性与可靠性。

上海申通集团立足列车全寿命管理，在设计理论、检修工艺等方面实现突破，以保障城市轨道交通安全运营为目标，对列车关键系统维护现状进行深入分析，从车辆关键系统结构设计、维护策略、智能检测等角度出发，多管齐下，打造城市轨道交通车辆维护新体系，实现维护理念、检修模式、辅助装备的重大升级，并研发出一套谱系化检测技术装备及结构优化产品，大幅提升了车辆维护品质及维护效率，保障城市轨道交通的安全有序运营，切实提升城市轨道交通运营的可靠性与运营效率。

该创新为城市轨道交通车辆关键部件的优化设计和自动化检测奠定了技术基础。应用推广范围广泛，已在国内外轨道交通多条线路车辆上成功运用，取得了良好的经济和社会效益。

（2）轨道交通设备智能巡检技术创新

长沙地铁基于物联网技术，开发适用于轨道交通行业的设备精益化作业管理系统。系统利用无纸化、智能化的巡检手段，采用非接触感应技术以及智能手机对地铁设备工作状态进行巡检，将巡检人员巡检情况、设备状态数据、运行情况结合在一起，进一步促进巡检工作管理的规范化，保证设备运行质量，降低故障发生率，提高巡检工作效率与效果，确保地铁设备安全运行，实现“巡检智能化、管理规范化”。同时，平台可以实现跨专业的系统资源整合信息共享，数据得到有针对性的分析，从简单的数据处理，转向大数据深度挖掘发展，提高资源利用率。

该平台属于国内地铁行业首个应用 NFC 技术的设备作业精益化管理系统。通过系统运用推行精益化管理，把标准化、精益化思想贯穿于企业管理流程与要素的整合中，实现精益智慧与企业管理实际的真正耦合。

（3）车门诊断技术创新

城市轨道交通车辆作为城市轨道交通的主体，其车门系统设备数量多、使用频繁，加上人为因素的影响，车门系统故障频发，是影响城市轨道交通运营的重要因素之一，尤其在上下班高峰期，业内也不乏发生乘客伤亡的重大安全事故。因此车门系统的可靠性和安全性，将直接影响轨道车辆正常安全运营。为此，广州地铁集团有限公司联合相关设备企业和科研高校成功研制了“城市轨道交通车门系统智能诊断及运维平台”，打破了城市轨道交通车门系统事后报警的格局，填补了国内外城市轨道交通该领域技术空白。广州地铁 5 号线和 3 号线各选取 1 列车分别开展智能电机和智能门控器的装车试验，故障诊断准确率达 87%，亚健康预警正确率达 79%，正线运营零故障。通过智能诊断及运维平台，广州地铁集团改变了以往计划维修模式，首次在城市轨道交通上实现了列车车门系统状态检修，节约车门系统维修工时超过 34%，提高了城市轨道交通运营安全性、可靠性和运维成效。

六　城市轨道交通运营管理发展热点预测

1. 政府主管部门继续加强安全监管

2018 年 3 月，国务院办公厅发布《关于保障城市轨道交通安全运行的意见》（国办发〔2018〕13 号），明确提出“城市轨道交通建设工程未通过运营前安全评估的，不得投入运营”。交通运输部 2018 年 5 月正式发布第 8 号令《城市轨道交通运营管理规定》，明确要求“城市轨道交通工程项目验收合格后，由城市轨道交通运营主管部门组织初期运营前安全评估。通过初期运营前安全评估的，方可依法办理初期运营手续”。因此，有效开展运营安全评估和管理工作将是未来几年城市轨道交通领域关注的热点问题之一，也是重中之重。

为贯彻落实该意见和该规定要求，2019 年初，交通运输部印发《城市轨道交通初期运营前安全评估管理暂行办法》（交运规〔2019〕1 号，以下简称《暂行办法》）和《城市轨道交通初期运营前安全评估技术规范第 1 部分：地铁和轻轨》（交办运〔2019〕17 号，以下简称《技术规范》），同时同步起草正式运营前、运营期间安全评估管理制度和相关技术规范，力求形成系统性的运营安全评估管理制度。《暂行办法》和《技术规范》将于 2019 年 7 月 1 日起正式实施，有效期 3 年，这将对规范我国各城市轨道交通初期运营前安全评估工作、提升城市轨道交通安全管理水平起到重要作用。此外，正式运营前和运营期间的安全评估管理办法和技术规范也在同步起草中。

2. 生物识别技术等多元化支付技术高速发展

随着技术的不断创新，城市轨道交通的搭乘支付方式越来越多元化。目前国内各城市地铁均已实现移动支付过闸乘车，“互联网 +”技术与地铁出行场景的融合，改变了地铁行业传统的购票支付方式，丰富了地铁服务方式，让乘客能享受到更加安全、便捷和舒适的出行服务，引领地铁出行进入高效、低碳的互联网时代。

与此同时，生物识别技术也正在加快与城市轨道交通行业的融合。生物识别技术作为一项高度智能的安全监控手段，若引入城市轨道交通领域，将有助于推动智慧型轨道交通建设，为乘客提供新型乘车体验的同时，减轻传统业务带来的现有压力。例如，利用生物识别技术进行多元化支付，即利用人类特定的生物特征，如虹膜、人脸、指纹、指静脉等特征，来进行识别区分，其中具有代表性的是人脸识别支付，乘客只需“扫脸”即可支付车资，无须刷卡或者用手机扫描，实现“先乘后付”，满足地铁乘客出行的不同业务场景。目前，济南地铁 1 号线已率先实现“刷脸”支付方式，广州、上海、深圳、北京、青岛等城市轨道交通企业也均在试点人脸识别支付过闸。

但是目前此项技术仍然处于探索期，由于通信传输速度及信息安全保护等条件限制还需不断完善，如何建立健全相关行业法规，有效形成产品落地，需要相关城市轨道交通企业和政府主管部门的共同努力。

3. 区域轨道交通一体化需求逐步显现

近年来，各制式轨道交通蓬勃发展，随着以京津冀、长三角、粤港澳大湾区为代表的城市群、都市圈一体化发展的推进，干线铁路、城际铁路、市郊铁路、地铁“四网”融合发展将成为趋势，对城市间协调发展提出更新、更高的要求。轨道交通作为城际、城市内部发展的重要支撑力量，对区域规划发展起到关键的推动作用。开展区域内不同制式轨道交通之间协同运营，构建区域轨道交通一体化协同运输服务体系，实现区域内轨道交通运营互联互通，方便市民跨制式便捷出行，是我国城市轨道交通发展的迫切需要。

目前，我国对区域轨道交通一体化协同运输服务的研究仍处于探索阶段，互联互通条件设计，不同城市、不同运营单位间职责界定等是研究实现区域轨道交通一体化时面临的突出问题，因此，以下几个方面应予以重点关注和研究。

（1）加强区域内不同制式轨道交通发展的协同规划

在规划和设计时提前预留好互联互通运营的条件，尽可能实现区域内跨制式轨道交通间无障碍换乘，实现不同城市间乘车票卡的通用和票款的统一结算，以便于乘客便捷换乘出行。同时，做好区域内轨道交通在运营服务时间、运力安排等方面的衔接匹配工作，提升区域轨道交通整体运作效率与服务质量。

（2）推进区域内轨道交通安检互认和安全管理工作

从政策层面，协调规范区域内各城市间和各制式轨道交通间的安检标准，就安检互认的可行性和运营风险进行研究并明确相关责任，同时建立沟通协调机制，确保各制式运营秩序。在综治安全管理方面，建立区域内轨道交通协同管理的沟通协调机制，完善相关法律法规，明确不同城市间、不同制式轨道交通运营单位的管理责任和对应的管理部门。

4. “信息化 + 智慧城轨”时代即将来临

我国城市公共交通系统将面临战略转型，在此背景下如何借助高速发展的现代化信息手段，深度挖掘大数据以实现智能化运维、提升风险管控水平，并通过大数据分析提供多元化、经济化及个性化的服务，或将成为未来关注的热点。

城市轨道交通是典型的设备密集型行业，且对安全要求非常高，纸质台账、人力驱动等传统工作方式已成为运维生产工作的瓶颈，因此，各企业均在探索应用信息化管理系统提高效率。目前，信息化系统在轨道交通行业中应用已有一段时间，且国内绝大多数城轨企业搭建有适用各自运营特点的信息化系统，但这些系统在使用中也出现了诸多问题：一是各系统功能分散，数据信息共享程度低，难以形成统一而高效的管理决策；二是系统数据利用率低，分析力度不足，未能发挥数据潜在价值为运营管理提供科学依据；三是系统呈现形式单一，无法满足当今移动终端广泛应用的需求；四是信息化在保障运营安全方面的应用严重不足，安全因素的监测和告警多依赖人工，险情预警和应对能力明显受限。

因此，在信息化、智能化的大趋势下，城市轨道交通企业如何利用云平台、移动互联技术、5G 技术、大数据分析技术和人工智能技术等先进技术手段，尽快搭建适用于自身运营体系各业务模块的信息化系统，在充分保障信息安全的基础上，提升工作效率、降低企业成本、实现设备全生命周期管理、保障运营安全、提高运营服务水平，是未来研究的热点与重点。

行业管理篇

Industry Management

B.2
行业管理与法规建设进展

摘　要： 本报告梳理了国家层面城市轨道交通的管理体制，分别由国家发展改革委、住房城乡建设部、交通运输部按职责分工管理，并对管理的具体环节进行了分析；以北京市、上海市、深圳市为例，介绍了各具特色的城市轨道交通地方管理体制。梳理了城市轨道交通管理的法律体系，国家层面以行政规范性文件和部门规章为主，地方根据需要基本都出台了地方性法规和政府规章。但由于法定权限和效力等因素制约，法规建设与行业发展实际需要还有差距。

关键词： 城市轨道交通　行业管理　法规建设

城市轨道交通是城市公共交通系统的骨干，是城市综合交通体系的重要组成部分。近年来，在党中央、国务院的正确领导下，在各地发展改革、住房城乡建设、交通运输等相关部门以及城市轨道交通企业的共同努力下，我国城市轨道交通发展取得长足进步。伴随着城市轨道交通的快速发展，行业管理体制日渐健全，法规建设日臻完善，将为城市轨道交通高质量发展提供有力保障。

一　管理体制

我国对包括城市轨道交通建设项目在内的重大项目实行政府核准制度，同时由于城市轨道交通工程项目投资以城市人民政府为主，按照中央与地方的事权划分，城市人民政府对辖区内城市轨道交通安全运行负总责。按照这两条基本原则，我国城市轨道交通行业形成了国家与地方相配合的管理体制，不少地方对城市轨道交通的管理独具特色。

（一）国家管理体制

城市轨道交通建设项目可分为规划、建设、运营 3 个阶段，在国家层面，简单来说，各个阶段分别主要由国家发展改革委、住房城乡建设部、交通运输部分工负责管理。

1. 城市轨道交通建设申报条件

城市轨道交通建设项目具有投资巨大、运行费用高、公益特征明显而经济效益差的特点，对城市轨道交通建设项目的核准主要由国家发展改革委负责实施。20 世纪 90 年代，各地建设城市轨道交通的积极性持续高涨，但为保障城市轨道交通的可持续发展，规范建设审批程序，2003 年，国务院办公厅印发《关于加强城市快速轨道交通建设管理的通知》（国办发〔2003〕81 号，以下简称国办 81 号文件），从地方财政一般预算收入、国内生产总值、人口、客流规模等方面首次提出了地铁和轻轨建设申报条件，如表 1 所示。近年来，为缓解城市交通拥堵，各地对城市轨道交通的建设需求日益提高，纷纷建设城市轨道交通项目，为了防止地方债务负担过重、防范化解重大风险，2018 年，国家发展改革委组织修订了国办 81 号文件，由国务院办公厅印发，即《关于进一步加强城市轨道交通规划建设管理的意见》（国办发〔2018〕52 号，以下简称国办 52 号文件），对地铁和轻轨建设申报条件根据社会经济发展状况进行了调整，如表 1 所示。

表 1　地铁和轻轨建设申报条件

	指标	国办 81 号文件	国办 52 号文件
地铁	人口	城区人口≥300 万人	市区常住人口≥300 万人
	国内生产总值	≥1000 亿元	≥3000 亿元
	一般公共财政收入	≥100 亿元	≥300 亿元
	客流规模	单向高峰小时 3 万人次以上	初期客运强度不低于每日每公里 0.7 万人次，远期达到单向高峰小时 3 万人次以上
轻轨	人口	城区人口≥150 万人	市区常住人口≥150 万人
	国内生产总值	≥600 亿元	≥1500 亿元
	一般公共财政收入	≥60 亿元	≥150 亿元
	客流规模	单向高峰小时 1 万人次以上	初期客运强度不低于每日每公里 0.4 万人次，远期达到单向高峰小时 1 万人次以上

2. 关键节点的管理

在规划、建设、运营的大的阶段划分基础上，依据国家基本建设程序，城市轨道交通建设项目又可依序细分为线网规划、近期建设规划、项目可行性研究、工程勘测设计、工程施工、系统联调与试运行、竣工验收、初期运营、项目后评价等阶段。对于其中的关键节点，国务院以及国家发展改革委、住房城乡建设部、交通运输部等部门先后出台了有关文件，明确了关键节点的管理要求，如表 2 所示。

表 2　关键节点管理要求

关键节点	管理要求	文件来源
线网规划	线网规划编制(或者修改、修编)完成后,应当组织技术审查。直辖市的线网规划由我部组织进行技术审查;其他城市的线网规划,由省、自治区住房城乡建设厅组织进行技术审查 经技术审查后,线网规划明确的城市轨道交通发展目标、功能定位、线网布局、车辆基地等设施用地控制要求等应纳入城市总体规划,并与城市总体规划一并审批。线网规划经批准后,具有法定效力,任何单位和个人不得随意修改;确需修改的,应当按照城市总体规划的修改程序进行	《住房城乡建设部关于加强城市轨道交通线网规划编制的通知》(建城〔2014〕169 号)
	直辖市的城市总体规划由直辖市人民政府报国务院审批。省、自治区人民政府所在地的城市以及国务院确定的城市的总体规划,由省、自治区人民政府审查同意后,报国务院审批。其他城市的总体规划,由城市人民政府报省、自治区人民政府审批	《中华人民共和国城乡规划法》
近期建设规划	省级发展改革部门对城市政府申报的建设规划进行初审。我委根据城市经济社会发展条件、规划实施情况受理建设规划,从线网规划、建设方案、建设规模、资金筹措、财力保障、综合衔接、环境影响、建设条件等方面进行审查。为增强规划科学性,明确规划审核要求,我委制订了《城市轨道交通规划编制和评审要点》,将按此开展规划评估和审核工作	《国家发展改革委关于加强城市轨道交通规划建设管理的通知》(发改基础〔2015〕49 号)
	经报请国务院批准,对已实施首轮建设规划的城市,其后续建设规划由国家发展改革委会同住房城乡建设部审批,报国务院备案;初次申报的城市首轮建设规划仍由国家发展改革委会同住房城乡建设部审核后报国务院审批 为进一步提高工作效率,城市轨道交通建设规划及规划调整由省级发展改革委会同省级住房城乡建设(规划)等部门进行初审,形成一致意见。在规划环境影响审查意见、社会稳定风险评估完成后,省级发展改革委会签省级住房城乡建设(规划)部门向国家发展改革委报送城市轨道交通建设规划,同时抄报住房城乡建设部	《国家发展改革委住房城乡建设部关于优化完善城市轨道交通建设规划审批程序的通知》(发改基础〔2015〕2506 号)
项目可行性研究	企业投资城市快速轨道交通项目按照国家批准的规划核准,下放省级投资主管部门	《国务院关于取消和下放一批行政审批项目等事项的决定》(国发〔2013〕19 号)
	在工程可行性研究和初步设计文件中设置运营服务专篇和公共安全专篇,发展改革、规划等部门在审批时要以书面形式听取同级交通运输部门、公安机关意见	国办 13 号文件

续表

关键节点	管理要求	文件来源
竣工验收	城市轨道交通建设工程验收分为单位工程验收、项目工程验收、竣工验收三个阶段。 竣工验收是指项目工程验收合格后、试运营之前,结合试运行效果,确认建设项目是否达到设计目标及标准要求的验收 城市轨道交通建设工程所包含的单位工程验收合格且通过相关专项验收后,方可组织项目工程验收;项目工程验收合格后,建设单位应组织不载客试运行,试运行三个月,并通过全部专项验收后,方可组织竣工验收;竣工验收合格后,城市轨道交通建设工程可履行相关试运营手续 住房城乡建设主管部门或其委托的工程质量监督机构应当对各验收阶段的组织形式、验收程序、执行验收标准等情况进行现场监督,发现有违反建设工程质量安全管理规定行为的,责令改正,并出具验收监督意见	《住房城乡建设部关于印发城市轨道交通建设工程验收管理暂行办法的通知》(建质〔2014〕42 号)
初期运营	城市轨道交通建设工程竣工验收不合格的,不得开展运营前安全评估,未通过运营前安全评估的,不得投入运营	国办 13 号文件
	城市轨道交通工程项目未经竣工验收合格不得开展初期运营前安全评估,未通过初期运营前安全评估不得投入初期运营	《交通运输部关于印发〈城市轨道交通初期运营前安全评估管理暂行办法〉的通知》(交运规〔2019〕1 号)

2008 年之前，国家层面对城市轨道交通建设和运营的管理均由原建设部负责。2008 年国务院机构改革，将原建设部的指导城市客运职责整合划入交通运输部，其中城市轨道交通运营作为城市客运的一部分，一并划入交通运输部。2009 年，国务院办公厅印发《交通运输部主要职责内设机构和人员编制规定》（国办发〔2009〕18 号，以下简称国办 18 号文件），进一步明确了交通运输部和住房城乡建设部在城市地铁、轨道交通方面的职责分工：交通运输部指导城市地铁、轨道交通的运营；住房和城乡建设部指导城市地铁、轨道交通的规划和建设。交通运输部为切实履行指导城市轨道交通运营的管理职责，2012 年组建全国城市客运标准化技术委员会（SAC/TC 529），将城市轨道交通运营标准的归口管理纳入业务范围，目前已经发布的城市轨道交通运营的国家标准 4 项、行业标准 14 项。

随着开通运营的城市数量不断增多、新增运营里程迅速增加以及线网规模持续扩大，当前形势下，保障城市轨道交通安全运行的压力日益加大，挑战不断增多，行业持续快速增长中叠加的问题和矛盾开始显现并逐渐放大。2018 年，为切实保障城市轨道交通安全运行，国务院办公厅印发《关于保障城市轨道交通安全运行的意见》（国办发〔2018〕13 号，以下简称国办 13 号文件）。其中特别明确了交通运输部和公安部的职责，凸显了运营安全和公共安全的极端重要性。城市轨道交通运营安全和公共安全既各有侧重，又相互联系，公共安全由公安部负责会同交通运输部等相关部门承担，特别是在进站安检、治安防范、消防安全管理等方面，交通运输部要配合公安部做好相关工作，两个部门既要依据职责分工各司其职，又要协同合作，共同保障城市轨道交通安全运行。

国务院办公厅《关于保障城市轨道交通安全运行的意见》（节选）

交通运输部负责指导城市轨道交通运营，拟订运营管理政策法规和标准规范并监督实施，承担运营安全监管职责，负责运营突发事件应对工作的指导协调和监督管理；指导地方交通运输部门监督指导城市轨道交通运营单位做好反恐防范、安检、治安防范和消防安全管理相关工作，根据应急预案调动行业装备物资为突发事件应对提供交通运输保障。

公安部负责会同交通运输部等部门拟订城市轨道交通反恐防暴、内部治安保卫、消防安全等政策法规及标准规范并监督实施；指导地方公安机关做好城市轨道交通区域的巡逻查控工作，依法查处有关违法违规行为，加强对危及城市轨道交通安全的涉恐等情报信息的搜集、分析、研判和通报、预警工作，监督指导运营单位做好进站安检、治安防范、消防安全管理和突发事件处置工作。

（二）地方管理体制

对于省级人民政府的管理职责，国办 13 号文件明确，省级人民政府指导本辖区城市轨道交通安全运行，负责辖区内运营突发事件应对工作的指导协调和监督管理。对于城市人民政府的管理职责，国办 13 号文件明确，城市人民政府按照属地管理原则，对辖区内城市轨道交通安全运行负总责，建立衔接高效、运行顺畅的管理体制和运行机制，统筹协调相关方面共同做好安全运行管理工作。各地积极探索城市轨道交通运营管理体制机制，取得了重大突破。

1. 北京市

在北京市城市轨道交通企业“三分开”和“多运营主体竞争”的格局下，政府积极加强统筹协调。2013 年，北京市成立了轨道交通运营安全领导小组，重点协调解决本市轨道交通运营安全工作中的重点、难点问题，研究解决市政府交办的其他重大事项。分管副市长担任组长，市政府副秘书长担任常务副组长，发改、财政、交通、公安、安监、技监、规划、建设等各政府职能部门负责人担任副组长和组员。领导小组下设办公室，办公室设在北京市交通委，北京市交通委主要负责人担任办公室主任。

2015 年 4 月底，北京市完成了轨道交通运营管理和执法体制改革，以市轨道交通运营安全领导小组办公室为基础，通过调整市交通委系统部门职责、理顺管理层级、厘清职责划分、调剂人员组成等措施，把机构做实，搭建了“311”（市交通委轨道交通运营监管处、轨道交通设备设施处、轨道交通综合协调处，市交通执法总队轨道交通执法大队，市轨道交通指挥中心）的管理架构，建立了统筹协调、行业监管和行政执法相统一的轨道交通管理模式，初步形成了分工明确、各司其职、联动协作的工作机制。

2. 上海市

2014 年，上海市交通行政体制调整，市政府将交通规划、建设和运营监督管理等职责统一划归市交通委。市交通委为进一步理顺轨道交通行业管理体系，加大轨道交通行业监管工作力度，将轨道交通规划和建设监管职责分别赋予了综合规划处、交通建设处承担，同时在机关内设处室中专门组建了轨道交通处，对轨道行业运营监督和执法实施一体化管理。内部从业务条线分设运营安全执法、运营服务管理、运营设施管理和综合管理。

2015 年，上海市优化完善了轨道交通建设指挥部工作机制，成立了由分管副市长担任指挥部总指挥、市政府分管副秘书长担任第一副总指挥、有关职能部门参加的市级协调机构，并将指挥部办公室调整至市交通委，下设规划前期组、建设推进组和指挥部办公室，侧重协调轨道交通建设推进工作，轨道交通运营的监督管理协调工作通过日常管理条线开展。通过此次优化调整，进一步加大了政府协调管理力度，整合了行政资源，打通了沟通协调渠道，尤其是以市交通委主导日常协调工作的创新模式，更加体现了运营引导规划建设的思想，可以在建设工程中充分反映运营问题，保障建设质量，满足运营需求，促进轨道交通建设工程安全质量和网络运营管理水平不断提升，确保轨道交通安全有序发展。

3. 深圳市

深圳市城市轨道交通运营监督管理部门是深圳市交通运输委，其委托深圳市轨道交通建设指挥部办公室（简称“轨道办”）负责城市轨道交通运营日常监督管理，统筹协调全市轨道交通（包括地铁、轻轨、国铁、城际轨道）规划设计、投融资、建设、运营、监管以及日常服务质量和安全管理工作职能。轨道办内部由综合处履行轨道交通运营监管工作，同时负责轨道交通新线建设协调工作；市交通运输委安全应急处组织贯彻轨道交通运营综合性安全生产法律、法规、规范、标准，负责统筹、指导、协调、监督交通运输行业安全生产管理、应急指挥工作，按规定组织或参与开展事故调查；委综合交通处统筹协调全市轨道交通有关工作。

深圳市建立轨道交通行业事务协调机制，轨道办从市轨道交通建设指挥部下设办公室和行业管理的角度对行业内事务进行协调。协调事务可由轨道办主动提出，或者由运营企业提出。轨道办协调有困难的事项，可提交市轨道交通建设指挥部或市政府协调。

二　法规建设

我国的法律体系主要由法律、行政法规、地方性法规、自治条例和单行条例以及国务院部门规章和地方政府规章构成。

（一）国家层面

国家层面，目前尚没有关于城市轨道交通的专项法律或者行政法规，但部分条款适用于城市轨道交通的法律、行政法规涉及综合安全、消防安全、特种设备与特种人员管理、安全教育、安全设施和劳动保护、电气安全、职业健康、事故管理、危险化学品管理、交通运输、应急处理等 10 余类 70 余项。目前，交通运输部正在配合司法部积极推进行政法规《城市公共交通管理条例》出台，该条例根据城市轨道交通运营的特点做出了专门规定。

2018 年 5 月 21 日，交通运输部颁布部门规章《城市轨道交通运营管理规定》（交通运输部令 2018 年第 8 号），围绕交通运输部对城市客运的行业指导职责，分总则、运营基础要求、运营服务、安全支持保障、应急处置、法律责任、附则等 7 个部分共 56 条，对城市轨道交通的运营管理做出全面规范。

除法律体系外，国务院办公厅有 3 个现行有效的城市轨道交通专项文件，规范城市轨道交通管理工作，如表 3 所示。另外，国家发展改革委、住房城乡建设部、交通运输部等部门也先后印发了一系列城市轨道交通的专项文件，规范、指导各地城市轨道交通管理工作。

表 3　国务院办公厅有关城市轨道交通专项文件

序号	名称	文号	签发日期
1	《国务院办公厅关于印发国家城市轨道交通运营突发事件应急预案的通知》	国办函〔2015〕32 号	2015 年 4 月 30 日
2	《国务院办公厅关于保障城市轨道交通安全运行的意见》	国办发〔2018〕13 号	2018 年 3 月 7 日
3	《国务院办公厅关于进一步加强城市轨道交通规划建设管理的意见》	国办发〔2018〕52 号	2018 年 6 月 28 日

（二）地方层面

各地积极建设城市轨道交通法律体系，多地结合本行政区域特点和自身管理特色，积极立法，依法行政。城市人民政府出台的地方性法规和地方政府规章情况如表4所示。

表4　城市人民政府出台的地方性法规和地方政府规章

序号	城市	地方性法规		地方政府规章	
		名称	施行日期	名称	施行日期
1	北京	《北京市轨道交通运营安全条例》	2015年5月1日	《北京市城市轨道交通安全运营管理办法》	2004年6月1日(2009年6月26日修正)
2	天津	—	—	《天津市轨道交通管理规定》	2015年2月1日
3	石家庄	《石家庄市轨道交通管理条例》	2017年6月1日	《石家庄市轨道交通建设管理办法》	2013年9月10日
4	沈阳	《沈阳市地铁建设与运营管理条例》	2018年1月1日	《沈阳市城市轨道交通建设管理办法》	2008年6月1日
				《沈阳市城市轨道交通运营特许经营管理办法》	2009年1月1日
5	大连	《大连市轨道交通条例》	2015年8月1日	《大连市城市轨道交通管理办法》	2002年11月25日
6	长春	《长春市轨道交通管理条例》	2015年7月1日	《长春市轻轨交通管理办法》	2003年10月21日
7	哈尔滨	—	—	《哈尔滨市城市轨道交通管理办法》	2013年9月1日
8	上海	《上海市轨道交通管理条例》	2014年1月1日	《上海市轨道交通运营安全管理办法》	2010年3月1日(2016年6月21日修正)
9	南京	《南京市轨道交通条例》	2014年7月1日	—	—
10	苏州	《苏州市轨道交通条例》	2016年6月1日	—	—
11	无锡	《无锡市轨道交通条例》	2014年1月1日	—	—
12	淮安	—	—	《淮安市现代有轨电车交通运营管理办法》	2015年12月1日

续表

序号	城市	地方性法规		地方政府规章	
		名称	施行日期	名称	施行日期
13	杭州	—	—	《杭州市城市轨道交通运营管理办法》	2016年1月1日
14	宁波	《宁波市轨道交通运营管理条例》	2017年3月1日	—	—
15	合肥	—	—	《合肥市城市轨道交通管理办法》	2017年1月1日
16	福州	《福州市轨道交通条例》	2017年1月1日	《福州市轨道交通运营管理办法》	2016年6月18日
17	厦门	《厦门经济特区轨道交通条例》	2019年2月1日	—	—
18	南昌	《南昌市轨道交通条例》	2016年1月1日	—	—
19	济南	—	—	《济南市城市轨道交通运营管理办法》	2019年3月1日
20	青岛	《青岛市轨道交通条例》	2015年9月1日(2018年7月3日修正)	《青岛市轨道交通建设管理办法》	2014年3月1日
21	郑州	《郑州市轨道交通条例》	2016年1月1日	《郑州市城市轨道交通运营管理办法》	2013年12月15日
22	武汉	《武汉市轨道交通管理条例》	2012年12月28日	《武汉市轨道交通运营安全管理办法》	2015年6月10日
23	长沙	《长沙市轨道交通管理条例》	2013年5月1日	—	—
24	广州	《广州市城市轨道交通管理条例》	2008年1月1日(2015年12月3日修正)	《广州市城市轨道交通运营管理办法》	2012年11月26日
25	深圳	—	—	《深圳市城市轨道交通运营管理办法》	2015年9月1日
26	东莞	—	—	《东莞市城市轨道交通运营管理办法》	2016年3月1日
27	佛山	—	—	《佛山市城市轨道交通管理办法》	2013年8月1日

续表

序号	城市	地方性法规		地方政府规章	
		名称	施行日期	名称	施行日期
28	珠海	—	—	《珠海市有轨电车管理办法》	2015年5月3日
29	南宁	《南宁市城市轨道交通管理条例》	2016年2月1日	—	—
30	成都	《成都市城市轨道交通管理条例》	2017年6月1日	—	—
31	重庆	《重庆市轨道交通条例》	2011年6月1日	《重庆市城市轨道交通管理办法》	2004年11月1日
32	贵阳	《贵阳市城市轨道交通条例》	2018年6月1日	《贵阳市城市轨道交通建设管理办法》	2015年7月1日
33	昆明	《昆明市城市轨道交通管理条例》	2018年11月1日	—	—
34	西安	《西安市城市轨道交通条例》	2019年3月1日	—	—
35	兰州	—	—	《兰州市城市轨道交通管理办法》	2017年2月1日
36	乌鲁木齐	《乌鲁木齐市轨道交通管理条例》	2018年10月1日	—	—

在已经或者即将开通城市轨道交通的36个城市中，北京、石家庄、沈阳、大连、长春、上海、福州、青岛、郑州、武汉、广州、重庆、贵阳13个城市出台了城市轨道交通地方性法规和政府规章；南京、苏州、无锡、宁波、厦门、南昌、长沙、南宁、成都、昆明、西安、乌鲁木齐12个城市出台了地方性法规；天津、哈尔滨、淮安、杭州、合肥、济南、深圳、东莞、佛山、珠海、兰州11个城市出台了政府规章。

各城市普遍注重城市轨道交通法规建设，但制定轨道交通法规的初衷在于解决轨道交通规划建设中的相关问题。在实际制定过程中，由于轨道交通关于规划建设有法律、行政法规作为支撑，条例中规划建设措施均较为具体；而运营管理由于没有城市轨道交通专项的法律、行政法规作为上位法依据，地方立法对于运营管理的关键制度设计依据不足，加上新开通城市缺乏运营经验，相关条例中关于运营管理的内容普遍较为宏观、原则，与满足运营管理的实际需要还有差距。

网络化运营篇

Network Operation

B.3

网络化运营需求概述

摘　要： 本报告主要概述了城市轨道交通网络在客运服务、行车组织、应急管理和企业管理等方面与单线情况下的主要变化，以及更好服务乘客出行的基本要求和目标。实现安全、可靠、便捷的客运服务是网络化运营的核心和永恒目标。以实现客运服务目标为核心，需要行车组织和应急管理工作适应不断变化的客流需求特征和运营场景，同时，为实现运营可持续发展，还需要企业在组织架构、管理制度和新技术应用等方面进行不断创新，更好地适应网络化发展。

关键词： 城市轨道交通　客流特征　客运服务　网络化运营

一　网络化运营的内容

城市轨道交通网络化运营一般指在形成城市轨道交通网络后，根据其多样化特点，建立全面统一的高效组织系统对系统资源进行统筹安排，使系统能够高效、安全、可靠运行。网络化运营不仅能让城市轨道交通运营更有秩序，还能推动系统经济效益最大化，对城市交通有着重要意义。

根据《城市轨道交通行车组织规则》（JT/T 1185－2018）的规定，满足以下特征的线网可称为网络化运营：线路数4条及以上，线路关联形成网格状，基本连通、覆盖城市中心城区；基本实现中心城区1公里半径内能找到城市轨道交通车站，站点布局可达性强；换乘站3座及以上，不同线路间可实现无障碍换乘。目前，我国北京、上海、广州、深圳、南京、武汉等城市均已经逐步开始网络化运营，随之而来，其客运服务模式、行车组织方式、应急管理机制以及企业管理方式等方面均与单线或多线运营时有所变化，城市轨道交通运营企业应该及时调整管理模式以应对网络化运营。

（一）网络化运营条件下的客运服务

网络化是各地运营发展升级的必然趋势和管理难点，线网规模扩大使乘客出行更便捷，依赖程度也不断增加，运营服务范畴和信息需求量不断升级，网络化运营条件下客运服务压力持续加大。城市轨道交通形成网络后，由于设备制式多样化、运行组织模式复杂化、网络客流叠加效应越发明显、应急处置需要关注网络传播等特点，客运服务工作需要建立高效管理的组织系统，协调统筹合理调配各条线路的客运服务关系。我国大多数城市轨道交通运营企业采取了综合协调、集中控制、资源共享、互通互联等措施提高客运服务管理质量。

以客流变化为例，网络化运营条件下，城市轨道交通区域覆盖性强，基本连通、覆盖城市主要区域和商圈，一条新的线路不仅在其客流吸引范围内带来客流，也为衔接线路诱发换乘客流。同时，由于线路里程增加和通达性增强，网络总客流量跳跃式增长，各线路上客流分担比率发生变化，出现网络叠加效应。各站点可达性大大提升，客流吸引有效区域得到扩充，换乘客流对换乘站的影响不断放大，要求轨道交通拥有高效网络化协调运营机制实现客流疏解，保持客流处于流动状态，避免客流在网络某一个节点阻塞而影响整个网络运输效率，为乘客提供优质服务。

同时，随着线路网络化的发展，地铁城市公交分摊率的进一步提升，市民对地铁出行依赖性进一步提高，地铁运营线路与整个城市交通衔接联动更加密切，这时企业应关注地铁线网与城市交通之间规划、配套联动机制。

（二）网络化运营条件下的行车组织

城市轨道交通系统通过车站以及线路间有效衔接，由“线”成“网”，逐渐扩大成为具有大规模、多功能、高效率的运营网络，强化了线路间联系和互动。网络化运营条件下行车组织依赖于安全、全面的行车组织系统，通过科学、合理、高效的调度组织，实现网络化线路的统一管理，强化轨道交通资源整合的合理性，提升城市轨道交通的运营质量。网络化运营的行车组织方式对比单一线路具有多样化和复杂化特征。列车运行方式也多种多样，例如，共线运行、跨线运行、大站快车等；各条线路运营交路也不尽相同，如 Y 字形交路、大小交路、搭接式交路以及支线独立运营等。网络化行车组织对运营单位策划运营方案和编制列车运行图提出了更高要求。

网络化运营行车组织要考虑各线路功能与分布、客流大小和出行特点、设备系统参数及车辆车型编组等要素，特别是网络区域覆盖广的城市，更需要考量出行早/晚高峰、次高峰出现的时间，制定“合理、高效、经济”的行车组织方案，结合骨干线路和郊区区段的客流区别，满足不同区段运能需求；根据客流量、可用列车数、不同时段列车间隔和不同季节的作息时间，灵活运用工作日、双休日、节假日和特殊运营日的列车运行图，经济合理地使用列车。注意加强首末班车换乘的有效衔接，在列车安全运行的基础上，减少乘客候车时间和客流积压。

此外，网络化运营阶段，线网控制中心（COCC）对各控制中心（OCC）发布的突发情况或者信息应及时收集、分析、发布，快速协调抢险处置，实现各个线路之间运营信息的资源互通与共享，并及时将故障情况通告整个线网，让其他线路提前做好应对措施。

（三）网络化运营条件下的应急管理

城市轨道交通网络运营结构复杂，运营制式多元化，发生突发事故后，单一线路故障会对多运营线路产生影响，社会舆论及影响较大，这给网络化运营条件下应急管理带来更大挑战。城市轨道交通网络化运营逐步形成，系统的复杂性与日俱增，外部环境不确定性持续增加，单一专业已无法有效应对突发事件处置，需要多专业联合参与，必要时还需要借助外部资源协助处置，因此，必须建立和完善网络化应急救援体系。当出现非正常事件时，部分列车偏离运行计划并出现小幅晚点，可以通过调整到发时刻、站停时间、区间运行时间等方式进行协调。当出现非正常事件，特别是车辆、设备故障造成某一区段通过能力受限产生一定程度影响时，部分列车偏离运行计划，为避免故障对正常运营秩序造成更大影响和扩大至更大范围，可以通过列车清客回段、列车停运/加开、列车反方向运行、列车运行交路变更、列车越站不停车等方式进行调整，并进行换乘节点绕行提示，降低节点客流压力。

（四）网络化运营条件下的企业管理

在网络化发展过程中，由于网络结构、运行系统复杂性和运营组织架构等发生变化，网络化运营特征明显不同于线路式运营阶段。网络化运营条件下的企业管理不是各行其是，相反，要强化企业组织整体系统的战略规划、资源统筹、质量技术标准和能力业绩评价规划的一致性。围绕网络化运营管理目标，结合网络化运营特征以及运营管理业务需求，对运营组织架构进行优化整合，制定出一整套的网络化运营管理架构体系，全面提升运营管理绩效，确保网络系统良性运转。网络化运营条件下的企业管理应重点思考以下几方面。

一是优化企业管理模式。运营企业应循序渐进不断健全完善管理制度，在精细管理、体系化管理上做足功课，实现全路网各专业高效运转，降本增效，提高企业经营竞争力，谋全局，谋长远，实现城市轨道交通的可持续发展。

二是树立精品管理意识，践行严格的质量管理，克服运营队伍出现的疲劳性和惰性，将服务标准化、质量评价体系、企业创新驱动等理念广泛渗透良性循环。

三是打造良好人才梯队，健全人才培养计划，打造一支复合型人才生力军。

二 网络化运营的基本要求和目标

（一）基本要求

1. 客运服务

网络化运营的客运服务工作是直接反映城市轨道交通系统运营管理水平的重要标志之一，也是反映城市文明程度的一个窗口。客运服务应以安全、准点、快捷、舒适为宗旨，一方面，应重点关注线网资源统筹、信息共享和行政管理效率最大化，加强各线路间应急协调联动，避免突发事件处置不当而将影响波及全网。另一方面须健全服务管理机制，形成成熟的内外部服务监督体系，包括为乘客提供必要的服务设施设备并保证其完好、运行正常；为乘客提供行车、客运、安检、票务等基本服务，组织乘客安全、有序乘车；为乘客提供规范、有效、及时的信息服务，在非正常运营情况下，提供必要的指导信息；制定站车卫生保洁制度，为乘客提供干净、整洁的乘车环境。

2. 行车组织

网络化运营行车组织呈多样化和复杂化特征，一是对制定运输方案和编制列车运行图提出更高要求，在进行行车计划制订前，需要结合线路功能和分布、客流大小和出行特点、设备系统参数和供车数量等要素，全网统筹谋划运输方案，考虑线路间首末班车及运力衔接，进行科学的运能匹配。二是建立智能化管理的线网指挥中心，将行车组织与数字化运营管理有机结合，实时对线网行车组织的运行情况进行监督，减小局部突发事件点对整体线网层面的影响，提高备用车加开效率，合理使用行车应急调整方案，最大限度确保线网列车正点运行和现场秩序，提高线网行车组织的运行质量。

3. 应急管理

一是应急管理的决策层面。在网络化运营条件下，需要在应急管理方面实现对各线路运营组织方案的审查协调，对网络实时运营信息及时汇总和发布，以及对网络中随时出现的有关问题做出迅速的处理；通过线网综合指挥平台系统及时调动相关资源迅速处置，与市有关部门进行联动等。

二是应急管理的执行层面。在应急管理方面，需要根据当前故障情况及线路通过能力、折返能力等调整列车运行方案，运营受阻时在具备条件的区段开行小交路运行，并将故障情况及交路调整情况通告全线网。此外，需要提高线网应急抢险效率，成立应急救援指挥部或应急响应小组，统筹组建专业抢修队伍，配备高水平应急抢险器材，加强线网应急抢险训练。

4. 企业管理

着眼于网络化运营管理的统一性和联动性进行统筹谋划，在管理思路方面，要强化网络化思维和资源共享理念，以“线路、网络”视角开展经营管理和运营生产。一方面通过对各级机构内部的岗位分析，厘清各个岗位的工作内容、工作责权、任职标准、工作要求等，优化定岗定编制度，建立健全科学合理、人岗匹配的岗位体系；另一方面通过推进标准化建设等手段，进一步夯实各项管理基础，着重在企业管理、服务质量、安全监督、技术提升方面发力，并强化在人力资源、财务管理、物资管理与专业管理能力等方面的保障力度，建立适应网络化运营的管理体系，不断创新服务模式，提升服务水平，确保安全运营。

（二）目标

城市轨道交通网络化运营是以互联互通的城市轨道交通网络为基础，以满足城市规划发展、供给侧改革、城市公共交通配套的整体要求为前提，以保障运营安全，提高网络整体通行能力、运输效率和服务水平为目标，通过统筹匹配网络资源、协同控制列车运行等手段，满足城市公共交通大运量出行需求，协同实现网络运营社会效益、经济效益最大化。

B.4

网络化客运服务需求

摘　要：　本报告通过分析网络化条件下客运服务管理组织复杂、设施设备关联性强、管理主体多元化等特征，重点探讨了运营管理中服务质量、服务设施、服务安全、服务环境四个方面存在的问题及其产生的原因，选取车站改造、厕所革命、客伤管理等案例，明确了客运服务的实际需求，并从便民设施设计、导向标识管理、噪声管理、车站容纳能力设计等方面提出了优化建议。

关键词：　客运服务　便民设施　车站改造

一　网络化客运服务特征

与单线或多线运营相比，轨道交通网络化运营具有客运组织管理复杂、设备设施关联性增强、运营管理主体多元化发展、社会关注度高等显著特征，进而要求运营服务管理更注重统一性、联动性、协调性和共享性。

（一）客运组织管理复杂

换乘枢纽站是城市轨道交通线路网络化进程的重要标志之一，通常为多条线路的连接节点，或是与机场、铁路、汽车客运站形成接驳关联，车站空间结构复杂，换乘客流大，设施设备数量多，客流组织方式复杂，运营管理难度较单线运营车站更大。轨道交通形成网络化运营之后，换乘客流的增加是其主要特点之一，较单线运营来讲，网络化运营对车站客运组织管理提出了更高的要求，并且进一步提高了对导向服务标识、乘客信息系统、售检票系统的功能等方面需求。此外，由于部分线路工程前期客流预测不准确、车站预留空间不足等问题，部分客流大站早晚高峰客流压力巨大，客流疏导成为车站重点难题，需要采取常态化限流措施以缓解车站换乘压力。

（二）设备设施关联性增强

城市轨道交通车站服务设备设施是乘客与车站产生联系的重要载体，从进站、购票、乘车、换乘、出站无一不与车站服务设备设施有着密切联系。随着城市轨道交通网络化程度的提升、线网客流的增大，乘客对于影响出行效率的车站服务设备设施的要求越来越高。乘坐地铁过程中，车站售票机、互联网购票机、闸机、扫码过闸系统、电扶梯、屏蔽门等任何一个服务系统相互的关联性和制约性都逐步增强，因此，网络化运营条件下对设备设施的稳定性要求以及网络数据传输容量的要求更高。

（三）运营管理主体日益多元化

与单线运营不同，轨道交通网络化运营模式下为了实现线网的高效管理，常由不同的运营主体对单条线路进行运营管理，因此，一个城市多个运营主体的情况逐步显现，运营服务标准的统一和运营信息资源共享等内容也成为网络化运营管理工作的重要组成部分，发挥运营主体之间的协同作用不仅有利于城市轨道交通的资源整合、统筹协作，更能体现网络系统运营的优越性。

（四）社会关注度不断提高

随着城市轨道交通网络化建设的不断推进，城市轨道交通线网分担率持续增大，公众对轨道交通安全、快捷、舒适、准点、便利等服务质量需求不断提升。从单一线路以通勤客流为主向网络化模式下通勤客流、观光客流和购物客流等需求转变，乘客对服务标准和服务质量需求不断提高，对候车体验等要求不断提升。此外，随着自媒体的不断发展，城市轨道交通企业普遍面临着更广泛的监督，日常运营情况受到广大市民、政府部门、媒体等社会舆论的广泛关注，社会关注度显著提高。

二　服务质量管理需求分析

随着城市轨道交通网络规模日益扩大，客运网络可达性更强，覆盖面更广，乘客在地下空间活动时间增加，公众对于轨道交通出行的依赖性日趋增强。因此，城市轨道交通网络的整体服务质量受到越来越广泛的关注。

（一）服务质量管理现状及面临的问题

城市轨道交通网络化运营导致网络客流叠加效应越发明显，城市轨道交通系统定期或不定期会受到大客流的冲击，给运营组织工作带来巨大压力，同时面临着服务质量管理的各种问题，具体表现在以下几个方面。

1. 高峰时期限流制约乘客出行效率

随着线网的不断发展，轨道交通线网客流量日渐增大，同时因各换乘线路运能不匹配、车站设施布局及通过能力不合理等因素，高峰时期站内乘客拥堵，部分城市客流量较大的车站、换乘车站在早晚高峰时期都必须实现车站客流控制或线网客流控制，尤其在节假日等大客流时段，为保障运营安全，其他车站也必须同步进行控制，严重限制了线网的运营能力，乘客进站往往要等待很长时间，部分时段甚至要被迫选择其他的交通方式，大大降低了乘客对于轨道交通服务质量的满意度，制约乘客出行效率。

2. 设备设施稳定性要求更高

目前我国城市轨道交通车站服务设备设施主要有自动扶梯、无障碍电梯、TVM、TCM、BOM、进出站闸机、互联网购票机、广播系统、PIS系统、卫生间、广告照明等。车站各服务设施设备目前面临两大问题。一是设备稳定性有待提升。由于城市轨道交通系统是一个十分复杂的集成系统，任何一个子系统出现不稳定因素都会影响乘客出行体验，例如，票务类设备故障将引发乘客购票或进出站不畅，从而引发乘客拥堵在购票机、进出站闸机处；卫生间设备设施故障将造成乘客使用不舒适体验或影响乘客正常使用从而引发不良舆情。二是对设备设施故障响应及时性要求更高。目前各城市轨道交通车站设备设施故障都将第一时间报相关专业调度，由专业维修人员处理，但网络化运营之后由于系统复杂，涉及子系统和专业较多，因此对各设备设施系统对故障响应的及时性要求更高。

3. 新型支付方式等新技术导致设备改造需求迅速增大

随着移动互联网技术的迅速发展，城市轨道交通行业管理服务模式正趋于智能化、信息化、便捷化，“互联网 + 自动售检票（AFC）系统”作为行业融合发展的创新产物，其成果受到各界的高度关注并逐步应用推广。为使乘客的地铁通行完全告别票卡和现金，提高出行效率，进一步降低运营车票现金管理和设备维护运营成本，提升城市及地铁服务形象，全国各城市均在积极探索多种移动支付方式，改造大量现有 AFC 设备，以满足乘客需求。

（二）案例及经验借鉴

案例一　重庆市轨道交通两路口站扩能改造

（一）现状介绍

两路口车站位于重庆市渝中区，周边日常客流量极大。轨道交通一号线和三号线在此换乘并共用站厅，其中一号线是地铁系统，三号线是单轨系统，一、三号线两路口站均为岛式站台。目前两路口站的日均换乘客流约为 20 万人次，其中一号线换乘三号线的客流中，超过 70% 的客流是换乘至三号线下行方向。以下为两路口车站整体结构示意图。

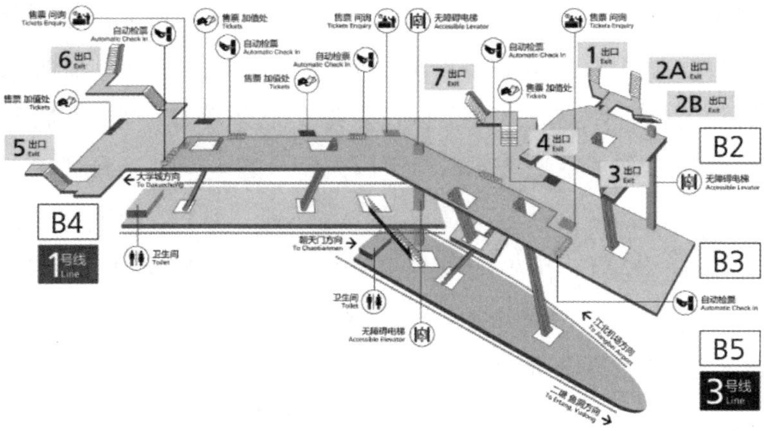

图 1　两路口车站结构示意

（二）存在的问题及原因分析

由于三号线下行列车到达两路口站时满载率已经较高，同时地铁系统与单轨系统列车载客能力存在差异，因此陆续涌入的换乘客流将对三号线造成较大冲击，导致站台客流积压严重，换乘压力大，站台客运组织难度大，极易造成列车在该站的停站时间超标，导致列车运行图兑现率降低，进而影响全线运营秩序。

两路口站换乘压力较大的原因主要有以下三点。

1. 两路口站地处市中心核心区段，且目前轨道交通环线分流作用尚不明显，两路口站是线网中最重要的换乘站点之一，换乘客流需求较大。

2. 轨道交通三号线本线客流量较大，且暂无提升核心区段运能的其他方式，三号线列车到达两路口站时满载率较高。

3. 由于轨道交通三号线为单轨系统，列车载客能力小于一号线地铁列车，形成运能差异，加大三号线运输压力。

（三）采取的措施及效果

彻底解决两路口站换乘压力问题难度较大，除了全面提升三号线运能以外，在运营组织方面，实施一号线运能提升方案的同时，应充分考虑三号线运输能力，使两条线路最大限度地进行合理的运能匹配，实现加快客流疏散的目的。同时通过站内相关客运组织措施，控制一号线客流到达三号线的时间，降低客流速度，可减少客流在站台的积压情况，降低安全隐患。

同时，目前正逐步推进的两路口站扩能改造工程主要包括新建工程和既有车站改造工程，主要内容含新建公共站厅、楼扶梯、换乘通道、出入口等，改造既有楼扶梯及电梯、设备用房区等。

（四）对该问题的认识

合理的行车、客运组织方式仅能在一定限度内缓解客流急剧上升给车站带来的冲击，且势必给运营安全和服务质量带来严峻的挑战。所以，规划建设要以运营为主导，应在规划层面对类似典型问题进行有效避免，减少费时费力的后期改造。为有效降低集中换乘站点客运组织压力，建议通过大都市区轨道交通一体化规划，实现分散换乘优化。

1. 通过对城市轨道交通线网微调优化，避免采用“三线及以上换乘点”，取而代之采用“同方向多个两线换乘点”，以分散客流压力。

2. 利用都市快轨“穿心线”和国家铁路干线在都市核心区内的主要客流集中点设置与城市轨道线路的多个分散换乘点（同站不同线），避免在外围节点出现集中换乘堵点现象，提高大都市区轨道交通一体化“三张网”（地铁轻轨网、都市快轨线网、部分国铁公交化网络）整体运输效率。

案例二　西安地铁 AFC 全系统电子化改造

过去地铁车票主要考虑密钥安全、防伪防复制等因素，多采取非接卡片作为车票介质。但近年来以移动终端为载体的二维码支付技术得到迅速发展，二维码支付技术不仅解决了安全问题，且在支付操作上快捷简便。刷二维码过闸乘车不仅能提升乘客的支付便利性和乘坐体验，而且能减少实体车票使用带来的维护成本。随着互联网第三方支付技术的不断发展以及人工智能技术的逐渐成熟，由扫码购票代替传统单一的现金购票模式在技术上已经能够实现，同时在购票体验上，除触摸屏交互式购票外，更多的人工智能应用可满足乘客多元化购票需求，提高运营服务水平。

西安地铁自 2015 年启动 AFC 系统融合改造技术创新，分为两个阶段重点研究引入移动支付、云计算、大数据等技术改革及应用，建设了“智慧地铁”票务管理平台，旨在提升乘客出行服务体验，用创新发展的思路深化解决群众的热点关切问题。

第一阶段，2018 年 1 月西安地铁支付宝扫码过闸功能正式上线，5 月 31 日“西安地铁 APP”上线微信扫码功能。由于一期云闸机仅试点改造了 424 个通道，数量有限，因此现场排队扫码压力较大，影响乘客通行体验，以 2018 年 11 月为例，该月日均扫码进站人数 59.8 万人次，占比 38.8%。

第二阶段，12 月 20 日全线网所有云闸机改造、票亭 BOM 支持电子化支付、多元化支付平台与 AFC 系统数据互通等项目目标全部完成并正式上线。二期改造全面上线后扫码渠道及方式大大拓宽，刷码客运量、扫码充值人数剧增，尤其是 12 月 26 日 4 号线开通后日均扫码进站人数 86.6 万人次，占比 49.4%。截至 2019 年 1 月 13 日，支付宝微信累计领卡量达 1099 万张，累计交易量 1.88 亿笔。AFC 全系统电子化改造满足了更多乘客扫码通行、不同场景下电子支付和运营对专用系统安全管理的要求，进一步提升了西安地铁的服务质量。

（三）需求分析及建议

1. 综合考虑车站容纳能力和车辆运输能力的匹配性

线路的不断增多，网络的不断扩展，必然带来持续增长的客流，因此，建设期间的前瞻性尤为重要，设计能力参数、客流预测、预留的拓展空间、设备数量、车站规模等如考虑不够，往往给运营客流组织带来一系列的限制。为此，在建设中，应总结既有线路开通运营情况，在后续建设规划中调整设备设施的能力参数，例如，考虑列车满载率、扶梯和楼梯通行能力、售检票设备能力，现有的规范与现实运营实际情况是否存在很大差别。

此外，在运营管理方面应优化运营组织方式，最大限度提高运营效率。为了缩小实际运能与运量之间的差距，一方面需要通过持续压缩运行周期、实行大小交路运行模式等措施提升运能，满足客流日益增长的需求；另一方面必须不断提升各线间行车组织的匹配度，确保运能精准投放。

2. 提高设备设施维修效率

城市轨道交通系统设施设备种类繁杂，尽管软硬件系统的可靠性等技术条件在不断提升，但实际运营过程中发生随机故障仍在所难免，因而为提高整个系统的稳定性以及对故障响应的及时性，需要对系统的各种设施设备做好日常的维护和管理，发现问题及早解决，最大限度地消除发生故障的隐患，从而保证轨道交通系统安全高效的运行。

3. 应用多种科技手段提升服务质量

轨道交通作为城市公共交通的重要骨干，作为一张城市名片，必须持续保持高科技、高效率、高品质化运营，做到与时俱进。因此，建议加快推进现有票务设备、票务系统与移动互联网科技的兼容互通，深化云平台、云购票、云闸机、人脸识别等一系列革新技术在多元化购票、支付、进出闸、异常处理等环节的应用。此外，建议考虑持续推动客服业务的智能化，通过在车站设置智能客服处理机、在微信公众号及手机 APP 中开发完善线上自助票务处理等功能，以提高异常乘客事务的处理效率，提升用户体验满意度。通过应用新技术，增加自助服务设施，进而避免人为介入过多，减少沟通交流的一些潜在矛盾和问题的发生。

三　服务设施管理需求分析

城市轨道交通服务设施的设置布局，影响着整个系统运输组织效率以及乘客服务满意度等各个方面。

（一）服务设施管理现状及面临的问题

地铁服务设施在规划中存在服务设施布局不合理的情况，且地铁车站站内环境复杂，每个线路及站点的建设时间、使用设备等具体情况不同，给设施管理带来了些许困难。目前服务设施面临以下困难。

1. 设备能力与服务需求间存在差距

城市轨道交通部分线路设计建设较早，设计阶段经济人口发展不确定，导致客运量预测不足，车站空间局部、车辆选型、车站电扶梯、票务设备、卫生间等设备设施服务能力设计有限，重点区域易于排队拥挤造成安全隐患和服务质量下降。部分车站或换乘车站未预留足够数量的电扶梯垂直电梯安装空间，后期改造需要花费大量人力物力，影响乘客出行体验，也增加了运营成本。为保障市民及运营安全，只能对换乘车站、部分客流大站采取高峰时段限流措施，此举反而大大限制了客流疏解能力，降低了市民的出行效率。

以西安市北客站为例，该站作为三条地铁、高铁、公交等客流主要集散运输的枢纽车站，2017 年开始，高铁的陆续开通导致客流逐步增长，使站厅服务设备设施长期处于高负荷运作状态。通过计算对比及现场观察票务服务组织，北客站 TVM 售票、AGM 进站、出站能力均无法满足高峰小时客流需求，需要进行设备加装及布局合理化改造，目前该方案正在研究制定中。

2. 配合网络化换乘的车站服务标识有待完善

由于城市轨道交通车站标识标贴种类繁多，除了强制规定类有国标、省标和地方性标准作为依据，其他标识标贴在图案、颜色、材质、工艺、尺寸以及张贴等方面缺乏统一的规范和标准，造成了标识标贴风格不协调、不统一，不但乘客易发生混淆，部分车站的整体美观亦受到影响。

3. 节能降耗问题持续得到关注

伴随越来越多的地铁车站的建成和运营，地铁车站能耗问题逐渐引起了地铁人的关注。在目前我国各大城市建成的地铁工程中，地铁通风空调系统作为最大的机电系统，是地铁车站的耗能大户，一个标准车站日均能耗为 22000～30000kWh，通风空调系统能耗占车站总能耗的 50%～60%。目前地铁通风空调系统普遍存在控制策略不完善的问题，易导致车站公共区温度过热或过冷、设备区湿度大和能耗高等一系列问题，伴随网络化运营的到来，高耗能问题日益突出。

（二）案例及经验借鉴

案例一　西安地铁车站改造研究

北大街站是西安地铁第一个换乘站，单日最高客流（进出站+换乘）在2018年五一节前夕达到43万人次，当日二号线换一号线高峰小时（18：00~19：00）换乘客流为1.25万人次，而从二号线站台层至换乘层仅设置了2部上行和2部下行扶梯，两个楼梯，到站乘客瞬间涌上扶梯造成电扶梯长期高负荷运作，重点区域拥堵严重，存在安全隐患。经过计算分析，北大街站厅站台各层空间布局、楼扶梯通行能力、换乘效率基本已逼近设计时期该站的最大承载能力，无法满足当前的客运组织。

现阶段，为保证车站的运营安全以及乘客的人身财产安全，北大街站在早晚高峰时段实行常态化客流控制。降低乘客进站速度，延长乘客站内走行流线，保证站内的乘车秩序，但该办法大大降低了车站乘客的集散速度，导致乘客对于车站服务质量的不满。

针对如北大街站等相似的换乘站或客流密集型车站，为进一步提高客流能力要不断优化调整客流组织方案，同时查找车站容纳能力的瓶颈点，西安地铁已启动研究北大街站扩容改造计划。通过设备升级或空间拓展改造的方式，不断提高车站的运营能力，减少客流控制时间，加大乘客集散速度，提升乘客满意度。暂定的研究成果主要包括电扶梯、AFC终端设备、通风及采暖、给排水、动力照明、通信系统、综合监控及FAS/BAS等各大机电类系统的改造以及必要的土建扩能结构改造。同时车站结合AFC设备、楼扶梯的改造方案，正在研究调整客流组织流线，减少流线交叉干扰，保证站内客流组织通常，以此提高站内各处设施的通过能力。

案例二　郑州地铁电扶梯设备设置

（一）现状介绍

乘客对地铁服务品质要求越来越高，电扶梯作为车站内输送乘客的主要工具受到更多关注。地铁车站电扶梯一般在每个出入口设置一台自动扶梯，其中一个出入口设置一台无障碍电梯。以郑州地铁紫荆山站为例，负3层站台至负2层其中一个换乘通道原本设置一上一下两台扶梯，因2号线开通运营客流增多，现将两台扶梯均设置为上行以增加输送效率，但遇到客流高峰明显输送能力不足，易导致乘客拥堵在站台不能及时疏散。

（二）电扶梯系统运行管理面临的问题

随着乘客数量增多，部分车站自动扶梯设备运力稍显不足，会导致人群拥堵在自动扶梯入口处，一旦人群发生推挤可能造成不同程度的客伤发生，对地铁运行品质造成较坏影响。个别车站出入口没有设置无障碍电梯，无法满足特殊需求人群需求，乘坐扶梯可能造成安全隐患，增加车站管理难度和风险。

（三）采取措施及效果

紫荆山站作为1号线与2号线的换乘车站，在早高峰、晚高峰、节假日期间，人流量的突然增加会对电扶梯造成较大压力，由于2号线在站台电扶梯附近空间狭小，在自动扶梯下行时人员流动慢，乘客有客伤风险。为了避免这种情况，站务会对下行扶梯进行关停，但并不能快速疏散人流，以后换乘站要充分考虑这种情况，适当增加自动扶梯数量以满足高峰期间乘客的快速出行。

（四）未来建议

（1）当换乘站为非同期建设的换乘站，由于各线设备系统统一的实施难度大，系统间接口的兼容性难以保障，且车站改造会影响已开通线路的运营，因此，无论车站有几家设备生产单位，各线设备系统分别设置更有利于车站运营管理。对换乘站的设备系统资源进行合理的分配和组织，进行集约化的设计，可从源头上避免各条线路设备系统的重复建设或改造，可提高设备使用率，提高运营效率，方便运营管理，节约建设和运营成本。在空间、设备及操作平台共享的基础上，对换乘站的管理信息整合、管理人员配置、业务处理流程等方面进行优化。可方便管理单位的运营管理，使换乘车站整体的运营效率得到进一步提升。

（2）建议在后续新建线路充分优化考虑电扶梯设备设置，根据客流情况、乘客需求制定电扶梯设备设置原则和方案，尤其是换乘站需要提前充分考虑计划设备设置原则，让电扶梯系统输送乘客能力达到最优，满足车站客服品质提升的需求。

案例三　宁波地铁“亮靓工程”

为努力当好“服务争优”排头兵，宁波轨道交通认真听取市民和乘客的意见建议，主动查找问题、举一反三，推进实施车站专项“亮靓工程”，为提升宁波城市形象、城市品质做出应有贡献。

“亮靓工程”：一是车站环境要“亮”，全面排查、修复、清洁有故障或积灰的照明、导向标识等光源，采取修复、加装、更换以及擦拭透明灯罩、整理线路等措施改善照明环境；二是车站容貌要“靓”，提高公共区域卫生水平，打造星级厕所，做到窗明几净，全面排摸车站服务标识标贴存在的问题，通过清理整合、统一规范，做到整洁大方、靓丽美观。

宁波轨道交通制定了《车站导向系统管理办法》，修订完善《车站张贴物管理办法》等规章制度，统一做好标贴物的“瘦身”，统筹规划车站空间位置，科学布局并固定标识标贴悬挂张贴位置，杜绝非规划位置乱摆、乱贴、乱挂现象。

（三）需求分析及建议

1. 明确运营服务需求，优化前期设计

合理的行车、客运组织方式仅能在一定程度上、一定限度内缓解客流急剧上升给车站带来的冲击，且势必对运营安全和服务质量带来严峻的挑战。所以，规划建设要以运营为主导，应在规划层面对类似典型问题进行有效避免，减少费时费力的后期改造。为有效降低集中换乘站点客运组织压力，可以通过大都市区轨道交通一体化规划等多种方式，实现分散换乘优化。

2. 前期设计阶段充分考虑便民设施

部分城市轨道交通线路受工程区域地质环境、地面建筑设施、工程条件等因素的影响，设计和建设期在多数车站出入口仅安装了一部上行电梯，确实给老年人、儿童或者携带大件行李出行的乘客带来不便，也不利于客流的快速疏散。建议后续在新线设计阶段，在保证安全运营的前提下，充分考虑运营服务质量，增设便民服务设施，提高无障碍电梯的使用效率，合理设置乘客候车椅的数量，增加女性卫生间蹲位，以方便市民出行。

3. 统一标识设计标准，优化导向标识

需要建立健全长效管理机制，对标示标贴进行规范管理，明确管理部门，清晰界定职责权限，提高统筹管理能力，制定车站张贴物标准规范，统一设计风格、材质规格、张贴标准等。从远期角度出发，考虑把长期使用、内容易变的指示类标识标贴改造为有源 LED 或电子屏。此外，随着城市轨道交通系统网络化，尤其换乘站乘车、换乘、进出站走形路径交叉点较多，为配合车站正常客流组织需求，导向标识是车站引导乘客顺利完成出行选择的重要手段。车站导向标识需要以安全、合法、醒目、协调为基本原则，从而进一步实现导向标识的系统化、规范化、国际化，以满足乘客出行指引。

4. 加强能耗管理

建议在进入网络化运营时代的同时，充分重视通风空调系统能耗优化管理，建立根据车站客流变化、列车行车组织变化、室内新风负荷变化等变化量以及室外气象变化适时调节各设备运行优化策略，在达到温湿度期望值的前提下，使车站通风空调系统 COP 达到最大化，最终实现网络化运营环境下的节能需求。

四　客运服务安全管理需求分析

（一）客运服务安全管理现状及面临的问题

城市轨道交通是一种公共交通工具，在保证生产安全前提下，还需要不断提升客运服务安全，为乘客提供安全优质乘车环境。在运营管理方面，依照法律法规和行业要求，我国城市轨道交通企业建立了安全生产责任制、培训体系、检查监督管理体系、应急处置预案体系、演练管理办法、事故处理规定等管理制度和要求，实施双重预防机制，不断强化安全责任意识，强化技能培训和演练，提升员工基本技能和应急处置水平，通过广泛的宣传教育，培养市民乘车良好习惯和行为，通过全行业共同努力，实现客运服务安全。

目前，我国城市轨道交通在客运服务安全管理方面仍存在以下几点问题。

1. 城市轨道交通服务安全法律法规和标准规范有待完善

2018 年国务院办公厅发布了《关于保障城市轨道交通安全运行的意见》（国办发〔2018〕13 号），这是我国第一部针对城市轨道交通运行安全的政策法规。城市轨道交通客运服务安全方面缺乏系统性标准，相关客运安全要求分散在相关标准中。为应对城市轨道交通运营服务实际需要，部分城市轨道交通通常采用铁路标准和国际标准，或制定一些地方标准，但截至目前仍然没有国家标准。

2. 需进一步创新服务安全管理理念

城市轨道交通服务安全管理分为软件和硬件两部分。软件方面，需要对城市轨道交通运营服务人员进行系统的专业知识培训，及时引进先进服务安全管理理念，提高运营服务人员的业务水平和专业技能，从而提升乘客的乘坐体验和满意度，保障乘客的安全出行。硬件方面，电扶梯、屏蔽门等客运服务产品的本质安全是重点，随着科学技术发展，新技术、新产品大量涌现，安全功能通常由计算机软件完成，应通过产品安全评估认证等方法保障客运服务产品的本质安全。

（二）案例及经验借鉴

案例一　社会监督员制度

（一）现状介绍

截至目前，重庆轨道交通已开通运营 8 条线路，运营里程 313 公里。

运营线网已覆盖主城9区16组团，连接了机场、火车站等交通枢纽及主要商业中心，形成了轨道交通基本骨架网络。随着轨道线网规模的逐步扩大，传统的运营管理模式已难以全面适应网络化运营下的安全、质量管理需要。

（二）存在问题及原因分析

（1）乘客不仅要求安全、准点、便捷、舒适的运输服务，还期待规范和高效的信息反馈机制。

（2）轨道交通发展迅速，线网规模庞大，其保持健康可持续运营既需要法律法规、管理制度的规范，也需要全社会的充分参与。

（3）运营单位需要主动加强约束，主动接受社会监督，努力提升符合社会发展需要的运营管理水平。

（三）采取的措施及效果

重庆轨道集团近年来引入了社会监督制度，采用公开招募、自愿报名的形式，面向重庆市党政机关、企事业组织、民主党派、社会团体、新闻单位等广泛群体招募社会监督员，通过发动社会力量对重庆轨道交通运营服务安全进行全面监督。对社会监督员提出的建议和问题，形成了完善高效的反馈、受理和整改机制。从社会监督员制度实际运转效果来看，集团每年可获得上百条有效建议和意见，涵盖了运营服务质量、设备设施维保、运营安全管理等多方面内容，对城市轨道交通服务安全管理工作具有促进作用。社会监督制度达到了以下几方面的效果。

（1）社会监督员是广大乘客的代表，通过其自身的运输过程体验和切身感受，把问题、意见和建议提供给运营单位，有助于运营单位更好地满足广大乘客的出行需求，是以人为本的重要体现。

（2）社会监督员可以站在较为中立的角度思考和发现问题，并适当提出意见和建议，是运营单位和广大乘客之间沟通的桥梁。

（3）在有效弥补传统管理模式不足的同时，能促进运营单位自身对运营安全、服务质量的有效管理，推动城市轨道交通运营管理的良性发展。

案例二 客伤管理

（一）现状分析

地铁作为城市交通体系中的骨干力量，具有运量大、速度快、安全、环保等优点，成为各大城市中市民出行的主要交通方式。随着地铁客流量增长，客伤数量也必将不断增加。郑州地铁在客流量直线增加的趋势下，为了降低客伤发生数量，遏制客伤上涨苗头，保障运营安全，采取多项举措，对车站进行分级管理，从而提供科学的管理依据。

（二）存在问题及原因分析

客流因素：在通道内当密度接近或大于5人/平方米时极易发生踩踏事故，客流量的大小以及客流组成是导致客伤的重要因素。

车站规模因素：影响客伤的车站规模包括电扶梯数量、进出站闸机数量、出入口数量、步梯数量、垂梯数量、长通道数量。车站客观存在的设备设施数量决定了客伤的频次。

乘客因素：包括乘客年龄、性别、健康情况等。通过客伤数据的分析，老、幼客伤占比最高。

时间因素：对历史客伤数据进行分析，表明客伤的发生具有季节性、周期性的特点，基于时间统计客伤数据。

第三方因素：第三方客伤包括治安事件、第三方不小心引起的其他乘客客伤事件。该类客伤具有特别大的偶发性，车站在运作中，如发生此类客伤，除履行正常客伤流程外，应挽留第三方、目击证人等，通知地铁公安介入。

（三）采取的措施及效果

郑州地铁每年均开展客伤应急演练，提高员工在发生客伤突发事件时的处置能力，完善处置细节，有效处理客伤事件。从演练过程中可以检验车站人员对乘客发生客伤时应急处置，从演练结果上检验车站人员是否基本掌握客伤应急处置的关键点。同时，在演练过程中发现的问题及时给出处理建议，从而有利于车站员工在处理客伤时能够进一步得到完善，避免客伤处理的后期被动。

郑州地铁首先分析每年度客伤的数据，针对客伤进行分类分析。其次对线网每年发生的典型客伤进行案例汇编成册，下发车站员工学习。在案例汇编中，根据发生客伤的不同地点进行分析，具体表现在扶梯客伤类、闸机客伤类、通道盖板客伤类、屏蔽门客伤类、砸伤客伤类、摔倒客伤类等。根据每个类别的客伤案例进行原因分析并制定整改措施。通过行业内发生的客伤进行分析制定相关措施及对策，根据线网车站特点明确每个车站的客伤易发点，形成“一站一预案”，从而减少客伤发生数量。

案例三　乘客不安全事件

目前部分城市轨道交通线路站台门与列车之间间隙，未安装阻挡监控设施，易发生乘客因踏空等掉入缝隙事件，如司机未及时发现动车，乘客有可能发生伤亡事件。

每日早晚高峰流，上下车乘客较多，对于司机瞭望难度较大，且乘客在上下车过程中自身视线受阻，较难看清站台与列车之间缝隙，再者在上下车过程中乘客着急赶车，忽略周边环境，导致在站台作业过程中夹人夹物的概率增大。例如，2018 年，一女乘客在某地铁车站不慎大腿掉入站台门与列车之间间隙且卡住无法自行拔出。所幸现场车站工作人员及时发现，立即通知司机暂不动车后，利用工具帮助乘客将腿拔出，导致列车延误发车。

（三）需求分析及建议

1. 加快推进安全管理类政策法规和标准出台

建议城市轨道交通运营主管部门和行业协会定期组织安全生产管理经验交流，推广安全管理方面好的方式方法，实现安全管理信息共享，共同促进企业安全管理水平提升。尽快推动出台城市轨道交通运营安全评价标准，便于各城市轨道交通企业按政府行业主管部门的要求定期开展运营线路安全评价时有规可依。

2. 重视企业员工和委外人员素质培训工作

各城市轨道交通企业应根据企业安全管理制度相关规章及自身管理能力，加大培训力度，全面提升企业员工和委外人员的整体素质。此外，为了提升地铁服务安全管理，建议建立安全检查制度，按周、旬、月、季、年等定期对地铁服务安全管理现状加以全面监督检查，并有效结合检查和专项抽查工作，以自查自纠为主实施安全检查，并做好落实工作。

3. 研究客流实时监测系统，不断提高安全运行能力

建议组织研究和开发地铁客流实时监测系统，计划通过实时、准确地获取乘车人数、在站候车人数、在线运营客车载客数量等线网客流数据信息，为运营管理部门提高运营组织效率、增强应对客流高峰时段和突发大客流能力以及保障运营安全提供有力的数据决策支持，从而实现追赶超越、创建智慧地铁的运营目标。同时要求设备设施部门严格按照设备设施检修规程做好日常的维护保养，提高设备的可靠度；运作部门根据现场客流变化和组织经验不断优化车站客流组织方式，加强演练总结，不断提高人员应对处置能力。

五　服务环境管理需求分析

（一）服务环境管理现状及面临的问题

新时代下，市民乘客对舒适、便利的出行需求与日俱增，城市轨道交通的使命也从公共交通工具，发展成为提升人民美好生活的幸福快线。车站服务环境关注点也从视觉上的整洁、美观，延伸至乘车体验的全过程。

1. 车站服务环境仍须持续改善

城市轨道交通作为城市公共交通的重要组成部分，需要为乘客持续提供高质量、高标准的服务，乘客对城市轨道交通运营服务要求不断提升导致运营面临的压力不断增大。

推进厕所革命是一项重大的民生工程，我国各大城市轨道交通企业大力

积极推进车站公厕升级改造工作，提高管理和服务水平，消除短板，将地铁公厕打造成“干净卫生、美观雅致、乘客满意”的靓丽名片。目前各城市既有线卫生间改造正在逐步进行中，但改造后卫生间仍存在较多遗留问题，例如隔断门体易脱落，卫生间坑位反复堵塞，小便池感应不灵敏，脚踩阀水压过大过小，地漏下水不畅，管道线路裸露，卫生间台阶标识张贴不到位，洗手池出水不灵敏等一系列问题。卫生间设备故障率仍然较高，引发乘客投诉的情况屡见不鲜，现场仍不能满足乘客使用需求。

2. 沿线噪声问题投诉较多

城市轨道交通由于其自身系统限制，各城市轨道交通企业经常能接到沿线居民通过政府热线、市长信箱、地铁服务热线等方式投诉地铁噪声扰民，随着线网的不断增加，高架与地面线路高频噪声、地下线路低频噪声投诉呈现增长趋势。目前，企业接到地铁运行噪声投诉后，第一时间积极与诉求人沟通，了解地铁运营噪声影响情况，对国家相关规范与地铁降噪措施进行说明，并根据投诉点情况及投诉人要求安排噪声检测，对于噪声影响严重的敏感点，采取相应的降噪措施，尽可能降低噪声影响。

（二）案例及经验借鉴

案例一　厕所革命

为贯彻落实习近平总书记关于“厕所革命”的重要指示和西安市委、市政府、地铁办关于“厕所革命”的工作要求，西安地铁进一步深化“厕所革命”工作安排，制定三年工作方案全面提升公共环境的卫生服务水平。计划 2020 年前完成既有线路车站卫生间的全面改造，实现每个卫生间设置人性化服务设施。目前既有线卫生间改造正在逐步进行中，其中第一批卫生间改造已完成，包含后卫寨等共计 15 个车站，

深圳地铁按照深圳市“厕所革命”行动计划，大力推进地铁公厕升级改造工作，提高管理和服务水平，消除短板。

（1）全面提升公厕管理服务质量，增加经费投入及保洁人员配备，实

施精细化管理，规范公厕保洁、便民措施等服务内容。

（2）做到“五有一免”，即有岗位责任制、有卫生服务标准、有定时清扫保洁制度、有设施设备维修保养制度、有卫生监督检查制度，免费提供厕纸、洗手液。

（3）纳入《运营总部环境运行与监测控制程序》管理，按照深圳市城市管理局《深圳市公共厕所清洁作业指引（试行）》的要求，制定“线网车站公共厕所服务指数测评表”。

案例二　郑州地铁通过“双创”保障工作改善车站服务环境

郑州地铁积极响应创建全国文明城市的工作要求，切实抓好“创文”“创卫”期间的服务保障工作，坚决杜绝影响服务形象的事件发生，大力提升车站服务环境质量。

通过下发《服务保障管理办法》《“创文”期间服务工作督察实施方案》、服务红线“五不触碰”、“向不文明行为宣战”行动方案，建立相关工作制度，明确责任目标，制定惩处标准，采用明察与暗访方式，从“公益宣传”“微笑服务”“服务形象”“卫生环境”“文明乘车”“志愿服务”六大方面着手提升车站服务环境。

成立“创文”专项保障微信群，暗访过程中发现问题拍照发群里。对出现的问题进行倒查追责，层级处理，各中心站站长、副站长当班期间开展不少于2次低峰期巡视，运营期间值班站长每两小时巡视一次车站，重点关注站台排队候车引导、客服中心岗作业标准、车站环境卫生、站外违章停车、占道经营及有无乞讨人员和小广告等。

为更好地指引乘客文明排队候车，创造良好文明乘车环境，郑州地铁完成线网所有车站张贴文明排队候车地面脚印标志、地面排队候车标志、屏蔽门排队候车文明指引。

通过各项服务规范、评估检查，员工标准化执行率由62%提升到80%；通过大力宣传，乘客责任意识明显增强，逐步营造了全民行动、齐抓共管的良好乘车环境。地铁车站站台候车排队情况大有改善，平均候车率从30%

上升至85%；2018年第三季度服务投诉数量同比下降90%，从乘客投诉数量统计及乘客调研方面可以看出一线服务水平大幅提高，乘客已经形成文明出行的好习惯，员工形成“三米微笑，一米问候”的意识。

案例三　噪声问题处理

针对高架与地面线路高频噪声问题，目前各公司主要通过增设声屏障、声屏障改造、延长声屏障、加装风井降噪百叶窗、轨道检修予以解决。部分居民表示已采取的降噪措施效果不明显，要求加装全封闭声屏障，或要求将地面站改造为地下站。目前地下线路低频噪声问题处理难度较大，虽然检测指标符合相关要求，但确实对居民产生一定影响。因为低频噪声影响长期存在且难以彻底解决，各企业一方面继续组织相关部门共同研究轨道降噪措施，如加装阻尼道床、新型减震扣件等，另一方面积极开展低频噪声降噪研究，通过技术手段尽最大限度降低共振及低频噪声影响。

（三）需求分析及建议

1. 采取多种手段，保障车站服务环境

地铁随着线网的逐渐形成，已逐步成为城市市民重要的公共交通方式，地铁运营单位应发挥地铁作为城市精神文明窗口的导向作用，大力提升车站服务质量，确保车站服务卫生环境，为乘客提供安全、便捷、文明、整洁的乘车环境。提高卫生间改造效率及质量，改造需由专业人员验收，确保改造后设备设施符合改造标准；设备管理部门加强设备巡检制度，定期巡检，现场发现问题及时整改；加强各专业对严重老化设备的及时维修和更换，同时提高设备响应维修效率，确保现场乘客服务工作。

2. 加强噪声问题研究，探索新技术手段的可行性

进一步研究高架与地面区段加装全封闭声屏障的可行性，新建高架与地面线路设计应充分考虑到对沿线居民的噪声影响，在技术条件允许的情况

下，可考虑设计全封闭声屏障，将车站站台设计成两侧封闭，攻克高架与地面区段地铁列车运行及车站站台噪声超标的难题。

新线建设地下车站应充分考虑到共振影响，尽量采取高等级减震降噪措施，但低频噪声是因为地铁结构与房屋结构在同一岩层，轮轨摩擦时产生共振，以目前的技术手段，这种噪声无法彻底解决，建议地铁企业间加强交流，实现信息共享，同时由相关政府部门提供技术支持，共同推进低频噪声问题的解决。

B.5

网络化行车组织需求

摘　要： 本报告从列车运行计划协同编制、换乘站时刻表衔接、网络化行车组织需求以及应急条件下行车组织调整等方面概括了网络化行车组织的特点和主要变化，重点分析了线路运能匹配和单线故障时线网韧性两方面现状及面临的主要问题，选取混合交路、车辆增购、同站台换乘、线路拆分和故障传播等典型案例，分析网络化运营条件下存在的问题、主要原因及改造效果，并从工程项目前期管理、运能配置及技术研发应用等方面提出规范化相关运营需求的方法及建议。

关键词： 行车组织　列车运行计划　线网韧性

一　网络化行车组织特征

在城市轨道交通线路成网条件下，网络结构复杂化、客流特性差异化、行车组织方式需求多样化都将更加显著。网络化行车组织的核心是通过提供列车运行服务解决客流在线网内有序流动问题，同时考虑线路间影响和联动关系，协调不同线路间运营突发事件的网络传播和影响，统筹安排既有资源，协调控制列车运行，实现城市轨道交通运营社会效益和经济效益最大化。网络化行车组织的特点和主要变化主要体现在以下几方面。

（一）列车运行计划协同编制要求日益提高

列车运行计划是通过制定科学的运营和绩效目标，以客流为基础编制科学合理的运输计划，向乘客提供更好、更安全的乘坐体验及服务，是网络化行车组织的基本要求。结合网络客流分布特点和客流需求，各线路不断细化编制适用不同运营需求的列车运行计划。例如，在工作日运行计划基础上结合客流需求单独给出周一至周五的客流需求特征和计划类型，结合运营服务时间和乘客出行规律等因素编制双休日、节假日等专门的列车运行计划等，适应客流的时空分布特点，最大限度与客流特征匹配。扩大正线备车功能，解决多条线路高峰时段运力不足问题；在高峰时段的客流高峰区段，利用备车在正常间隔开行列次间加开列次，有效缓解站台客流压力。根据线路功能定位和客流出行特点，各线运营服务时间不仅要满足本线客流出行需求，还要满足线路间服务时间衔接性要求。线路首末班车时间设置需要从线网效益最大化角度出发，最大限度方便乘客出行和减少无法到达目的地客流数量，统筹规划，协调设定。

另外，新线接入会导致网络客流需求特征发生变化，应协调网络列车运行计划的匹配。新线接入会为相衔接的既有线带来接入客流，既有线原有列车运行计划是在不考虑此部分客流的情况下制定的，在产生该部分客流后，会给既有线带来较大冲击，既有线列车运行计划能否保证客流平稳有序，是新线接入给运营带来的最大问题，需要提高新线接入后的客流预测精度，做好新线与既有线运力匹配。同时，线路里程增加和通达性增强会诱发网络总客流量增长，还可能导致各线路客流分担率发生变化，出现网络叠加效应。因此要求高效的网络化协调运营机制，尽快实现客流疏解，保持客流处于流动状态，避免客流在网络某一个节点阻塞而影响整个网络运输效率。

（二）换乘站列车时刻表衔接匹配协调难度大

随着城市轨道交通网络的不断完善，各线路在区间和方向上互相补充，换乘站有效衔接使轨道交通的通达性增强，优势日益显现。线网衔接线路间的列车开行需要在运力设置和换乘站列车到发时刻两方面予以匹配。在编制列车运行计划时，一方面，需要根据客流的时空变化情况，在满足基本客运需求的条件下，确定各线路各时间段合理列车运力配置，避免换乘站客流滞留等待；另一方面，需要考虑协调换乘站列车到发时刻，减少乘客等待时间，提高乘客出行便捷性。

（三）行车组织方式需求灵活性增强

在线路条件、客流特征、车辆配属、运能配置等因素影响下，为匹配线路客流时空分布特征，线网行车组织方式呈现多样化发展趋势，大小交路、Y 形交路、不等间隔发车、不均衡运输等方式在逐步使用，但是由于客流特征的动态变化，一些突出问题主要表现在早晚高峰时段的个别断面，需要在有限时间内（例如，早高峰期间的一个小时内）在某个区段进行高密度的列车开行，而后续区段需要逐步减少运能以避免客流不足带来的运能浪费，这就要求更加灵活的行车组织方式，例如快慢车运输、跨线运营、区段加密运行等，列车运行调度指挥和调节的难度也逐渐增大。以西安地铁为例，2 号线开通运营初期行车间隔 9 分钟左右，随着后续线路开通，2 号线客流持续攀升，目前最小运行间隔已压缩至 2 分 28 秒，1 号线、3 号线须进行灵活运营组织方式与 2 号线运能匹配。3 号线应用大小交路运行，同时设置单向超高峰不均衡运输组织方式。3 号线开通初期采用高峰期大小交路 1∶1、平低峰单一交路运行，开通半年后，根据客流规律变化，变更高峰期大小交路开行比例为 1∶2，平低峰期由单一交路变更为大小交路 1∶1 开行。2017 年春运结束后，结合 ACC 数据分析及现场客流调查发现，3 号线工作日高峰期断面客流上下行差异性大，早高峰小寨站下行站台出现乘客堆积的现象，为此西安地铁采用单向超高峰不均衡运输方法缓解客流，自 2017 年 6 月起实施，早晚高峰上线 32 列车，早上超高峰下行增加 1 列上线车，晚高峰上行方向增加 1 列上线车，超高峰行车间隔 3 分 30 秒，超高峰时段 35 分钟左右。2018 年 3 号线优化超高峰时段为 55 分钟左右，在保持上行单向加开车不变情况下，增加早高峰下行方向加开车 6 列，目前西安地铁 3 号线下行方向最小行车间隔已压缩至 2 分 30 秒。

（四）行车指挥和调整难度不断增大

列车延误因素多样化、高峰小时运力需求与运力供应矛盾突出、部分线路设施设备开始老化、部分列车长期超负荷运作、试运行的大量新设备未经充分调试就投入使用等，这些因素给正常运营带来较大影响。受线路条件限制，运营调整弹性较差，当共线段通过能力接近极限时，快慢车混跑线路因越行而产生能力空费等。线路条件差导致列车一旦发生故障，难以实施有效的调整手段。延误具有线路传递性，某条线路上发生列车延误，若不能快速恢复，不仅会导致该线路后续列车连带产生延误，而且往往会通过换乘客流波及整个轨道交通网络。

网络运营协调与应急中心需要不断调整与各分线运营控制中心、区域抢修中心、票务中心等部门的业务处置流程，修改完善重大事件的应急预案。网络化维修保养呈现线路特征个性化、技术水平差异化和设备制式多样化特征。各线路的信号、车辆、供电设备制式、技术水平等均有所不同，设施设备难以兼容或共享。同时，调度员需要面对数量庞大的各类专业行车设备，指挥协调大量各专业人员进行日常和应急工作，同时还要兼顾自身行车调整工作，对调度员职业能力提出非常高的要求。

二　线路运能匹配需求分析

（一）现状及面临的问题

受早期地铁设计标准、工程概预算和技术条件等因素影响，部分地铁线路客运量增长速度远超客流预测，运营车不足，行车组织缺乏灵活性，线路设计最大运输能力无法满足快速增长的客流需求。

1. 客流需求时空分布不均衡，运能匹配难度大

单条线路在不同时段和不同区段的客流差异性较大，实现精准运力安排既需要足够数量的运用车、可用的交路和可实施的行车组织方案，还需要权

衡服务质量和运营成本，运能匹配难度大。同时，市区线与郊区线由于换乘客流影响，可能出现高峰时段市区线无法承受郊区线换乘客流，导致换乘站拥挤，甚至造成站停时间延长并影响行车，导致运能匹配矛盾突出。以南京地铁 1 号线、2 号线为例，早高峰小时断面客流量分布呈现明显的方向不均衡性，双方向断面最大客流量所在的区间以及形态分布均有明显差异；同时，3 号线、4 号线、10 号线、宁高城际、宁天城际经过的桥北地区、江浦、河西地区、将军路地区大量的居住人口汇集到 1 号线、2 号线上，通勤客流提升了 1 号线、2 号线的高峰小时系数。迈皋桥、油坊桥、柳州东－天润城、马群等车站处于居住聚集点或线路起终点，周边客流及换乘客流较多，客流压力大。

2. 运用车不足导致高峰时段客流拥挤，制约行车服务水平提升

部分线路开通初期的实际客流很快达到近期甚至远期预测客流需求，车辆配属计划通常按照初期预测客流安排，而车辆增购又需要一定时间和程序，导致部分线路运用车不足，高峰时段客流拥挤，制约行车服务水平提升。以西安地铁为例，目前 2 号线电客车 47 列，线路可用车数（上线＋备用）42 列，线路列车可用率为 89%。常态化时刻表高峰期最大上线车数 41 列，备用车 1 列，随着客流持续增长，运用车不足问题将更加凸显，现阶段暂无增车计划。3 号线现阶段电客车 41 列，线路可用车数（上线＋备用）39 列，线路列车可用率为 95%，常态化时刻表高峰期最大上线车数 38 列，备用车 1 列，目前已启动列车增购项目。运用车不足问题严重制约线网服务水平提升，对运力配置工作提出更高要求，须将有限运力配置在客流最突出的区段和时段。

3. 精细化运能提升亟须技术装备和运营管理协同发力

线路运能是否充分发挥高度影响网络化运营水平，其中既涉及信号系统、车辆和线路等基础设施和装备的技术条件，还与列车停站时间、折返时间及出入段（场）时间等运营管理要素密切相关。以西安地铁为例，目前 2 号线最小行车间隔 2 分 28 秒，3 号线最小行车间隔 2 分 30 秒，4 号线开通后客流不断增长，运能提升使既有行车密度趋于系统设计能力，线路折返能

力和出入段（场）能力将成为压缩行车间隔的瓶颈，亟待升级信号系统以提升线路设备能力，确保折返能力和出入段（场）能力等满足正线行车间隔需要。另外，部分城市的地铁线路，列车车门和站台门关闭后，仍需10秒左右时间列车才能启动，同样影响线路运能，需要技术装备和运营管理协同进行精细化运能提升工作。

4. 局部列车晚点可能导致网络拥堵快速传播，需高度关注网络韧性问题

随着网络规模持续扩大，单条线路列车晚点会造成后续列车晚点，造成换乘车站的站台或换乘通道客流拥挤，从而导致晚点传播。南京地铁3号线经江北片区并有宁天城际进城客流叠加，导致早高峰期间江北至市区方向客流高度集中，在当前最小行车间隔2分30秒的条件下，过江段（柳州东路－上元门区段）高峰小时拥挤度仍达99%，同时3号线列车已陆续进入架修阶段，列车上线率91.3%，运力投入已达极限，列车晚点可调整空间有限，造成3号线车站大客流传播。另外，某城市地铁线路曾发生列车晚点导致线路个别车站大客流现象，短时间内乘客快速疏散地面换乘公交、自行车和私家车等交通方式，甚至造成区域地面交通拥堵。

（二）案例及经验借鉴

案例一　广州地铁四号线大小交路缓解客流不均衡情况

（一）现状介绍

广州地铁四号线黄村－南沙客运港，全长59.01千米，共23座车站，其中金洲－石碁为高架站，南沙客运港－飞沙角、新造－黄村为地下站。有3座车站与其他线路换乘，其中万胜围站通过站台、站厅与八号线换乘；车陂南站通过站台、站厅与五号线换乘；大学城南站通过站台、站厅与七号线换乘。

车辆为L形车，4节编组，正线线路最高运行速度为90km/h。

（二）存在的问题及原因分析

存在的问题：如实施单一交路，将出现“新造－南沙客运港”列车满

载率低、运能利用率低、运营成本高的问题，而“黄村－新造”则运能不足，列车满载率高。

具体原因分析：四号线客流空间和时间的不均衡程度均较高：主要集中在“黄村－新造”。工作日高峰客流呈“潮汐”特征，其中8：00～10：00、18：00～20：00客流较大，其他时段相对较小。

（三）采取的措施及效果

为提升运输经济性，节省运营成本，缓解黄村至新造段客流压力，提高运能与运量的匹配度，四号线早高峰实施南沙客运港－黄村、新造－黄村2∶1大小交路，有效缓解重合段新造－黄村的客流拥挤，提升全线的运能利用率。

（四）对该问题的认识或对未来的建议

随着线路客流的进一步增长以及新开通线路的接入（二十一号线在黄村接入），目前运能配置不能满足未来运量需求，需进一步优化交路设置，同时结合上下行客流的不均衡程度，在开行大小交路的基础上，采用不均衡运输组织方式，缓解单边客流压力。

案例二　南京地铁3号线车辆增购提升运能

（一）现状介绍

南京地铁3号线自2015年4月开通以来，受江北新区建设、沿线居住片区入住率大幅提升等因素叠加影响，当前客运量及高峰断面客流已提前达到设计近期客流规模。为提高3号线运营能力、适应客流大规模发展需要，南京地铁启动3号线增购车工作。

（二）存在的问题及原因分析

存在的问题：日均客运量近80万乘次，高峰拥挤度为线网最高。2018年11月，3号线日均客运量79.76万乘次，居线网第三位，运量规模已接近2号线（84.01万乘次）。早高峰期间，江北至市区方向客流高度集中，在当前最短间隔2分30秒的运力条件下，过江段（柳州东路－上元门区段）高峰小时拥挤度仍达到99%，同一时段内，小市至南京站区段最大拥挤度则高达109%（按1860人/列计算），为全线网最高（2号线当前高峰小时最大拥挤度92.8%）。

具体原因分析：列车上线率达91.3%，投入运力已达极限。3号线配属列车46列，当前最高上线42列，上线率91.3%，目前3号线列车已陆续进入架修阶段，列车上线率已达极限，制约运能提升。

（三）采取的措施及效果

结合3号线设计运力及客流发展趋势，委托第三方开展3号线客流预测。主要针对3号线2019～2023年客流情况开展预测工作，根据长江大桥恢复通车、4号线二期及11号线开通等因素对3号线客流的影响，为3号线运能需求测算提供参考。同时，调研国内主要地铁列车运用状况，调研北上广等重点线路客流及列车上线率，测算3号线配车需求。

在此基础上，有序推进3号线列车增购工作。参考2号线增购经验，根据列车增购项目评审要求，按计划推进增购相关工作，尽快补充运力缺口，满足客流运输需求。

（四）对该问题的认识或对未来的建议

根据预测，2022年底4号线二期开通前，3号线客流达到最高，根据客流出行趋势及交路组织特征，因高峰持续时间短，采用大小交路运营方案受经济可承受能力制约难以充分发挥，采用全线大交路、双向不等间隔发车方案会使运能运量匹配度更高、上线列车数较大小交路方式更少，因此未来将进行充分研究，高峰时段拟采用全大交路不等间隔发车，进一步缓解客流压力。

案例三　深圳地铁黄贝岭站2号线、5号线换乘客流不匹配

（一）现状介绍

深圳地铁2号线由赤湾至新秀，全长36.12千米，共29座车站，2018年日均客流54.08万人次，最大日客运量71.73万人次；深圳地铁5号线前海湾至黄贝岭全长39.795千米，共27座车站，2018年日均客流84.15万人次，最大日客运量107.53万人次。

（二）存在的问题及原因分析

存在的问题：前期规划缺陷与考量不足以及成网后客流形态突变，车站

建筑和相关硬件不能满足客流变化产生的需求，导致换乘站台发生大规模客流拥堵。

具体原因分析：黄贝岭站为2号线、5号线换乘站，且该站为5号线终点站，5号线上行方向除少部分乘客出站外，剩余乘客几乎全部换乘2号线赤湾方向列车，由于换乘站台宽度仅12米，高峰期5号线换乘乘客叠加站台2号线候车乘客，导致黄贝岭站从2015年下半年开始出现乘客堆积拥堵现象，主要集中体现在工作日早高峰期间，5号线换乘至2号线赤湾方向的1号站台，乘客长时间大量堆积拥堵，使乘客安全事件的发生风险急剧增加。

（三）采取的措施及效果

深圳地铁采取多项措施积极应对，缓解黄贝岭站站台拥堵，经过一系列优化调整，目前该站站台客流有序可控，具体措施如下。

- 2016年以来，5号线多次调整行车间隔，最小行车间隔从5分压缩至3分钟，2号线同步压缩为3分钟。
- 优化列车运行图，使两线时刻表有序对接。5号线列车到达站台1分5秒后，2号线往赤湾方向列车到达站台。
- 增加站台工作人员，维护站台秩序。早晚高峰期配备的站务、义工、保安20人，引导乘客有序排队候车。
- 加大宣传力度。通过微博、微信等媒体大力宣传，引导乘客文明有序候车。
- 减少换乘客流与出站客流的交叉。高峰时段8：00－9：00将站厅中部往赤湾方向1站台的3号扶梯停驶，以应对站台中部拥挤，两端宽松的实际情况。
- 当2号线出现列车延误站台乘客堆集时，5号线上行采用扣停方式避免大量乘客涌入黄贝岭站台。

（四）对该问题的认识

在目前站台宽度、车站建筑等基础设施均无法进行大规模改造的情况下，为解决黄贝岭5号线到站乘客大量换乘到2号线的问题，5号线已规划将终点站由黄贝岭延长至大剧院，避免出现整列车乘客换乘导致的安全风险，同时可满足大部分乘客直达中心区的需求。

案例四　重庆轨道交通三号线混合交路配置运能

（一）现状介绍

重庆轨道交通三号线采用跨座式单轨交通制式，是目前重庆轨道交通线网最繁忙的线路，也是全球最长跨座式单轨交通线路。线路连接了重庆江北机场、火车站、长途汽车站以及重要商业中心等，日均客流约为 83.12 万乘次，是缓解重庆主城交通压力的重要轨道交通干线。目前三号线（含空港线）运营车站 45 个，运营里程 67.09 公里，高峰小时断面客流已达到 3.74 万乘次/小时，远超预测客流，高峰时段满载率已超过 140%，客流需求与运能供给间的矛盾较大。

（二）存在的问题及原因分析

重庆轨道交通三号线作为贯穿南北的重要轨道交通干线，运营里程较长，伴随城市的快速发展，沿线客流增长迅速，目前已超出远期设计客流水平的 33%。

三号线运能与客流需求间的不匹配导致高峰时段站台乘客积压严重、乘客候车时间长、列车满载率较高、换乘车站压力较大等问题，给运营管理以及客运组织带来巨大挑战，存在一定程度的安全隐患。

（三）采取的措施及效果

三号线具有线路长、客流量大、折返站点多等特点，可以利用各时段客流量不同的特性，灵活安排不同时间大小交路混合套跑，既满足载客需求，又节约运营成本。混合交路示意图如图 1 所示。

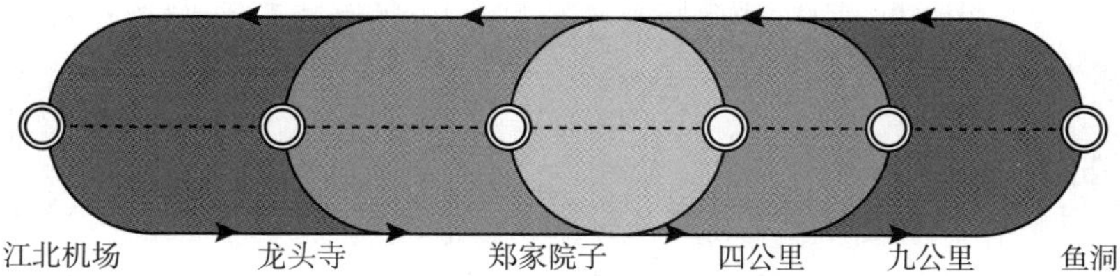

图 1　重庆三号线混合交路示意

三号线作为单轨系统，列车载客能力较小，相同编组数情况下，单轨列车定员载客量仅约为地铁列车（B 型，6 人/平方米）的 67%，虽然三号线八辆编组列车上线运营后一定程度缓解了客流压力，但八辆编组列车运行区段受限，阻碍运能进一步提升。同时，三号线客流量较大，列车站台作业时间长，导致线路通过能力降低，目前已无法再通过进一步缩短行车间隔的方式提升线路运输能力。

（四）对该问题的认识或对未来的建议

受线路通过能力限制，三号线核心区段暂无法缩短行车间隔，同时八辆编组列车仅能在九公里至龙头寺区段运行，限制了运能进一步提升。目前缓解客流压力的手段有两种，一是通过增加非核心区段运输能力，降低列车进入核心区段时满载率；二是在客流压力较大的高峰时段，由行车调度员根据实际情况安排空车至客流大站载客，缓解站台压力，降低安全隐患。

待三号线全线“六改八”工程结束后，八辆编组列车可在全线范围内运行，可通过增加八辆编组列车上线数量及比例，提升线路运输能力。同时二轮建设新线开通后，将起到一定程度分流作用，预计届时三号线客流拥挤情况将有所改善。

案例五　北京地铁13号线运能不足探索技术改造

（一）现状介绍

北京地铁13号线日常以通勤通学客流为主，客流主要集中在早、晚高峰时段。早高峰最大高峰小时列车满载率116%，位于西二旗站至上地站上行区间的7：40～8：40；晚高峰最大高峰小时列车满载率99%，位于五道口站至上地站下行区间的18：20～19：20。

（二）存在的问题及原因分析

设计阶段对地铁线路周边近远期规划和开发情况预判不足，客流预测水平较低，尽管进行了运量预留，仍不能满足需求。13号线运力运量受限于设计能力，难以满足北部地区集中出行的高峰需求，加之乘客站外安检时间，给乘客出行体验带来负面影响，给运营客流组织水平带来挑战。虽然提出了结合线路提前应对高峰、开行区间列车以及13号线拆分及拨线方案，但短时期内难以解决，且改造风险大、投资大。

（三）采取的措施

就本线来说，只能通过优化运力投入、客流组织和技术改造等方式解决，由于昌平线早高峰时段进峰时间早于13号线，因此针对两条线路分步进峰特点，昌平线采用早高峰提前进峰的运力投放方式，有效缓解了昌平线“高峰前段”客流压力，改善乘车环境，提升服务水平，又减小了13号线的客流压力。同时，配合昌平线运力提升，13号线同步调整列车运行图，工作日早高峰时段调整三组列车放空至西二旗站开始载客；调整一组列车在霍营站载客后，在回龙观站、龙泽站通过不停车，自西二旗站起载客运行；调整一组列车在霍营站通过不停车，在回龙观站停车载客，在龙泽站通过不停车，自西二旗站起载客运行。

（四）对该问题的认识或对未来的建议

在不断提升运力的同时深入研究13号线运能匹配情况，分析13号线线路、车站和车辆段改造以及车辆扩编和设备改造的技术可行性，提出了13号线拆分及拨线方案，致力于解决北部城区市民工作及生活出行需求。

（三）运能匹配需求分析及建议

准确把握客流需求变化、精准实施运能供给和灵活行车组织方案是网络化运营需要长期解决的问题。网络化运输组织供需平衡问题需要在客流预测、行车组织、客运组织和服务质量等多方面综合考虑。在进行线路运能设计时，需要以精准客流预测为基础，把握客流规律，明确线路在线网结构的定位，充分挖掘线路运能水平，同时立足线网角度，考虑相邻线路间运能衔接和匹配，体现线路协同效应。

1. 鼓励开展运营期间客流预测，做好运能匹配分析工作

从各城市前期客流预测与运营实际情况来看，存在前期客流预测偏低或偏高现象。新建线路客流预测基于城市发展和出行需求，充分关注新线与既

有线客流关系以及线网客流变化。同时，运营期间也应进行客流预测，从宏观和微观层面入手，明确客流环境变化及客流发展趋势，针对线路断面和换乘车站等局部客流变化进行研究，用于线路运行图调整及车站客流组织。注重客流分析的技术手段，提升客流分析效率，发掘数据价值。随着线网复杂性及通达性增强，乘客可选择路径增多，乘客路径选择及客流时空分布特征更加复杂，应借助更加先进的技术手段和客流分析工具进行深层次挖掘分析，细化进站分析时段，掌握客流集聚方向，总结客流需求分布结构波动规律，做好运能匹配分析工作。

2. 探索运营初期按照近期配置列车的可行性和适用性

随着线网客流需求快速增长，个别线路运用车不足问题逐渐凸显，制约线网运能提升和网络化运营组织。增购列车工作往往需要较长的时间周期，运用车不足可能导致大客流风险，同时对客运组织工作也是很大挑战。建议提前开展增购列车筹备工作，探索运营初期按照近期配置列车的可行性和适用性，确保运力提升工作顺利进行。在运用车不足情况下，须将有限的运力配置在客流需求最迫切的区段及时段，运用数据分析手段持续对运力匹配进行精细化研究。

3. 充分利用运力资源，深挖现有运能潜力

充分利用现有运力资源，对列车停站时间、列车区间运行速度、列车折返作业等开展精细化分析，探索实现灵活行车组织方式的技术需求，通过多种手段深挖现有运能潜力。开展市区线路与郊区线路首末班车衔接组织研究，发掘回库列车资源利用空间，提高线网收车时段乘客可达性。利用多交路、快慢车、小间隔连发等方式，提升线网运输组织效率。基于断面客流分析结果，通过交路方式优化、不等间隔发车、快慢车等方式灵活调配运力，匹配客流需求。

4. 做好线网换乘衔接，开展网络韧性研究

树立线网列车运行计划一体化编制理念，做好线网换乘衔接，开展网络韧性问题相关研究。针对行车间隔较大的郊区线路，根据全天不同时段客流到达规律，以乘客等待时间最小为目标，优化线路换乘衔接，调整列车运行

时间、停站时间、发车时间以及换乘站折返时间等，优化重点换乘站到发车时刻。选取典型换乘节点，考虑运营突发事件情况下晚点传播等影响，开展网络韧性相关问题的调查和研究分析，为后续线路规划设计、支线建设以及行车组织等提出相关运营需求。

三　单线故障时线网韧性需求分析

（一）单线故障给线网行车组织带来的问题

城市轨道交通运营是一项复杂工程，系统正常运营需要列车、线路、供电、通信、信号等多方面保障。因设备设施使用条件、外界环境以及突发事件等影响，轨道交通不可避免会出现一些故障，如道岔故障、接触网失电、列车失去动力等。这些故障会对运营造成影响，轻则导致列车运行秩序紊乱，列车运行间隔偏差，使列车出现大面积延误状况，降低乘客服务水平；重则中断线路运营，使区段甚至全线停运，使大量乘客滞留车站，造成不良社会舆论和影响。单线故障会影响线网正常运营，单线晚点严重时可能造成换乘站乘客拥挤更严重；区段甚至全线停运也将影响其他线路乘客换乘本线。

城市轨道交通网络安全韧性是指城市轨道交通在自然灾害、偶然事故、蓄意攻击等突发事件扰动下的稳定能力、恢复能力和适应能力。与传统的风险评估和脆弱性分析相比，韧性的概念不仅考量了城市轨道交通网络在扰动下维持其功能水平不变的能力，也考量了交通网络系统在扰动的影响下，其功能水平下降后能够迅速恢复的能力，以及交通网络系统学习适应以更好地抵御扰动影响的能力。因此，城市轨道交通网络安全韧性对于保障交通网络健康畅通、市民顺畅安全出行、缓解交通拥堵、提高路网可靠性和健壮性，都具有很强的现实意义。

1. 换乘节点管理给线网韧性带来的问题

随着线网规模扩大，各条线路间换乘节点增多，一条线路在发生故障后，会通过换乘节点影响整个线网层面列车运行秩序。网络化运营组织具有网络传播效应，列车晚点、客流拥挤等状况会根据列车和客流时空转移特性向正常运营区域传播和扩散。随着列车运行秩序的紊乱，客流拥挤从几个车站传播和扩散到整条线路，还可通过换乘站传播到其他线路。当单条线路发生列车延误，若不能快速恢复正常运营秩序，会导致该线路后续列车产生延误，逐渐形成个别节点的客流拥挤，给客流组织带来困难。

2. 设计能力不足给线网韧性带来的问题

线网内节点和线路的运能协调是保障线网韧性的重要手段，个别节点和线路的设计能力不足会影响线网韧性。例如，重点换乘车站的站厅站台面积不足问题以及骨干线路的列车车型选择偏少等问题。实际运营情况表明，线网部分车站能力不足已成为影响线网韧性的重要因素，部分车站站台、站厅面积狭小，乘客换乘不便，滞留车站站台或换乘通道，增加了客运组织和行车调整难度，影响运营组织安全性。另外，部分骨干线路列车车型选择偏少也制约线路在网络内的能力发挥，部分城市骨干线路 B 型车无法满足乘客出行需求，只能通过减少行车间隔和不断增加上线列数来弥补运能不足的缺陷，故障情况下的行车组织调整难度也大幅增加。

3. 多个控制中心行车组织协调给线网韧性带来的问题

随着运营线路数量的不断增多以及运营主体更加多元化，控制中心数量也在逐渐增加，各控制中心值班主任作为故障处置第一负责人，需要协调统一调度指挥，遵循相同的准则，避免在面对相同问题时会出现差异化对待。在需要多个控制中心处理突发事件时，不同控制中心处置细节的不同会对整体应急处置效果大打折扣，需要在响应速度、沟通渠道以及互相配合等方面进行线网层面整体协调。同时，城市轨道交通线路与高铁、机场等其他交通方式的衔接需求加大了网络化运输组织在运输能力、服务时间和调度指挥之间的协调难度，单一线路发生故障时，本线、邻线及与相衔接的枢纽站均须考虑统一协调组织。

（二）案例经验借鉴

案例一　广州地铁三号线 Y 形混合交路保障线网韧性

（一）现状介绍

广州地铁三号线全长67.63km，呈Y字形线路，其中三号线主线天河客运站－番禺广场站运营长度32.93km，三号线北延段机场北－体育西运营长度34.7km，由于开通时序原因，一直采用主线和北延段分段独立运作的方式。

车辆为B型车，正线线路最高运行速度为120km/h。

（二）存在的问题及原因分析

广州地铁网络化运营规模已经形成，其中三号线作为贯通南北的主干线，与线网一、二、五、六、七、八、九、十四、广佛线均有换乘关系，是广州地铁最繁忙的线路。当三号线主线或北延段发生故障时，将联动影响整个线网的行车和客运组织。

（三）采取的措施及效果

为提升线路故障时线网的韧性，广州地铁三号线充分发挥主线与北延段互联互通的优势，通过对列车限界、车载设备功能等进行改造，实现主线与北延段列车混跑。当其中一条线路发生故障时，可以组织列车跨线运行，为故障修复争取更多有利条件，尽快恢复运营，缓解故障向整个线网蔓延。

三号线主线番禺广场－天河客运站，北延段机场北－体育西交路示意图如2所示。

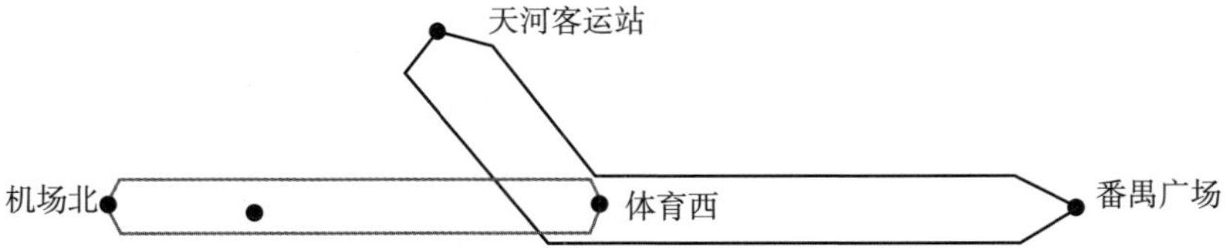

图2　广州地铁三号线混合交路示意

（四）对该问题的认识或对未来的建议

线路互联互通，可以实现运输资源共享，达到统一调配的目的，有利于提升线网韧性，尤其是在主干线路故障的情况下，为缓解故障向线网传导提供了有利条件。针对广州地铁三号线的情况，拉通主线与北延段的直达交路，使之成为常态化运营交路，将对线路的运营组织提供更加多样化的选择，有利于故障情况下的运营调整，从而提升线网韧性。

案例二　西安地铁1号线信号故障对网络换乘客流影响

（一）现状介绍

西安地铁1号线某次信号故障，出现计轴红光带现象。

（二）故障影响分析

故障期间，1号线乘客大量积压，1号线、2号线换乘站北大街站1号线站台客运压力持续增大。1号线北大街站向行调申请2号线配合启动线网客流控制措施，缓解1号线故障产生的大客流，行调组织2号线其他客流集中站限流，部分列车在换乘站北大街站双向越站。

（三）采取的措施及效果

西安地铁在总结本次故障处置经验基础上制定相关措施，当1号线单线发生较大故障、乘客大量积压时，高峰期2号线北大街站台上下行列车累计到达6列，非高峰期2号线北大街站台列车上下行累计到达10列后，车站结合客流实际情况，确需采用越站方式控制缓解客流。向行调申请2号线列车在北大街双向越站，以缓解1号线北大街站台和换乘客流，避免发生大客流导致乘客踩踏事件。

（四）对该问题的认识或对未来的建议

换乘节点是影响线网韧性的重要因素，在后续线路前期设计阶段，充分预判与既有线网形成换乘关系的节点，分析典型运营突发事件对线网韧性的影响。

（三）线网韧性需求分析及建议

线网韧性表现为线网发生运营突发事件后的抵抗风险能力。如何增强网络可达性，降低单线线路故障对整个交通网络的冲击是提高线网韧性的重要内容。可从以下方面研究探索提高线网韧性。

1. 重视网络换乘节点的运营匹配和客运组织管理

网络化运营方便了乘客出行，扩大了出行选择范围，同时也增强了线路间相互关联和制约。从线网角度分析，运能设置需预留一定冗余能力，尤其是对于换乘节点，更要重视运能匹配和客运组织管理，在局部出现拥堵情况下确保具备动态调整条件。强化线路间协调匹配，衔接线路运能配置原则上要与客流特征匹配，兼顾衔接线路间换乘匹配。

2. 设计阶段应重视网络韧性分析

设计阶段应高度关注不同线路的功能需求分析，研究重点车站、车辆选型以及车辆段等制约线路运能的关键因素和线路间的关联关系，做好韧性分析。加强线路间互联互通，相邻线路尽可能预留信号、车辆等设备的互联互通能力，单线故障情况下具备跨线运营条件，缓解故障带来的拥堵，提高网络韧性。

3. 建立线网层面的调度和应急指挥中心，协调各控制中心行车管理

建立统一协调的线网调度和应急指挥中心可以统筹线网综合调度和应急指挥的技术标准和作业规程，实行线网联动，提高调动网络资源的能力和救援抢险效率。应急指挥中心负责运营信息管理，通过整合各条线路之间运营信息实现信息共享，在突发情况下，线路控制中心根据线网应急指挥中心提供的信息进行应急响应，对突发情况进行有效处置，保障线网韧性。

B.6
网络化应急管理需求

摘　要： 本报告主要从运营突发事件传播效应、应急资源和设备系统管理复杂性以及风险预警和应急准备要求等方面分析了网络化条件下应急管理的主要技术特征，重点探讨了线网综合调度与应急指挥中心在多运营主体协同以及风险预警和防控等方面的现状和主要问题，选取台风、山体滑坡等典型自然灾害以及共用变电所的检修模式和改造等案例，提出了建立综合应急指挥中心、行业运营风险数据库、应急处置信息共享平台以及应急能力评估等方面的运营需求和建议。

关键词： 应急管理　线网指挥中心　资源共享

一　网络化应急管理特征

我国各级政府和企业不断强化应急管理工作，近年来，突发事件应急体系建设取得重要进展。《国家突发事件应急体系建设“十三五”规划》明确指出，强化城市公交和轨道交通等行业领域安全监管及风险管控；大力推进城市轨道交通等重大工程设施地震预警和紧急处置技术应用；推进生命线工程全生命周期风险管理，做好城市轨道交通等运行使用的风险评估与安全监管。

随着网络化运营规模逐渐扩大，线路之间关联度越来越高，运营突发事件影响范围和严重程度具有更大不确定性，网络化运营对运营突发事件处置要求逐渐提高。网络化应急管理特征主要有以下几方面。

（一）不同线路及设备系统的联动性增强，运营突发事件造成的故障效应放大

整个网络客流叠加效应愈发明显，不同线路之间的关联性增强，运营安全保障和应急处置压力增大。任何一条线路发生运营突发事件都将对全网造成影响，同时公众对于城市轨道交通出行依赖性增强，社会公众更加关注城市轨道交通运营突发事件及其影响，对服务质量要求日益提高，运营突发事件造成的故障效应被不断放大。

（二）应急管理区域和范围扩大，资源分布和设备系统管理更加复杂，应急管理难度增大

网络化条件下管理区域和跨度不断增大，不同线路间设备制式不一、系统新旧混杂、技术标准新老交叉等问题日益凸显。同时，郊区线使城市轨道交通的设备布置范围更大，由于城市中心区交通拥堵及道路运输能力限制，郊区线路应急救援和物资配送难度增大。为高效应对运营突发事件，应急人员及物资调用对距离和管理机制等提出了更高要求，要求完善多层次应急救援联动体系，实现一点故障、分级响应、协调动作，实行抢险力量梯度支援模式。

（三）网络化运营对运营风险预警和应急准备提出更高要求

网络化应急管理不仅强调事后的响应与恢复，更强调事前预防，对运营风险预警和应急准备提出更高要求。不仅强调单灾种应对，也强调多灾种综合应对，需要政府、企业与第三方力量系统配合。网络化应急管理下，不同部门、不同区域之间的协同配合和应急准备尤其重要，需要充分发挥知识、技能与资源优势，提高突发事件处置能力，在灾难发生时减少生命与财产损失。

二　线网调度与应急指挥中心功能需求分析

（一）线网调度与应急指挥现状及面临的问题

单线或几条线运营的小规模网络发生运营突发事件时影响面波及范围相

对较小，较少考虑线路之间应急支援和调度指挥协调等。当城市轨道交通多条线路成网运营后，网络规模和网络效应逐渐放大，线网应急安全保障变得十分复杂，小故障也可能造成大影响。在事件突发时，需要在政府指导下对全网进行应急管理，向相关部门报送突发事件应急处置信息，协调多条线路指挥及与相邻线路配合。目前应急指挥存在支援联动慢、信息收发不及时、调度命令下达依靠个人经验等问题，不利于网络运营条件下调度指挥一体化。在提升网络化效益同时，线网调度与应急指挥面临以下问题。

1. 多个运营主体和控制中心之间的协调管理

随着城市轨道交通线网不断发展，轨道交通将出现多个运营主体，运营主体之间协作需求大大增加，运营主体之间良好协作不仅有利于线路资源整合和统筹协作，更能体现网络化运营的优越性。协调是实施网络运营组织工作的关键，网络信息和资源共享、运行系统联动及行车组织调度均在于良好的组织协调。网络化运营下，多条线路分设控制中心，无法很好地实现信息共享、调度资源优化配置及互相支援，应急处理时各控制中心在应急指令下达和执行上可能造成一定障碍和延时，不利于全局管控应急处置。另外，发生突发事件后，现场监控、信息报送、应急指令快速传达、客流预警、列车运行监控、数据分析等综合信息量大，且网络中线路越多相关信息量越大，对信息整合要求越来越高。以西安地铁为例，西安地铁目前在渭河车辆段设有管理 1 号线、2 号线、3 号线的控制中心，在航天城车辆段设有管理 4 号线、5 号线、6 号线的控制中心，并在渭河车辆段内建设线网应急指挥中心，线网应急指挥中心实现对整个运营线网的综合监控和管理。以深圳地铁为例，目前深圳地铁三个控制中心位置设置分散，不利于网络化运营模式下应急联动。竹子林 OCC 承担 1 号线、2 号线、5 号线调度指挥工作，设置于竹子林车辆段；横岗 OCC 承担 3 号线调度指挥工作，设置于横岗车辆段；深云 OCC 承担 7 号线、9 号线、11 号线调度指挥工作，设置于深云车辆段。

2. 网络化运营安全风险预警和防控经验不足

网络化运营突发事件波及范围较大，应急救援和处置能力是考验网络化运营管理水平的标志，迫切需要做好安全风险预警和防控，做好应急准备工作。目前，大部分城市轨道交通正在进入小规模和中等规模网络化阶段，对网络化运营安全风险预警和防控经验不足。西安地铁线网应急指挥中心处于筹建阶段，筹备工作经验不足，对网络化运营安全风险控制经验较为欠缺，目前正建立指标化安全评估体系，强化线网应急指挥人员、调度人员专业素质及应急处置能力，准确判断故障来源，及时做出定量分析，做出风险处理决策。以重庆轨道为例，应急指挥中心负责集团内外部相关预警、突发事件、抢险等信息接收与发布，负责线网层面应急指挥工作，是快速掌握运营突发事件现场情报和发布应急抢险命令的平台，面临的问题是在综合运营协调指挥中心未能建成情况下，线网监察、统计分析、应急资源协调与分配等功能需求无法实现。

（二）案例及经验借鉴

案例一　广州地铁台风“百里嘉”“山竹”防御处置

2018年9月中旬，广州地铁为应对第22号、23号台风“百里嘉”“山竹”，线网运营指挥中心（COCC）提前向各线路发布防御台风指令，执行防台风方案，要求各单位落实防御台风措施，统一向线网各站发布台风期间预停运PIDS滚动信息，满足乘客知情权。台风相继登陆广东省后，特别是台风“山竹”登陆后直接影响到广州，珠江水位明显上涨，多条线路的多个车站出入口水位到达二级警戒线。COCC根据地铁线网配置的防洪物资情况，有效调配防洪物资到抢险现场，最大限度地提高防洪物资的投用率；协调各线路抢险人员到现场支援，使抢险力量快速到位。在台风期间，COCC跟进台风动态，与市应急办加强联系，根据实际情况，组织部分线路维持运营，停运线路做好恢复运营的准备工作。台风过后，COCC向线网收集台风对广州地铁设施设备的影响情况，并组织抢险人员进行灾后恢复。

相邻线路之间存在抢险物资、人员信息不共享的情况，当发生自然灾害时，往往影响范围广、破坏力强，在有限的抢险物资、人员的情况下，成立统一的调度指挥机构COCC，能够高效调配抢险物资，使人员到位，快速响应，保障线网运营。

案例二　重庆轨道山体滑坡救援

2018年10月11日，重庆轨道六号线发生山体滑坡事件，应急指挥中心根据事态的发展对运营内、外单位进行信息通报和应急信息发布，同时与外部单位协调，联系公交接驳事宜，保障受阻断区域的交通联系；在建成COCC后，还可以通过对线路输送能力评估、线网承载能力评估，分析运输方案是否满足乘客乘车需要，该事件是否会对其他线路造成影响，从而通过改变其他线路运输方案的方式，缓解六号线的运输压力，同时也可以对相关抢险队伍进行统一调配，使抢险队伍更快、更有序地前往事故现场，使事故更快速、高效地得到解决。

（三）功能需求分析及建议

在正常情况下，线网调度指挥中心主要履行运营监视等职责，应急情况下负责应急指挥和多方联动，可以通过大数据和信息化等手段提供智能化决策建议。线网运营应急处置需要多方配合协调，在保障安全同时及时减小、消除故障影响。应建立完善的联动机制，在突发情况中紧密联系各部门完成应急处置。建立数据传输和分析智能化系统，在应急处置时提供运营相关数据并进行分析处理，提高调度员处置效率及准确性。通过建立线网综合调度指挥中心和行业共享平台，为网络化应急管理提供支撑。

1. 建立具有综合协调和应急指挥功能的指挥中心

线网应急指挥中心具备网络化运营中央协调功能，调度人员通过工作站、大屏幕线网监控及联动功能监视线路行车、客流、设备运行及服务情况，利用视频了解现场状态。在正常情况下，线网应急指挥中心对各线路运营进行监视和协调，在应急情况下对涉及线网运营的跨线共用设备设施（如主变电站跨线供电开关等）具备指挥调度和控制条件。发生突发事件时，实现即时画面推送及定位，协助指挥人员进行决策和处理，协调多个系统之间的联动配合。线网应急指挥中心应实现面向政府、乘客和部门的沟通，实现运营信息统一发布和报送功能，预留与其他企业级门户（如施工管理系统、乘务派班系统、OA 系统等）接口功能，方便平台整合。同时实现应急资源分配协调功能，对与轨道交通相关的资源进行统一调配协调，如共用资源调配协调，救援物资力量统一管理调配以及运营公司间应急协调等。

2. 探索建立行业运营风险数据库和应急处置信息共享平台

研究建立行业运营风险数据库，对网络化运营风险进行识别、登记和更新，建立行业风险预警机制；同时建立应急处置信息共享平台，对应急处置过程和关键信息进行自愿性的互联网登记，不作为安全评估和事故调查的依据。完善应急平台体系建设标准规范，增强应急平台智能辅助指挥决策等功能，推进“互联网 +”在应急平台中的应用。同时，城市轨道交通企业也可以研究建立应急处置智能系统，录入可能发生的各种突发故障、事件；发生故障时在数据库里输入关键词，对该故障可能导致的影响进行智能分析。

三　共用资源的应急管理需求分析

（一）变电所等共用资源的现状及面临的问题

1. 变电所资源共享面临复杂运营场景，需要设计阶段充分考虑建设线网级电力调度系统

随着城市轨道交通网络化建设的推进，如果按照单线模式进行配置主变电站，将占用大量的城市电网电力资源，主变电所数量增加、占用公用电网更多 110kV 资源、加大建设总投资，各条线供电系统基本独立，当供电系统发生故障时，只能依靠本线供电系统自身应对能力，对主变电所备用容量要求较大。以广州地铁为例，早期单一地铁线路一般设置独立主变电所供电，随着地铁线路成网，一个共享主变电所开始同时为一条以上线

路供电，共享主变因其节省投资、节约土地，强化线网供电架构优势凸显。从充分利用线网主变电所共享资源、便于运营管理角度出发，地铁线网交流供电系统大多采用 110/33kV 两级集中供电方式。从技术可靠性及运行维护角度考虑，共享主变共享线路不宜超过 3 条。但受建设期间条件限制，部分主变电所存在单电源供电、T 接电源、没有设置内桥、容量不足等情况，当一座主变电站退出运行时，支援供电的主变电所无法满足一、二、三类负荷需求，需通过切除三类负荷、减少上线列车数量、减小行车密度等措施维持运营服务。同时，共享主变线路之间调度依靠各自区域控制中心之间低效、多边协调，缺乏高效集中统一的线网指挥，亟须建立线网级电力调度体系。

西安地铁运营三条线共建成金花路、环城西路、行政中心、会展中心、务庄及博文路 6 座主变电所；在建线路有 4 号线、5 号线、6 号线、9 号线，共涉及飞天路、荣家寨、和平村、纺织城、侧坡、芷阳广场、交大创新港、机场线 - 车辆段及马东共 9 座主变电所。从建设投资角度考虑，未来若单线考虑建设主变电所，达到远期规划 986km 规模后需设置 62 座主变电所，通过资源共享规划，线网供电系统仅需建设 34 座主变电所，根据初步估算能减少 28 座主变电所建设。

深圳地铁从最早的单条线路建设运营，已经发展成为网络化建设运营，截至目前共开通运营 7 条线路。在供电系统方面，深圳地铁采用集中供电方式供电，即由城市电网区域变电所以高电压等级的电压（110kV 或 220kV）向地铁主变电所供电，地铁主变电所将高压降为中压等级 35kV，然后再分别向地铁牵引变电所和降压变电所供电，牵引变电所再降压整流为直流 1500V 供接触网/轨对电客列车供电，降压变电所降为 380V 给车站动力、照明等设备供电。

深圳地铁主变电所按资源共享原则向各条地铁线路 35kV 供电分区进行供电，即一座主变电所为一条或多条地铁线路供电，变电所共用资源从而主要体现在主变电所供电方面。截至目前深圳地铁运营线路有 7 条，主变电所 11 座，11 座主变电所分别向 7 条线路共计 111 座牵引降压混合变电所供电。

目前部分主变电所为多条线路供电，在以后建设运营中主变电所均可能会增加供电线路，从而全面实现网络化建设运营的供电资源共享。在轨道交通建设运营中，主变电所资源共享具有管理集中、节省建设费用和土地资源等优点。但在运营管理中也存在一些问题：主变电所间存在相互支援供电，停电检修计划安排困难，同时各线停电协调工作烦琐；主变电所停电检修倒闸操作工作繁重，操作时间长；主变电所35kV系统设备停电检修只能安排在运营结束后进行，因主变电所供电地铁线路多、范围广，停送电倒闸操作时间长，可能造成检修时间不足，影响设备检修效率。深圳地铁3号线草埔主变电所负责为3号线红岭至丹竹头11个变电所，以及5号线杨美至黄贝岭11个变电所，共计22个35kV变电所供电，在特殊情况下，还需承担向3号线西延段或银海主变电所支援供电的任务。近年来，由于3号线、5号线提升乘客运输能力，早晚高峰行车间隔进一步加密，供电负荷不断上升，草埔主变电所主变压器多次触发满负荷报警。以南京地铁为例，随着地铁运营线路的增多，各条地铁线路共用主变电所情况也越来越多。南京地铁供电系统的主变电所一般由两条引自国网供电公司的110kV线路构成，其中一条专线、一条共用线路，分别对应地铁主变电所内两台主变压器。当主变电所停电检修或国网供电公司停电时，会同时影响其供电的各条地铁线路，运营可靠性受到很大影响；随着共用线路发车频次增多及各站400V用电负荷不断增大，共用主所的主变容量不再满足要求。

2. 救援车资源共享需要具备低成本和灵活专线功能的新技术支撑

确保应急响应时效需要充分提高救援车利用率，需从线网层面优化布局，规划资源共享模式，完善应急救援车配置标准，充分发挥救援车机动灵活特点，确保应急人员、应急设备能够快速到达事发现场，实现对主要设施设备故障的快速、有效抢修与抢险。为提高救援车利用率，需要同时科学合理地设置区域综合性维修中心，同时还需要具备低成本和灵活专线等功能，充分发挥救援车效率。以南京地铁为例，随着南京地铁运营线路增加，对工程抢修车、内燃机车、工程吊车协调使用工作愈加频繁，接触网专业抢修作业需要工程抢修车、内燃机车和工程吊车，随着新线相继开通，使用频率和出车效率也相应提高。

（二）案例及经验借鉴

案例一　深圳地铁文化中心主变电所检修模式

深圳地铁采用集中供电方式供电，主变电所按资源共享原则向各条地铁线路35kV供电分区供电。其中文化中心主变电所是为各线路提供电源最多的一座主变电所，共为1号线、2号线、3号线、4号线供电。文化中心主变电所设备检修在未形成网络化运营前均采用集中检修模式，随着线路的增加，原检修模式已不能满足检修工作的需求，通过优化完善，在确保设备检修质量的同时大大提高了设备检修工作效率。

（一）现状介绍

文化中心主变电所1号线、2号线、3号线、4号线供电，供电线路多，范围广。设备检修采用集中检修模式，即110kV单路设备连续停电检修（某段设备检修约停电5天），其间35kV设备因白天地铁运营安排在夜间停电检修（夜间停电检修时间约2小时，某段设备检修包括设备停送电倒闸操作需6个夜间检修工作时间）。

（二）存在的问题及原因分析

文化中心主变电所供电范围广，设备集中检修时调度部门倒闸操作工作繁重，操作时间长；维修部门夜间35kV设备停电检修时间短，检修时间不足，检修作业次数增多，任务重，检修效率低。

文化中心主变电所设备检修在未形成网络化运营前只为1号线供电，供电范围小，设备检修采取集中检修模式，即110kV单路设备连续停电检修（某段设备检修约停电5天），其间35kV设备因白天地铁运营安排在夜间停电检修（夜间停电检修时间约3小时，某段设备检修包括设备停送电倒闸操作需3个夜间检修工作时间）。随着线路的增加，文化中心主变电所增至为4条地铁线路供电，供电范围大大扩大，集中检修模式已不能满足检修工作的需求。按原模式开展设备检修，110kV单路设备连续停电检修时间保持不变，但35kV设备因倒闸操作时间和设备数量增多，通常停电操作结束时间为凌晨2时，凌晨4时前开始恢复送电操作，夜间检修时间缩短为2小时，某段设备检修增加至6个夜间检修时间。因此按集中检修模式开展文化中心变电所设备检修，将增加调度部门倒闸操作量，同时也大大降低了维修部门的检修工作效率。

（三）采取的措施及效果

针对文化中心主变电所供电线路多、范围广、集中检修模式夜间检修时间短的问题，维修部门完善了主变电所设备集中检修模式。采取集中与分散相结合的检修模式，即110kV和35kV整段设备检修安排集中检修，而35kV各馈线设备分散检修，在时间上错开单独安排。

采用集中与分散相结合的检修模式，同时结合年度检修计划、变电系统检修规程和变电系统设备检修工艺卡要求，文化中心主变电所35kV某段设备检修作业次数减少至3次，其他馈线设备夜间检修时间增加至3小时。采用新的检修模式，在确保设备检修质量的同时大大提高了设备检修工作效率，保障了供电系统安全稳定运行。

（四）对未来的建议

在轨道交通建设运营中，主变电所资源共享具有管理集中、节省建设费用和土地资源等优点。但考虑到运营管理中存在倒闸操作工作繁重、操作时间长和设备检修时间不足等问题，建议在轨道交通设计及建设期间充分考虑主变电所的供电区域，供电范围要适中，为运营管理创造有利条件。

案例二　南京地铁变电所增容改造

（一）现状介绍

随着地铁运营线路的增多，各条地铁线路共用主变电所情况也越来越多。南京地铁供电系统的主变电所一般由两条引自国网供电公司的110kV线路构成，其中一条专线、一条共用线路，分别对应地铁主变电所内两台主变压器。

安德门主所由两台主变组成，包含35kV供电分区共4个，其中含1号线2个分区（德安分区、德隆分区），10号线2个分区（德门分区、德胜分区)。属于多线路共用的一个主变电所。前期建设时，只考虑到老1号线的用电负荷，10号线及南延线开通运营后，新1号线变电所数量及10号线两个分区的接入造成安德门主变容量偏小。

(二) 存在的问题及原因分析

当主变电所停电检修或国网供电公司停电时，会同时影响其供电的各条地铁线路，运营可靠性受到很大影响。随着共用线路发车频次的增多及各站400V用电负荷的不断增大，共用主所的主变容量不再满足要求。

(三) 采取的措施及效果

加强设备巡视和检查的频次，定期实施检修计划，提高设备的可靠性。对主变压器进行增容改造，充分考虑到共用主所的各条线路远期负荷增量。设立共用资源归口管理部门，编制共用资源信息目录。

(四) 对该问题的认识或对未来的建议

在新线建设时，需充分考虑主变容量的裕量，以防后期改造扩容。

案例三　成都地铁3号线越区供电

(一) 现状介绍

3号线一期供电系统目前设有两座主所，同时这两座主所还与2号一主所采用在换乘车站新建35kV开关站的方式共同向7号线供电，即7号线无新建的110kV主所，也无110kV设备。

(二) 存在的问题及原因分析

根据目前的主所供电方案及越区支援供电方式，3号线两主所同时向3号线、7号线供电，当一座主所退出运行时，另一座主所将同时向3号线、7号线支援供电，支援范围较大，增加了恢复供电的操作流程和时间，对支援主所的容量要求也较高。一座主所退出导致相邻主所同时向2条线路越区供电，该方案在于7号线供电系统设计时利用了同一条线路的多个主所，各条线路的设计和建设阶段未充分考虑网络化运营的统一调度需求。

(三) 采取的措施及效果

可通过对共享主所的运行方式进行优化调整，例如，在3号线主所解列时，发挥2号线主所的支援供电能力，替代3号线另一座支援主所向7号线供电。

（三）共用资源应急管理需求分析及建议

1. 线网供电系统统一指挥调度

目前，既有线以及在建新线仅考虑单座主变电所退出的应急需求，没有考虑因故障、检修等出现两座主变退出运行时，维持相关线路全线有限运营服务的供电保障，会出现部分线路（段）停运的局面。在线网供电结构不断拓展、架构不断扩大的情形下，没有形成供电网络整体监控系统，没有建立集中统一的调度指挥系统，存在极大的调度风险。建议在新一轮线网规划时，梳理现有线网供电网络和供电薄弱环节，利用供电网络资源互连互通特点，有效化解在同一线路两座供电主变电所失压的极端情况下，可维持全线有限度的运营服务。同时开展线网供电网络系统集中监控功能研究及建设，实现线网供电系统的统一指挥调度。

2. 关注应急能力建设和能力评估

针对供电系统统一调度指挥以及救援车共享等问题，应研究城市轨道交通网络的应急能力，针对典型事故场景，建立应急救援能力评估体系，科学评估应急能力的薄弱环节，做好应急能力建设。同时，研究建立独立应急管理部门和救援队伍的技术条件，整合各专业专职应急资源，24 小时常备，快速反应、快速出动，建成一支多专业、多工种、技术精湛的专职应急救援队伍，满足网络化事故运营处置需要。

B.7

网络化条件下企业管理需求

摘　要： 本报告系统梳理了网络化条件下企业管理与单线条件下企业管理的区别，即由服务、维修的“二维模式”转变为服务、维修、线网的“三维模式”。重点讨论了企业管理模式、精细化管理要求、人才培养现状及企业标准化建设情况，选取了重庆、深圳、南京等城市组织架构变革案例和标准化建设和标准清理案例，从探索建立与网络化运营需求相适应的管理模式、加强人才培养、完善企业标准化管理体系等方面提出了需求和建议。

关键词： 企业管理　标准化建设　人才培养

一　网络化条件下企业管理特征

（一）企业管理特点

从多线到网络化运营，是一个从量变到质变的过程，在网络化转型过程中，面临着内、外部环境的快速变化。网络化运营与线路运营的核心差异在于已经从线路运营阶段的服务、维修“二维模式”转变为服务、维修、线网的“三维模式”。这种网络化转型对既有的组织管理体系将产生重大的冲击。对组织管理体系而言，要考虑的核心问题，不是单单某一条线的运营效能问题，而是线网的整体效能问题。

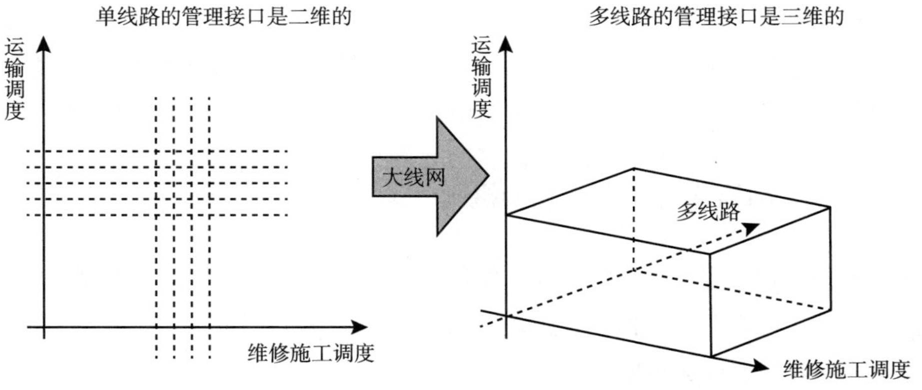

图 1　线路运营与网络化运营管理差异示意

（二）企业管理原则

网络化企业管理必须配套实行新的管控模式，运营企业顶层的角色定位要逐渐实现转换和能力转移，从审批为主转变为监控为主；从事务管理转变为标准管理；从过程管理转变为结果管理，普遍遵循以下四项原则。

1. 适度授权原则

在规范可控的前提下，通过适度授权，把部分人权、财权、业务管理权限授予各业务单位，提高管理及运作效率。

2. 权责对等原则

各业务单位所承担的责任应当与其所拥有的权力相匹配；授权管理须充分考虑各业务单位的专业差异，实行差异化管理。

3. 重点监督原则

加强监督和控制，确保授权事项按照正确的方向进展，并确保进度和最终结果。以制度和规范建设作为事前监督的主要手段；在过程中，通过审批/审核/备案、报告/汇报、检查/整改；事后通过考核/评估、内部监督、内部审计进行监控与把关。

4. 有效激励原则

对各单位业绩评价，以结果为导向，根据结果通过资源配置与考核奖惩予以体现，鼓励各业务单位和员工更加积极主动工作。

（三）网络化运营企业配套机制

为了匹配业务运作模式，运营管理者应当制定内部配套运作机制来激发组织活力，提升业务运作及管理能力。

1. 建立适度竞争机制

采取适度竞争机制，推动各区域之间、同类型单位之间形成竞争关系。以广州地铁为例，主要体现在以下几方面。

对于运营中心，通过绩效表现，对比衡量行车质量、服务满意度、安全管控质量等业务管理水平；通过收入成本比、车公里成本、物资库存等，考量经营管理水平；通过月度生产安全例会、专项评估等，发现各区域、各线路之间具体表现的差异，对比查找原因并督促改进。

对于经营性单位，通过利润贡献、具体业务指标进行横向对比。

对于职能单位，通过决策支持度、关键职能管控结果进行横向对比。

适度竞争机制，必须辅以对应的激励，通过与年度工资总额挂钩、与经营班子奖金挂钩、专项奖励、预算分配等方式兑现。

2. 引入内部市场化机制

采取内部市场化机制，界定各业务协作的责任分工，模拟内部市场模式，通过内部契约牵引进行服务驱动。以广州地铁为例，机制包括设备维护向客运服务提供服务，以支持客运服务交付达成；物资供应向运营组织内部各业务提供物资供应服务，以满足正常生产需求；运输服务协同资源经营，促进整体经营效益提升；设备维护单位为运营中心提供设备维修服务；等等。

实际操作中，各单位主要以模拟的契约形式，签订内部服务协议，模拟内部结算。例如，基地维修中心为运营中心提供设备大中修及部件维修服务，按所产生的实际效益计算作为收益；运营中心进行服务质量评价与验收，向基地维修中心支付服务费用。

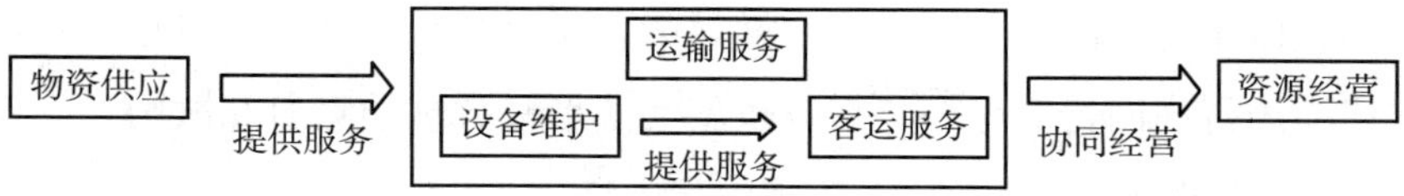

图2　内部市场化服务关系示意

二　企业管理需求

（一）企业管理面临的主要问题

1. 规模快速发展与管理模式的不适应

在传统运营业务模式下，一般以专业化分工作为组织运作的主线，即负责车务与负责设备维修的部门各自分离，而设备维修部门往往还细分为若干个大专业、数十个细化专业。这种模式对于线路较少、处于运营初期的组织，较有利于专业能力的培养。但在网络化运营阶段，这种模式也会显现出很多弊端。

一是区域管理范围过大。随着线路的陆续开通，从城市中心区域开始，逐步向外扩展到郊区或周边卫星城市，地理跨度、业务管理跨度都很大，企业高层、专业管理者都面临“首尾难以兼顾”，更谈不上精细化的管理。

二是专业分工的协作难度大、效率慢。对于乘客来说，线路的表现如何，服务质量如何，是其关注的焦点，而内部是由各个专业构成，专业之间的协作接口多，导致对乘客需求的响应速度慢。

三是难以明确谁是服务交付责任的主体，专业部门只负责自身表现，不为线网整体服务质量负责，缺乏线网层面的统筹管理，城轨运营管理层需要直接承担整体服务质量的交付、业务协调，决策量倍增。

四是绩效难以衡量，缺乏合理、良性、适度的竞争，资源分配更多地只能靠协调。以车务、车辆、通号等专业为基础的组织条块，实际上都只是城轨运营提供“服务”这个产品在生产过程中的一部分，属于内部的相互服务关系。由于各自的业务特点存在明显的差异，很难做到以可量化且可对比的方式，进行横向比对考核，最终也就无法形成合理的竞争和激励。

2. 运营管理复杂性与精细化管理的不适应

一是服务对象需求复杂，城市轨道交通运营提供公共服务，接受服务的人员构成复杂，出行需求多样化，对服务需求差异较大。

二是管理组织设计复杂，运营服务承诺的兑现需要各部门和各专业横向间配合、纵向间协作，由于行政层级增加，部门及专业间的接口增多，横向的部门职责划分与纵向的授权体系设计相对复杂。

三是专业技术协作复杂，城市轨道交通行业为技术密集型行业，运营涉及技术专业众多，包括车辆、结构、机电、AFC、信号、通信、轨道等10多个领域30多个专业，因此专业技术协作更加复杂。

3. 人才培养机制的适应性

随着组织架构优化调整，对管理和专业人才的需求和要求也在增加，亟须中层管理人员及专业技术人员快速适应。一方面，综合类学科人员发展培养存在问题，缺乏综合管理类的成长规划，具备多元化管理实践经验的复合型人才稀缺。另一方面，原有专业人员成长周期过长，人才储备存在瓶颈，部分专业技术人员难以有效组织开展专业性职能业务，原本稳定的业务流程出现断层，中层专业技术人员亟须指导。

人才管理机制已逐渐显现出无法适应线网快速扩张的管理要求，人才资源不断稀释分解，关键岗位人才数量明显不足，制约了运营战略发展和精细化管理。同时，运营单位面临同行业人才竞争的形势日趋严峻，人才流失比例较大，使人才储备问题更加突出。

（二）案例分析及经验借鉴

案例一　重庆轨道交通网络化运营组织架构变革历程

（一）现状介绍

目前，重庆轨道集团围绕建设、运营、经营三大主业，实行总部总体管控，设 16 个职能管理部门和建设、运营、经营三大中心，具体负责业务归口管理。

运营管理中心主要统筹协调和归口管理线网的运营组织和运营安全生产管控工作，实行事业部制管理，集中指挥，按区域化原则实行分级管理，下设四个按线路划分的区域化运营公司、线网管控中心、大修公司和物资公司，其中，四个运营公司负责所辖线路的日常运行管理和设备设施日常维修管理，线网管控中心负责整个线网的运输组织管理和应急指挥工作，大修公司负责设备设施中大修管理。

（二）存在的问题及原因分析

在较为传统的专业化分工模式下，对于管理线路较少、处于运营初期的组织，较有利于其专业能力的培养及人员的跨线路使用。而当进入网络化运营阶段，这种模式也会带来很多挑战，例如，专业之间的协作接口多、反应速度慢、单一专业管理幅度大等，更重要的是，未能明确运输服务责任主体。

（三）采取的措施及效果

2015 年前，集团网络运营体系架构下设网络运管中心、网络运行公司、网络客运一公司、网络客运二公司、网络维保、车辆、通号、电梯、保洁、物资等 10 个专业化运营公司。其中，网络运管中心负责统筹协调集团公司网络化运营生产关系，及协调各运营生产部门之间的职能关系。缺点是既有的运营管理模式系统性和总体性不强，且虽网络运管中心具备部分职能监管的功能，但受组织架构及部门职能限制，难以发挥网络运管中心的统筹协调作用。

2016 年上半年，集团进行了第一次优化调整，在以专业化划分的公司下，重新按线划分专业部，例如：在原车辆公司下分设车辆维保一部、车辆维保二部等，为区域化运营改革做好准备；2016 年下半年，集团对运管中心的职能作用进行重新定位及完善，主要有以下几个方面的措施：一是完善运管中心职能；二是组建各运营公司；三是组建线网管控中心；四是组建大修公司。

截至2016年底，集团运管中心各管理部门已基本成形，专业性工作已统一由运管中心管理。各运营公司已先期实施完成二级生产部门“分线管理”，为运营架构调整打下了基础。运管中心对各运营公司按线分部后介入相应新线线路名称进行了统筹安排。

2017年初，在2016年进行的二级生产部门“分线管理”的基础上，经过对区域化改革的认真思考和总结，集团再次对运营板块组织架构进行深入变革，至此正式宣告由运营专业化管理转变为区域化管理，按区域重新划分了各运营公司。

自2017年运营板块各区域化运营公司已成立，车辆、信号、供电、工务、机电、乘务、站务等主要专业已实现按线划分管理。仅余电梯公司、运营保洁公司尚未按区域化原则调整到位，为深化落实运营板块区域化改革，进一步优化运营板块组织架构，轨道集团于2018年5月撤销电梯公司、保洁公司，同时将电梯维保、保洁职责和其所属人员划入区域化运营公司，以充分发挥区域化公司的优势。

（四）对该问题的认识

重庆轨道集团将“以专业为主”的运营管理模式，转变为“以区域化为主”的模式，并且近年重庆轨道交通网络化运营的实践，证明这种管理模式符合实际，成效明显。

按区域划分运营管理单元后，一是减小了运营板块各层级管理幅度，提高了运营管理效率；二是通过对比各线路的运输质量、服务水平、设备状态、管理效果之间的差异，有利于形成竞争机制，提高运营整体服务质量；三是运营管理中心可以通过不同运营公司的业务表现，提高中心综合管控能力。

案例二　深圳市轨道交通集团组织机构变革

（一）现状介绍

原深圳市地铁集团有限公司运营分公司与深圳市地铁3号线投资有限公司运营分公司是两家独立的企业，分别负责不同的城市地铁线路运营管理，在深圳市轨道交通网络化运营中扮演着业务相似但相互竞争的角色。

2014 年，为适应深圳市轨道建设发展需要，两家企业共同组建成立了全新的深圳地铁集团运营总部，由原独立竞争的企业关系变为融为一体的协作关系。运营总部实行模拟法人制度，做到相对的自主经营、独立核算、自负盈亏。

（二）存在的问题及原因分析

随着新线建设的不断推进，深圳地铁以提升城市轨道网络化运营效能为改革原动力，持续深入推进运营总部机构改革步伐，对专业中心的生产运作机构和职能部门的业务保障机构进行新增、整合及调整，主要解决生产运营与市场化对接中出现的以下问题。

一是建设期遗留及企业转型升级涉及的工程整改项目较多，若按属地化管理，即所在单位主导工程整改项目的推进，既占用了生产单位宝贵的管理成本，工程推进力度也无法满足工程进度目标。

二是网络化运营后，轨道交通成为市民必不可少的日常出行方式，对地铁的第一感官不断增强，也对地铁运营的客服水平、内外宣传、应急响应等提出了更高的要求，成立相关单位全面统筹维护运营形象，成为不断提升网络化运营的实际管理需求。

三是随着运营线路的不断增加，不同领域的新技术、新设备不断投入，技术标准化、技术档案、设备维护等成为保证地铁安全运营的关键。同时，随着管理范围及管理面的不断深入，对企业人、财、物等关键重大事项的监督管控，对从业人员廉洁廉政的警示督促，成为网络化运营和企业发展必不可少的管理核心。

（三）采取的措施

深圳地铁以线路客运分公司、专业中心和职能部门为运营总部的三大功能模块设计内设机构，成立 3 个客运分公司、6 个专业中心、10 个职能部门，以保证四条既有线和后续新线的运营发展。

新成立线网管控中心，强化网络化运营协调管控职能，主要负责组织落实施工作业计划，负责管辖线路正线、车站、辅助线等影响行车的施工作业的生产协调、调度、监控；负责线网服务管控、运营施工协调、信息系统建设、票务稽查、乘客信息编播、热线服务管理。

新成立总工程师办公室，负责系统性开展质量管理、标准化管理、技术档案管理；设备归口管理，组织设备技术方案论证，工程项目验收、科研国产化等管理；负责运营总部固定资产、特种设备、节能、环保及水电管理。

新成立纪检监察室（职能部门一级机构），进一步强化党风廉政建设工作精神，加强党的领导和纪检监察工作效能，服务网络化发展大局。

整合成立合约法律部审计法律室（职能部门内设二级机构），进一步完善法人治理结构，规范内部运行管理，强化风险控制和内部审计工作。

（四）对该问题的认识

目前，深圳地铁运营总部承担1号线、2号线、3号线、5号线、7号线、9号线、11号线等7条既有线路运营。随着新线建设的不断深入，未来将有更多的新线路投入网络化运营中。深圳地铁将以网络化安全运营保障为基础，不断加大改革力度，明确管理界面，精简管理流程，优化职责分工，改进监管方式，全面加强党的建设，进一步提高企业内部管理的科学性、有效性，实现地铁运营提升转型。

案例三　南京地铁组织架构变革探索

（一）现状介绍

南京地铁运营有限责任公司（以下简称运营公司）隶属于南京地铁集团有限公司，负责现有线路的运营管理、乘客服务及设施设备的维修保养，以及网络化运营的筹备任务。运营公司组织架构按照条块结合、以块为主的原则，以及总扎口、业务归口和属地管理的关系，现共设有27个下级单位，包括15个职能部室、3个事业部、2个院和7个分公司。

（二）存在的问题及原因分析

南京地铁正式迈入网络化运营阶段，而且正从弱网络化转向强网络化运营。进入网络化运营阶段，员工规模通常超过2万人，地铁企业模式化、科层化。业务门类众多，专业分工繁杂；权责设置和资源配置极为复杂，需要打造面向员工的全能平台。为此，在运营组织架构上，要减少中间层级，增加组织单元职能弹性，组建多职能队伍。同时，建立综合管理系统平台，支撑跨部门、跨岗位协作。

（三）采取的措施及效果

基于运营流程、能力以及风格化新要求，南京地铁网络化运营组织变革初步探索。南京地铁于2003年成立运营分公司，2012年正式更名为南京地铁运营有限责任公司，适逢从双线运营向多线运营转换的时期。组织架构上注重了整体管控前提下的专业化分工协作。2018年初，运营公司完成了又一次较大程度的组织变革。通过运营公司－分公司/部门－中心/科室－基层团队的设置，实现分级管理，优化管理幅度，提高决策、协调和执行效率；通过围绕核心业务、运行线路、关键作业、支撑平台等，将相关性强、协作要求高的管理、作业进行分域集中，专业化运营；梳理和重新配置人才资源、资金财务资源、设施设备资源、技术数据资源、服务协作资源以及乘客公共资源，使资源配置和投入产出效率得到系统优化。

（四）对该问题的认识或对未来的建议

随着不同发展阶段的需要，组织架构要始终坚持围绕南京地铁集团公司的整体战略以及对运营公司的功能定位，并立足运营公司的核心目标。

（三）企业管理需求分析及建议

1. 探索建立与网络化运营需求相适应的管理模式

企业管理模式和组织架构调整没有统一的模板和固定的“标准”，各城市轨道交通运营企业应根据城市的具体情况好线网发展的不同阶段，因地制宜，不断调整完善。由于地铁规划和建设通常以10年、20年为周期，而地铁的运营服务周期都在50年乃至上百年，难以避免规划的预见性和系统性不足。这就要求地铁企业领导层有更强的使命感和战略观，面向网络化运营的新阶段，尽可能充分研判，提前规划和筹备。通过优化企业内部作业程序、优化中心内部作业程序，形成规范的、有章可循的管理制度，不断提高企业的运转效率和执行力。将岗位职责明细化、立体化，使工作有目标、有措施、有责任人、有时限、有督查、有考核，并加强监督检查，及时发现偏差并给予纠正，形成管理闭环。

2. 各专业加强交流协作，提高运营管理效率

优化岗位的设置和人员配置方式，提高人工效率，实现人员设置精简和效益增加的目标。明确岗位职责，加强各区域专业的交流协作，需要跨部门合作时充分发挥领导层的统筹作用，以有效适应网络化运营特征与需求，全面提升运营管理绩效，确保网络系统良性运转。

3. 加强人才培养，打造复合型人才生力军

推进职业管理与规划，实施管理人才工程计划，打造一支复合型、梯队化的人才生力军。建议各运营企业开拓用人思路，不断创新思维，以“管培生”“继任计划”“人才蓄水池”计划等人才发掘与培养计划为契机，着力发掘分公司内部优秀人才，并通过制订健全的培养计划，促进人才成长。针对不同专业、不同序列的人才，搭建不同的人才培养平台，使各类型人才能够在适合的岗位序列内安心实干；提供发展空间发挥专业人才特长。此外，建议企业通过以岗位价值为基础，体现“为岗位价值讨薪，为绩效贡献付薪”的岗位机制，建立一套科学有效的岗位评价体系，修正关键绩效指标考核标准，参考行业及地方相似企业薪酬水平，采取跟随型的薪酬策略，保证企业具有同条件的薪资竞争力。

三　企业标准化建设需求

（一）企业标准化建设现状及面临的问题

我国城市轨道交通企业一般均设有专门的标准化机构开展企业标准化活动，以切实提升服务水平为宗旨，以培育公共服务标准化品牌为导向，以加强运营管理与公共服务的标准化、规范化、科学化为目标，以“地铁运营管理与服务”为主线开展了规定交通服务的标准化建设。

随着运营管理的深入，线网规模持续扩大，轨道交通企业的公共服务特征凸显，行业属性更突出服务性质，核心是无形服务的提供。深圳地铁标准化体系从 2003 年开始建立，以《企业标准体系技术标准体系》《企业标准体系管理标准和工作标准体系》等标准为编制依据，融入国际先进 ISO 三标管理理念，根据行业特点自主策划、自主编制，形成了一支专业标准化建设团队和一套专业标准体系。标准体系覆盖了生产及经营的方方面面，通过不断地总结提炼和调整，结合三标审核思想不断地完善及改进工作，并通过信息化改进提升，实现了管理“持续改进”与现代化管理思想（三标）高度贴合的智能化企业标准化体系。南京地铁已发布 345 项管理标准，其中：一级管理标准 34 项、二级管理标准 156 项、三级管理标准 155 项。西安地铁 2017 年起开始建设陕西省服务业标准化试点工作，目前已累计制定企业级标准 420 余项，如图 3 所示，基本涵盖了地铁运营管理与服务的方方面面，并根据实际需求不断调整和更新。

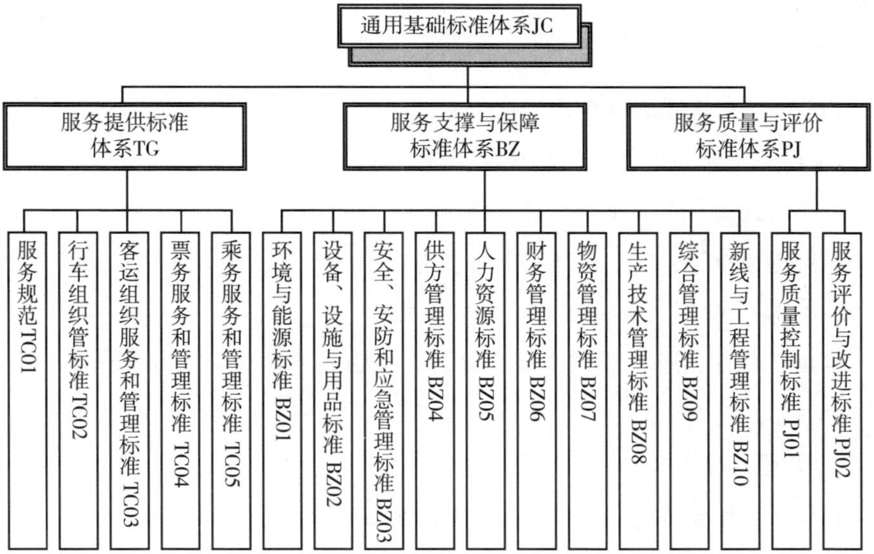

图 3　西安地铁运营管理服务标准体系结构

然而，随着网络化运营的不断发展以及国际项目的不断扩张和深入，各条线路在设计、建设中存在个性化特征、差异化的技术水平、生产接口众多、复杂多样的设备制式等情况，造成各线系统功能、设备制式、运行方式、维保要求不尽相同，使专业管理复杂性较大。因此，运营标准文本体系越来越复杂，设备的操作维护规程数量庞大，层次内容相互交叉不清，部分标准在编写过程中接口划分不明、应急内容缺失、执行难度较大。员工培训宣贯不到位，在遇到紧急情况时，难以快速响应。此外，一些既有标准也存在部分规定适用性尚未被充分验证的问题，有待使用过程的不断检验和完善。

（二）案例分析及经验借鉴

案例一　南京地铁标准化工作

（一）现状介绍

南京地铁于2018年初重新修订并发布了《企业标准管理办法》和《企业标准编写规则》，细化了标准分级分类原则，明确了标准命名原则、标准审批流程等。截至目前已发布345项管理标准，其中：一级管理标准34项、二级管理标准156项、三级管理标准155项。

（二）存在的问题与原因分析

1. 对分公司三级管理标准还需加强指导

分公司对于标准化管理水平参差不齐，对管理标准认知不统一，且各分公司职能范围不同，对于管理标准的要求也不尽相同，导致种种差距的产生。

2. 标准化管理人员队伍建设仍须加强

标准化管理人员知识储备较为薄弱，且人员流动频繁，专业素质仍须进一步加强。

3. 管理标准中缺少清晰简洁的流程图

目前管理标准编写对于流程仍以文字性描述为主，不够清晰明确，过程性描述不够简洁明了，在标准审阅过程中可能会因为理解偏差，存在一些误区。

（三）采取的措施及效果

1. 确定标准化管理机构和职责，对标准进行分级管理

南京地铁建立了三层标准化审核机构：一是建立了体系督察员队伍，负

责审核本单位标准的适宜性。二是成立了以中高层领导为成员的标准化日常管理办公室，负责审核各单位标准的合规性和适宜性。三是成立了以公司高层领导为成员的标准化委员会，负责组织召开标准评审会和确定标准发布。

2. 加强标准化业务培训

为完善运营公司标准化管理体系，使标准化管理人员更有效完成管理标准和技术标准的编写、修订，组织开展标准化培训，培训的主要内容是《企业标准管理办法》《企业标准编写规则》《记录控制程序》宣贯和TCS运用。

3. 进一步完善标准化工作

确定各分公司"三级管理标准清单"，按期推进分公司标准编写工作，组织咨询单位对分公司管理标准进行纸质评审和现场评审。对于标准编写存在问题的，需要进行进一步修订，流程管理应适当添加流程图或表格予以支撑，使标准更加清晰明确。

（四）对未来的建议

一是标准化管理遵循"PDCA"循环原理，公司制度在实施使用过程中持续改进。每年邀请第三方咨询单位进行现场指导和评审。二是重视分公司三级管理标准。重新梳理确定各分公司所需三级管理标准，求同存异，使分公司管理标准更规范化、模块化。

案例二　深圳地铁标准精细化工作

（一）现状介绍

由于深圳地铁各单位在部分标准执行过程中，出现了职责接口不清、具体工作流程分歧的情况，为更好地解决标准在生产实际操作中遇到的标准冲突、内容歧义、操作性不强、不符合国际规范等问题，从2017年3月开始，耗时近2年时间，深圳地铁从整体标准层级、逻辑关系方面对所有标准进行了大清理。

（二）存在的问题及原因分析

标准文本主要问题如下：行车突发事件处置时，同一岗位执行的多个标准文本存在不一致，甚至是冲突的情况；行车故障处置流程制定未经验证，系引用厂家说明或按既有经验编写，实际发生故障时，标准文本不能适用现场实际情况；标准文本描述不清，存在歧义，存在操作者与编制者的理解不一致的情况；应急处理指引以工作联系单的形式送达，超过3个月仍未纳入标准文本；设备系统完成工程整改或更新改造后新增设备的维护标准、使用标准未按规定制定。

（三）采取的措施及效果

深圳地铁共有各类标准1793个，2017年共梳理完成827个标准（含应急预案），2018年梳理剩余标准966个（含应急预案），涉及类别有规程、工艺卡、手册、安全应急及管理类，梳理出重点问题604项、一般问题1136项。此项工作对标准具体内容的可操作性、流程化进行了完整的梳理，确定了符合国标要求的流程图、接口表、各类标准模板等，使标准更加充分、适宜、有效，能更好地满足生产实际操作需要。

（四）对未来的建议

后续深圳地铁将从标准实际使用入手，对标准使用情况按专业分阶段滚动检查，同时将检查内容纳入日常标准管理中，形成常态工作机制，持续改善标准的适用性，提升标准的有效性。

（三）企业标准化建设需求分析及建议

推行标准化的目的不仅是规范企业内部管理，更重要的是在运营组织规模不断扩大、客流大幅增加、行车及客流组织要求日益提高的现状下，有效保证网络内部服务标准统一；解决专业交互、不同系统厂家、各种设备制式运行维保问题，促进各类资源共享，发挥网络规模效应。运营企业构建标准化体系时应做到以下几个方面。

一是充分了解行业现状，在城市轨道交通标准体系框架下制定和完善符合科学发展规律、具有地方特色的地铁运营管理与服务标准体系，并持续改进。

二是加大标准的推广实施力度，推动标准得到有效实施，覆盖各个管理、维护和服务环节，用标准化手段提升运营管理与服务的质量。

三是通过积极开展“以标准提升服务质量”的行动，在企业范围内达到管理有序、职责明确、行为规范、服务优秀的管理目标。

四是用标准推动持续创新，用标准固化创新成果和经验，将良好经验及时上升为地方、团体乃至行业标准，为规范行业相关管理出谋献策。

五是结合网络化运营阶段，企业标准化建设所面临的现状及问题，后续企业标准化建设建议从标准类别和层级进行系统化建设，并按管理标准、技术标准和工作标准分别管理，同时针对各专业设备差异化现象，制定系统化的接口标准。

专家观点篇

Experts Reports

B.8
浅析网络化条件下城市轨道交通系统设备需求与运营安全

祁国俊*

摘　要： 本文从轨道交通运营企业在网络化条件下对系统设备的功能诉求出发，从确保运营安全的角度提出了系统设备应具备的基本配置和天然属性，探讨了系统安全和设备功能安全概念以及基于运营角度的RAMS管理框架，然后结合实际阐述了西安地铁的一些思考和行动。希望给轨道交通运营企业提供一些管理思路，确保系统设备按运营需求的方向发展，保障安全运营。

* 祁国俊，西安市轨道交通集团有限公司副总经理，高级工程师，长期从事轨道交通运营管理工作，在轨道交通企业管理、设备管理、安全管理、新线接管等方面有丰富的实践经验。

关键词： 城市轨道交通　系统设备安全　网络化运营需求

一　引言

我国城市轨道交通建设和线网化运营发展速度和规模目前都处于世界领先地位。截至 2018 年底，中国城市轨道交通运营线路共有 185 条，车站 3394 座，总里程高达 5761.4 公里。超过 17 座城市已经形成或基本形成了网络化运营格局。

西安地铁已开通 4 条线路，线网运营里程达到 126 公里。按照城市线路数量超过 3 条、换乘站超过 3 个、线路基本覆盖城市主要中心城区的基本定义，西安地铁已进入网络化运营时代。根据 2018 年城市轨道交通协会运营指标数据，西安地铁前三个季度线网客运强度（2.31 万乘次/公里·日）、出行强度（1.69 万人次/公里·日）、负荷强度（18.02 万乘次公里/公里·日）均位列行业第一。

根据《西安市城市轨道交通建设规划（2017～2023 年）》（2016 版），预计到 2023 年，西安地铁运营网络化规模将为 400 公里左右，地铁将成为“大西安”城市、城际的主要公共交通工具。网络化运营的特点日益显现，也对地铁运营安全管控和管理带来挑战，提出了新的要求。

二　网络化运营条件下的系统设备

（一）网络化运营的特点

城市轨道交通网络化是指城市中存在多条不同走向的地铁线路交错相汇，通过分布的各个换乘点相互连接，共同形成一个纵横交叉的网络体系。网络化运营的基本特征主要有：轨道交通占公共交通出行比重逐年提高；点多、线长、面广的网络带来客运量持续快速增长，客流时间和空间分布不均衡；线路里程长，车站数量多，行车组织逐步形成高速度、高密度、小间隔、大运量的态势；车辆基地、控制中心、变电所等大型设施增多，各类管理对象跨度大，顶层管理与协调联动要求更高。特别是一旦发生设备设施故障，应急抢险处置要求更高，维修组织复杂程度上升，后果严重程度显著增强，造成突发事件影响范围加大，舆论影响传播速度加快，站点、线路之间将会影响到网络整体的效能和水平，这都给轨道交通运营管理带来新的挑战和变革的需要。

（二）网络化条件下的系统设备功能需求

城市轨道交通运营安全的主要影响因素有四个，即人员因素、管理因素、环境因素和设备因素，设备因素导致城市轨道交通运营安全事故的数量位居四者之首，对城市轨道交通运营安全中设备因素的风险评价研究及治理至关重要，主要是车辆、信号、供电、工务、屏蔽门设备引起。经过思考总结，我们认为城市轨道交通运营系统设备应具备以下方面的特征。

1. 制式统一、接口匹配、兼容运作、互联互通

为避免设备系统技术标准不统一造成的备件众多、规程不一、操作各异，以及带来的维修、运用人员资源无法共享，延长应急处置时间，各运营单位对于设备方面应该追求的目标是各条线路系统设备在功能、维护、使用上应尽量统一，不同线路的系统之间能以接口运行或兼容运行等多种方式实现互联互通，为运营企业带来便利。

2. 规格精简、强化联动、前后结合、资源共享

在设备维修方面，设备规格应尽量精简。对于维修人员配置，前台主要负责在现场执行备件更换，实现突发事件迅速响应，确保在线设备运行安全可靠。后台主要是配置各专业技术精英，对设备零部件进行全面检测和深度修复，实现前后台的联动。此外，在满足客运需求条件下，大力促进在多线乃至线网范围内的资源协调共用，减少运营成本，使设备资源、人力资源、信息资源、维修资源、技术资源、应急资源等充分发挥最大价值。

3. 状态监测、预测维修、安全冗余、确保质量

对于各专业的运营设备，应最大限度地获取用于故障预警的监测能力和数据，实现实时数据采集、故障部件定位、状态趋势预判、故障规律探究、提高安全冗余、防止设备带病运行、跨专业智能分析评估、运行参数适时调整、重大故障动态预警等，以迅速、精准地实现故障预判，优化生产响应组织模式、提高系统可靠度、实现修程修制优化、提高生产效率。

三　系统安全与设备安全

地铁网络化设备要求从源头控制、系统控制、全寿命控制入手，完善安全管控机制。设备故障管理由传统的“技术安全”向“系统安全”转变，按照系统工程全寿命周期管理观点，研究包括系统方案论证、设计、试验、设备制造和使用维修各阶段的安全，研究系统的可靠性、稳定性，形成良性、闭环控制，从根本上提高技术装备安全水平。

（一）系统安全

系统安全是在系统寿命周期内应用系统工程方法，辨识系统中的危险源，并采取措施使其危险性最小，从而使系统在效能和费用范围内达到最佳的安全程度。系统安全工作应贯穿整个系统的寿命周期，即从系统的概念论证、设计开发、制造安装、运用维修，直到退役报废的各个阶段都要进行相应的安全工作，辨识、评价、控制系统中的危险源，通过系统的危险分析、风险评估和风险管理方法，实现可接受的灾难风险水平。我们通常所说的RAMS（Reliability、Availability、Maintainability、Safety）管理和其他应用在轨道交通行业的设备安全相关管理标准要求，均属于系统安全管理范畴。

（二）设备安全

安全相关系统是指对安全有重大影响且负有直接责任，从而对安全性有较高要求的系统，该系统一旦发生故障，则会导致人员伤亡、财产损失、环

境污染。地铁安全相关系统主要有以下几方面：①行车关键设备列车自动防护系统（ATP）、列车自动运行系统（ATO）、列车自动监控系统（ATS）、联锁设备；②列车运行状态监测和诊断系统中，牵引动力、制动系统、走行部、轴温、火灾、车门、空调、照明等监测诊断系统；③设施监测如结构监测、桥隧监测、线路轨道监测、轨温监测、牵引供电设备监测等系统；④车站的电扶梯超速监测系统、防坠落、紧停系统、水灭火和气体灭火系统、屏蔽门的防夹报警系统等。

设备功能安全主要是保护人身、财产安全，是用安全相关系统功能能够实现的概率来保障安全的实现。概念源于 IEC61508 标准（对应 GB/T 20438.1 ~7）《电气/电子/可编程电子 E/E/PES 安全相关系统的功能安全》，该标准基于风险及风险分析，提出安全生命周期的概念，设定系统安全目标，对安全完整性进行定义，其原理适用于所有用来保证安全的系统。安全相关系统主要包括安全控制系统与安全保护系统两大类，其失效一般有随机硬件失效、系统性失效（设计失效，需重新设计）等。

（三）安全管理框架

GB/T 20438《电气/电子/可编程电子 E/E/PES 安全相关系统的功能安全》系列标准主要应用于产品设计和制造，对于轨道交通运营管理企业来说，一般应按照 GB/T 21562（对应 IEC 62278）《轨道交通可靠性、可用性、可维修性和安全性（RAMS）规范及示例》系列标准的系统安全寿命周期方法进行可靠性、可用性、可维修性和安全性的管理：从最初的概念设计阶段一直到最后的退役处理阶段，自始至终地贯穿“安全”的概念，规定系统化流程，以减少系统故障带来的风险。各阶段的活动是紧密相连的，相互之间有一定的顺序和逻辑关系，组成一个完整的体系，系统安全寿命周期的“V”模型如图 1 所示。

对于轨道交通运营企业来说，主要应该考虑的是其中的运行和维护、性能监测、更新改造、退役和废弃。可以参与的是运营经验反馈设计、安装、系统确认以及系统验收。

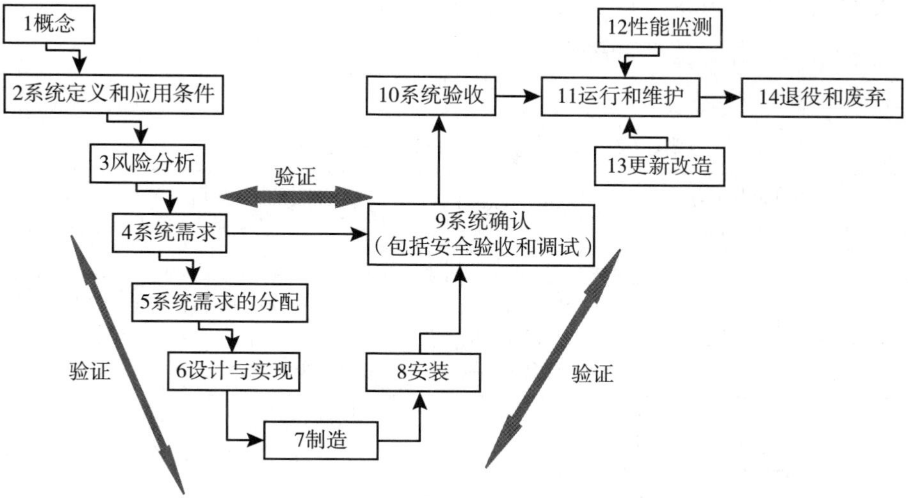

图 1　系统安全寿命周期

四　西安地铁对线网运营设备安全的实践

按照 GB/T 21562 相关要求，为确保安全相关系统达到并保持功能安全，对安全寿命周期负责，安全管理组织应做到以下几点：①确定实现功能安全的方针、政策和方法；②建立相应的质量管理体系；③制定事故分析的规程，使重复发生的概率降至最低；④开展运行操作和维护性能分析；⑤定期功能安全审核；⑥制定安全相关系统修改的规程；⑦保持信息准确的规程；⑧配置管理规程；⑨培训和应急服务信息等。

在高客运、高负荷强度压力下，运营设备保障能力整体提升就显得至关重要。对待安全问题总体原则是：理顺管理脉络、分析运行现状、遵循客观规律、找准关键环节、措施精准投放、不断总结提升。

按照 RAMS 管理框架，在地铁设计、施工、调试、验收各个阶段深入介入，发挥运营经验，体现监督作用，组织联调演练，预想重点隐患。在运营阶段贯彻安全、质量管理的管理框架要求，辨识防控风险隐患，精细优化修程修制，全面开展性能监测，落实关键隐患改造，深入研究适时退役，确保运行状态可靠。主要开展了以下方面工作。

表1　西安地铁开展的设备功能安全相关工作

系统安全寿命周期阶段（序号对应安全寿命阶段）	该阶段安全性相关工作	西安地铁为保障运营阶段设备功能安全所做的相关工作
(6)设计和实现	通过评审、分析、测试和数据评估实现安全性计划，包括： ——风险分析和风险评价 ——论证与安全性相关的设计决策	深度介入新线建设，在设计、施工、验收各个阶段，不断反馈相关问题，并且利用标准化手段形成相关管理成果
(9)系统确认	建立试运行计划 执行试运行方案 准备应用特定的安全性论证报告	通过组织综合联调、试运行和演练，验证相关设备安全功能，制定完善《应急预案》，确保安全运营基础
(11)运用和维修	承担以安全性为中心的维修 完成计划内安全性能监测与危险日志所要求的维修	1. 执行标准化管理，贯标ISO9001质量管理体系 2. 风险辨识管控，杜绝安全隐患 3. 采用可靠性为中心的思路，分析并开展修程修制优化与生产组织优化，确保维护水平 4. 生产软件等级保护认证，确保信息安全
(12)性能监测	性能和安全性统计资料的收集、分析、评估和应用	1. 利用各种监测手段，对运营关键设备实施实时监测 2. 研究探索，后续拟在全专业实现设备智能在线监测
(13)修改和更新	考虑修改和更新后安全性关系	1. 实施重大关键风险点和安全隐患设备相关技术改造 2. 车站整体提升改造，确保运营安全 3. 实施提升设备性能、缩短各类故障处理时间、优化服务水平的零星改造
(14)退役和处置	建立安全性计划 进行危险分析和风险评价 执行安全性计划	分别形成20个子专业的地铁公司级系列化“中大修规程”标准，明确退役状态、年限、指标标准，指导各专业中大修工作的开展

（一）深度介入新线建设

经过多年多条线路参与，组织运营人员深入新线前期工程可行性研究、初步设计、施工、单系统调试、综合联调、试运行等各个阶段，将运营意见纳入建设过程，同步实施。并将关键意见梳理形成规范标准，例如，根据运营经验、风险识别，发布《新线运营介入管理办法》，规范各阶段职责，梳理出施工、安装、调试防范问题300多项形成《运营筹备问题手册》，及时对风险点排查、控制、反馈、处理、销号；从运营实际使用、维修维护和设备安全出发，结合标准和设计经验，形成公司级企业标准“西安地铁新线建设运营需求指导书”，从设计、建设、施工源头进行控制和完善，形成系统安全良性循环；开展线网资源共享与系统设备标准化研究。对联络线设置、车辆选型、大架修维修模式、车辆基地规划、关键系统、指挥调度形成资源共享成果，指导后续规划、建设、运营生产组织。

（二）风险辨识、风险评价、安全风险措施防控

按照“全面辨识、科学评估、专业负责、属地管理、分级管控”的原则，通过半定量法（LEC法）和风险矩阵法，对运营线路开展危险源辨识、风险度量化、风险分级等工作，对风险实施差异化、动态化管控，形成了《地铁运营安全风险控制管理规定》，对不同类别的风险点划分不同的等级，制定不同的管控措施，总体实现各类风险大致可控。2015年进行的第三方安全评估和达标以及2017年、2018年第三方性评估工作，从安全管理制度和人员职责上进行分析评估，提升了安全管理能力。

（三）匹配设备可靠管理，优化专业修程修制

根据RCM等以可靠性为中心的维修理论支撑，不断探索各类不同设备最适合的维修方式。通过2017年修程修制改革，从故障影响出发，形成了故障修、计划修、状态修差异化，均衡修、换件修、专项修广泛开展的维修管理方式，保持了设备良好状态，降低维护成本，提高整体安全性能。结合

2018年组织架构调整、监控新技术使用，将进一步形成修程修制变革，适应线网化维护和管理的需要。

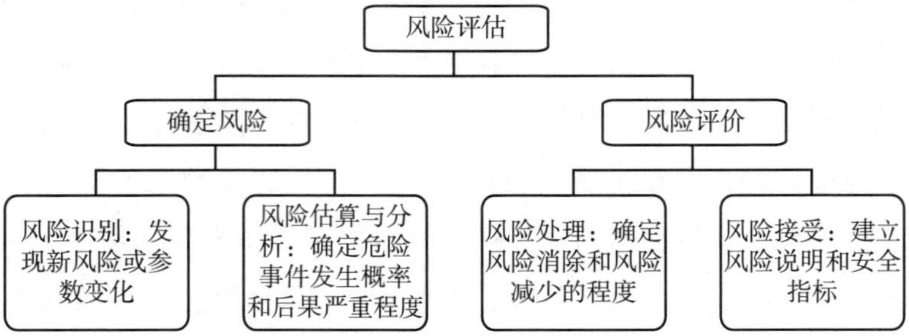

图2　风险辨识与风险评价

（四）生产软件等级保护，提升固有信息安全

信息安全包含三大要素，即信息未被篡改、信息完整未受损以及信息没有发生非授权的泄露。西安地铁每年为关键生产系统开展信息系统等测评和评级工作，信号、综合监控、自动售检票系统公安接受测评定为三级，各类信息安全事件的应急规范、各类管理制度得以完善，有效地促进了生产系统的信息安全保护。

（五）关键风险隐患改造，促进整体安全提升

根据安全相关系统的失效及其控制原则，在研究运营需求基础上，对于影响较大的系统，进行强化功能的相关改造。

1. 设施设备系统风险改造

双UPS改造和计轴强制复零：信号电源一旦故障将会影响行车、车站服务等运营秩序，甚至引起运营安全事件。西安地铁先后发生过多次由设备系统安全功能问题引起的信号UPS掉电，为最大限度地避免此类影响，目前正在对地铁一号、二号、三号线的通信、信号UPS系统按双UPS双母线或并机形式实施改造。

2. 大客流组织系统风险改造

北大街整体提升改造：北大街站是西安地铁二号线与一号线换乘站，单

日历史最高客流43万乘次。北大街站厅站台各层空间布局、楼扶梯通行能力、换乘效率基本已逼近设计时期该站的最大承载能力。自2015年起，北大街站启动扩容改造研究，目前已经完成设施设备近期改造工作。远期土建扩能结构改造、设备升级远期扩能改造目前正在稳步推进。

3. 员工能力及应急风险改进

乘务作业信息采集系统试点研究：二号线车辆上试点乘务作业信息采集系统，通过车载数据采集设备和地面分析系统检测电客车司机值乘状态，当出现盹睡、中断瞭望、视野偏离情况时进行上报和告警。

列车辅助预警系统试点研究：在二号线试点列车辅助预警系统，在信号故障ATP切除时，对前方列车距离，以及其他障碍物等进行检测并预警辅助司机进行列车驾驶；避免人为失误造成追尾、闯红灯信号、挤岔等故障的发生。

4. 规范设备服役管理，制定退役废弃标准

公司全面推行分级管理的企业标准化工作。形成车辆检修工艺设备、轨道、结构、环控、屏蔽门、接触网等20个子专业地铁公司级系列化“中大修规程”标准，用于指导各专业中大修工作的开展。对于达到一定年限的系统、子系统、部件、组件，为保证其系统整体功能、性能，对各组成部分的检测项目、周期年限、合格指标、处置方式等予以明确，有效地保障系统功能性能，提升企业管理水平。

5. 运营设备状态监测，提升系统安全保护

通过梳理各专业关键敏感设备和安全重要设备，选取对潜在故障判别有价值的明显特征量，探寻潜在故障演变为功能故障的时间（P－F间隔），以求有足够的时间采取措施避免功能故障或缓解故障后果，把功能故障的概率降低到可接受的水平。

（1）轴承震动在线监测

为避免机组轴承在运营期损坏引起皮带摩擦冒烟安全隐患，西安地铁2017年为全线网130余台空调机组加装了该系统，结合震动采样值判别标准，设置报警或停机，对轴承磨损、剥落、锈蚀、裂纹有效及时判断，同时综合监控实现了实时监测，预防和杜绝事故发生。

(2) 电扶梯在线监测

针对车站关键电扶梯特种设备，通过各类传感器对驱动电机、减速箱、地脚基础、主驱动轮、梯级链涨紧轮轴承、扶手带等关键部件进行监测，实现振动、温度、刹车距离等关键指标的实时跟踪，实现对地铁自动扶梯的运行状态全面监测与健康状态评估分析。

五　网络化条件下系统设备的相关思考和实践

结合 RAMS 理念进行全范围、全寿命周期的安全识别和卡控十分必要，但要提升线网设备系统功能安全，更需要结合目前线网化管理和安全卡控短板进行系统性解决和管理模式的提升，西安地铁结合技术发展和管理现状，认为目前可以从建设线网设备监控平台和改革线网应急管理模式两方面出发，提升线网化设备功能安全。

（一）建设线网设备智能在线监测平台，实现设备安全管控

为提升生产效率、保设备质量、促平安运营，解决目前在线监测建设缺乏、智能分析欠缺等痛点，实时全方位掌握关键设施设备的相关属性、参数和运行状态，使计划修转变为状态修、预防修，提前发现和预防故障，降低设施设备故障发生率，全面提升城市轨道交通运营安全和管理水平，目前设备智能在线监测项目已列入西安地铁“2018 年关键性技术研究”工作，拟结合三期规划建设线网级的维保管理智能、客运服务人性、运营管理精细、管理决策科学的“地铁运营设备智能监测平台”。

平台建设方向是打通各专业系统、采用多种监测模式、连接不同专业设备、预判各类设备问题、互联所需专业数据、实现故障智能诊断、革新既有管理模式、消除多数设备隐患，实现“13481”战略目标。

一个平台：搭建 1 个统一的线网在线监测平台；三大功能：具备在线监测、故障诊断、数据分析三大主要功能，实现设备安全管控和安全；四个领域：应用于优化调度管理、专业维保、乘客服务、应急处置 4 个工作领域；

八个专业：涵盖车辆、通信、信号、供电、结构、轨道、机电、票务 8 个主要专业；统一使用：各线网专业设备由平台统一监视判断、统一联动应急、统一推送处理、统一关闭销项。

通过“地铁运营设备智能监测平台”的建设，将完善目前 OCC（Operating Control Center，运行控制中心）、NCC（Network Control Center，线网控制中心）线网级关键设备监控和状态分析系统的缺失，推动设备安全及维护、指挥、应急模式上的变革。

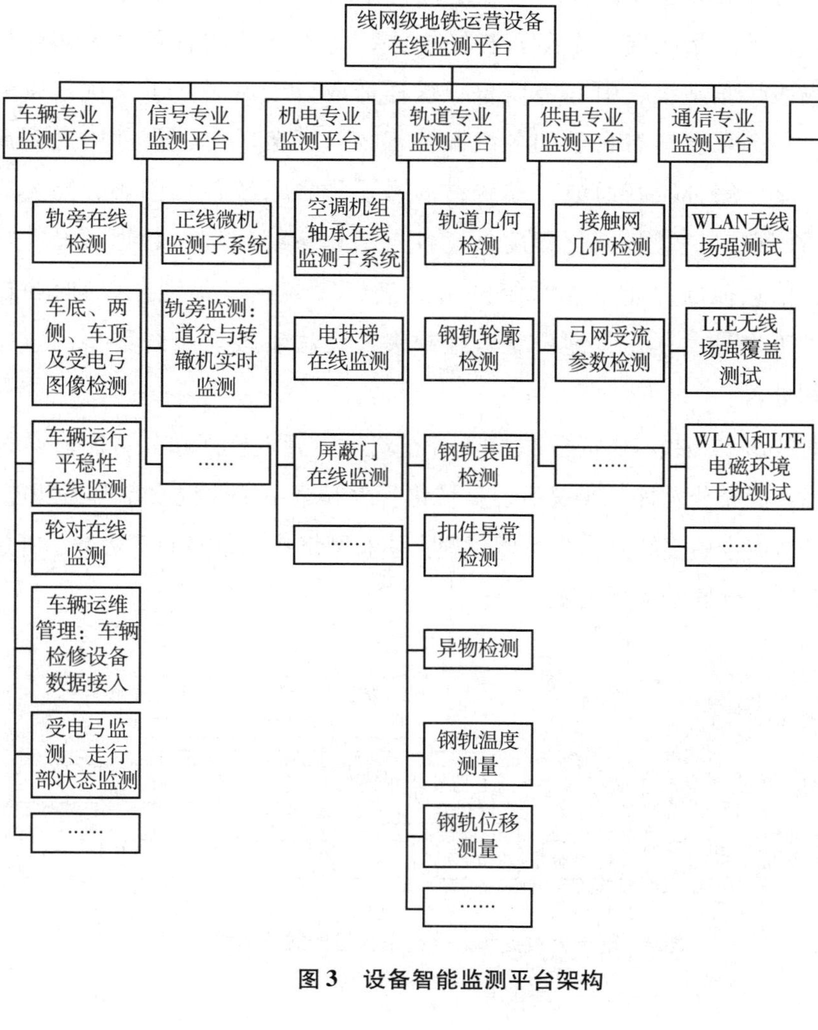

图 3　设备智能监测平台架构

如通过车辆综合检测功能车，实现载客运营工况下的轨道、接触网、通信等专业的综合检测，实现真实工况运行条件下行车关键设备设施的寿命和安全在途监测以及状态趋势预测和故障诊断，并实时上传线网监测平台，为主动运维提供科学决策支持，确保行车安全。

（二）基于大数据和云平台的线网管控模式的转变

1. 线网条件下“一线一中心”现状

传统的轨道交通建设以线路和系统为中心，采用“一线一中心”的管控模式，即一条线路一个运营控制中心，每条线路的各种系统运作均设置现场级、车站级、中心级设备。这样造成以下后果：①系统投资利用率低，每个系统均有自己的各级服务器，且任务单一，硬件资源利用率低下；②线路分段开通或二期线路的贯通导致系统衔接困难，需要有大量的适配接口；③智能化程度低，各自动化系统间接口数据繁杂，界面混乱，信息孤岛严重；④系统网络过于庞大导致设备维护管理困难，运行维护工作量大；⑤关键设备监控缺失，无法实现对系统设备的全范围监控和处置。

特别是在“一线一中心”模式下，投资大，管理模式单一，NCC 线网中心功能不能充分发挥，实现不了扁平化管理和全系统关键设备监控功能，已经不能适应今后多线路、多运营管理主体和网络化运营格局下协调、管理和紧急突发事件联动应急处置。

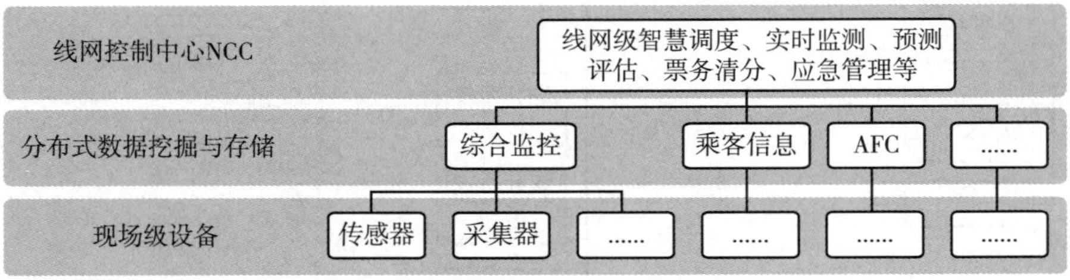

图 4　基于大数据和云平台条件下的线网管控

2. 基于大数据和云平台的线网 NCC 建设

（1）大数据和云计算为资源整合注入新的活力

城轨运营的安全和保障、巨量的资产管理，都需要有强大的信息化手段提供支撑，发改基础〔2016〕1681 号关于印发《推进“互联网 +”便捷交通促进智能交通发展的实施方案》的通知等文件对交通运输产业使用云计算、大数据技术指出了明确的指导精神。部分地方政府规定了除公安、安全等部门以及涉密和信息安全等级保护四级（含）以上信息系统外，信息化系统按照“上云为常态、不上云为例外”原则。

云计算和大数据技术的出现可以解决传统线路为主模式下的基础设施分散、资源浪费、信息孤岛严重、安全管控偏弱、运维体系失衡、层次复杂、统筹乏力等问题，西安地铁正在进行专项推进，三期规划已将云技术纳入工可，正在积极推进相关系统研究和建设。

（2）建设智慧化的云平台助力运维管理

城市轨道交通智能化系统发展趋势是：采用云计算技术、大数据技术、自动化技术、地理信息技术（GIS）、信息处理技术、物联网（感知）技术、有线无线通信技术、建筑信息模型技术、集成应用技术等构建大型集成系统，达到网络融合、信息交互、数据共享、功能协同，实现可视化管理，有效消除“信息孤岛”，避免系统重复建设，节约资源，优化管理与服务。

（3）智能化、场景化安全管控和扁平化应急管理的 NCC

未来的线网管控中心，将承担基于前端采集技术的运营设备监控，基于实时的清分结算，基于数据驱动的事故情景感知、网络舆情监控及引导，基于场景的信息编播发布，基于“情景—应对”的预案智能生成，基于视频处理的态势综合分析，基于“应急云”的资源协同调配，基于大数据的应急辅助决策，基于 GIS 的协同应急指挥，基于全过程的总结评估、多维模拟演练等多种功能和职能。

通过打破“一线一中心”的设置，实现了资源优化配置和布局，通过实现 NCC 线网扁平化、高效化安全管控和具体化、集约化的管理模式，基于大数据和云平台的线网管控中心将成为地铁线网化运营和设备系统功能管控的真正大脑。

五　小结

西安地铁按照轨道交通网络化运营通盘考虑，结合系统设备安全管理要求及网络化运营需求介绍了设备安全管理工作的一些思路和实践，也根据线网和新技术发展趋势对系统设备安全的管控和管理模式做了一些思考和研究，建立了一套基于线网级设备运行状态监测的设备管理思路，很多内容还在探索和完善中，距离实现全专业、全流程、定量的管控尚须继续研究和实践，以求能够对设备运行状态进行实时监测和故障预测，形成线网级的设备安全管理系统，最终形成一个行车指挥中心、多个设备安全监测支持中心的架构，以保证地铁运营安全。我们期待行业协会也能在此方面提供更加准确的、切实可行的相关参考依据和有效指导，帮助轨道交通运营管理企业提升服务质量，为社会提供更加安全可靠的运营服务。

B.9

中等规模城市轨道交通网络的功能需求及企业管理特点

陆文学*

摘　要： 目前苏州市轨道交通已建成并开通3条线路，在步入网络化运营阶段后，客流量剧增，轨道交通规模化效应明显，与社会的关系更加紧密，互动性更强；各专业系统设施设备的配置数量也持续增多，各系统间运行的关联度大大提升。分析中型线网的功能特征及管理挑战，提出与中型线网功能特征相匹配的企业管理模式，通过创新管理机制、文化引领发展、重视线网规划设计、强化运营设备安全管理、推进智能化要素提升，以满足中型线网运营的需要。

关键词： 轨道交通　网络化运营　苏州

苏州市轨道交通自2012年开通运营至今，已建成并开通1号线、2号线、4号线共计3条线，运营总里程达120.7公里。目前，在建里程数为125.43公里，日均客流95万人次，2018年线网客运量占苏州公共交通客运总量的33.3%。根据未来规划，预计到2024年运营9条线，运营里程约350公里，车站273座，轨道线网客运量预计达到415万人次/日，占公共交通客运量比重为46%，轨道沿线可覆盖主城区总人口的60%，主城区轨

---

* 陆文学，苏州市轨道交通集团有限公司副总经理，高级工程师。

道线网密度达到0.35公里/平方公里，平均线路里程为0.63公里/万人。按照城市轨道交通行业的理解和定义，城市轨道交通网络化运营阶段，至少需要开通3条及以上线路，运营车站超过50座且有换乘关系的车站不少于3座，运营里程一般不少于80公里。参照各城市之间的客观差异综合进行衡量，并依据运营线路数量、车站数量和运营里程等指标将网络化运营规模分为大型、中型和小型三级线网，其中，中型线网规模具有开通运营线路5条以上，运营里程超过200公里，运营车站超过150座的特征。按照网络化运营规模依据运营线路数量、车站数量和运营里程三项指标，目前苏州市轨道交通正在由小型线网步入中型线网阶段。

一　中型规模城市轨道交通网络作用和定位

城市轨道交通规划隶属于城市交通规划，其对城市发展方向的影响、对中心区集聚的促进、对城市定位的提升等有着重要的作用。城市轨道交通系统的功能主要体现在缓解城市交通拥堵、引导城市发展方向上。初期城市轨道交通建设规划较多集中在人口密集区域和繁华地段，主要功能是缓解城市交通压力。但随着城市规划日益成熟，城市新区的建设、CBD的建设，轨道交通也参与其中为其助力。轨道交通的开通吸引了大量的商业和人群聚集，加速新区、CBD的形成，繁荣区域经济，提升城市发展速度。同时，轨道交通缩短了城市“空间距离”，扩大了人们出行范围，拓宽了市民居家工作生活的选择范围，拉近了各个区域商业圈的距离，促进了城市经济发展。随着线网规模的不断快速发展，轨道交通面临的问题也日益凸显，城市规划也应基于其局限性而微调规划。

城市轨道交通规划多以城市中心区域为核心并进行辐射，让整个交通系统更有效率，在不过分追求线路长度的情况下，更重视其再造城市的使命，以带动城市集群的成熟有序发展。中等城市轨道交通规模宜从环保、准点、快捷、舒适的特点，注重对线网的覆盖性。随着城市经济进一步发展，为追求高可达性，轨道交通对线路进行延伸及补充，通过多种交通工具的组合研究和应用，线路的覆盖程度进一步加强。在发展和建设中等规模城市轨道交通过程中应遵循主干客流通道到次干客流通道、中心城区到副中心城区逐步延伸、初期线网充分预留远期运能设施条件的原则，并充分考虑线网的可扩展性，在核心城区为后期的线网预留出线位或者拆解条件。

二　国内中型规模城市网络化运营面临的挑战

国内城市轨道交通进入中型网络化运营阶段后，面临着网络化运营带来的巨大挑战。如何应对新运营需求，提升自身的质量与效率是首先需要正视的问题。

（一）网络化运营管理体系转变带来的挑战

网络化运营的转型，给既有的管理体系及模式带来较大的挑战。

1. 区域管理范围较大

随着线路的不断开通，从城市中心区域开始，逐步向外扩展到郊区或周边卫星城市，线路管理层次多，管理幅度大，管理协调工作量增大，易造成管理者对线网的统筹难度增大，不利于网络化运营下进行精细化管理。

2. 专业化分工带来协作效率降低

专业化分工有利于生产向精细化方向发展，各专业运作相对较为顺畅，但跨专业协作效率方面仍存在较多问题。网络化运营下生产和应急处置需要各专业联动响应和协同配合，但各专业缺乏补位意识，且在日常作业中协作演练较少，导致在应急处置过程出现协作混乱和效率不高的问题。

3. 员工队伍迅速扩充

按照北京、上海、广州新开通运营线路增加的员工数统计，平均 1 条线路开通前增加 1500 人左右。开通新线后，员工队伍快速扩张，原有技术力量在数量上被摊薄，质量上被稀释，集中力量解决关键技术问题难度增大。同时，线网发展给既有人员管理水平带来了新的要求，如若缺乏综合管理素质与能力，将无法应对业务规模大、跨度大、要求高的挑战。

（二）设计客流预测不足给运营服务能力带来的挑战

线路网络化发展造成客流增加，部分线路、车站在前期运能设计规模、标准与实际运量需求不相适应，特别是换乘站的通道接口规模和标准不匹配，导致线路输送能力欠缺、集散能力欠缺，造成客流拥堵，增加网络大客流常态化的风险。

1. 客流预测缺少精准、精细的手段

客流作为轨道线路设计规模和选型的直接依据，是一项事关全局的关键因素。在规划建设期，往往以单条线路周边居民的需求为基础进行线路客流预测，预测结果与开通实际相差较大，给线路运输组织带来问题。在小型线网阶段，客流预测不准的问题不会引起结构性的问题，但如果不重视改进，到了中型线网规模，线网规模化效应叠加显示时，往往会来不及。如苏州 1 号线初期客运量、小时最大断面客流量预测值分别为 34.02 万人次和 1.05 万人次，实际 2014 年为 40.73 万人次和 1.24 万人次，较初设预测高出 19.72%、8.6%，当年（线路开通第二年）就启动了车辆增购，2015 年 12 月第 1 列增购列车到场，至 2017 年 8 月，增购 22 列车全部到位。

客流预测缺少定制化、人性化考虑，这对于车站规模甚至精细到车站出入口大小的确定缺少设计依据，对于乘客个性化的出行需求缺少中远期考虑（如快慢线的设计），这对于实际运营组织都会带来困难。

2. 车站设计规模不能满足客流快速疏散的要求

由于车站在前期规划设计阶段缺乏网络化运营思维，进入网络化运营阶段后，车站内部规模存在较大局限，尤其是换乘站。换乘站是网络化运营的重要节点，承担着大量换乘客流的集散、中转功能。然而在客流不断攀升的情况下，车站规模过小、换乘通道设计不符合远期客流规模等缺陷将造成站台拥挤，乘客上下车困难。若出现列车延误等故障，乘客积压现象将更为严重，带来安全隐患。同时，最后一公里配套基础设施不健全，制约了客流的疏散能力。

3. 乘客滞留情况严重，换乘客流组织难度极大

不合理的车站尤其是换乘车站与通道设计，导致客流管控难度大，容易造成乘客积压甚至踩踏等风险。如轨道交通换乘站的换乘通道均较窄，换乘行走距离过短，换乘客流在短时间内大量涌入站台候车，列车到达后乘客乘降困难，不利于客流的有效疏运，尤其是大编组线路换往小编组线路时容易造成乘客严重积压。另外，若换乘通道靠近站台一端，换乘客流易造成站台两端乘客分布不均衡，客流对冲距离长且过程久，在大客流下站台秩序较为混乱。

（三）客流增大给运营管理带来的挑战

随着网络结构辐射面的增大，市民对轨道交通的接受度和使用黏性逐步提升，乘客对轨道交通服务质量提出更高要求，对城市轨道交通公众关注度也日益提升。

1. 安全准点运行由局部影响到整体，安全保障要求提高

轨道交通从单一线路到网络化运营，换乘站数量增多，客流密度增大。任何一条线路的故障将波及更多线路，局部运行秩序失调将影响整个线网运作，这对运营安全保障提出更高要求。

2. 公众关注度提升，舆论监督力度增大

轨道交通成为城市交通主力后，公众对于轨道交通各项事件的关注度提升。在网络化运营阶段，一旦发生紧急事件即具有较强的传播性，因此舆情监测与管理是危机预防的关键。城市轨道交通舆情监测在于舆情信息平台搭建，并实现信息实时传递、有效跟踪与存档。同时，应对信息进行鉴别、分类与分析，并从公关角度提出策略，对可能存在的危机风险点进行提示，供决策部门参考。

（四）设施设备制式复杂给运营设备管理能力带来的挑战

1. 多制式并存、资源共享规划等考虑不足

线路建设的先后造成设备种类多、制式不一，加上技术的更新换代，造成了技术装备新旧混搭和专业门类较多。不同线路的核心设备系统对灾害和事故的抵御能力存在差异。

2. 系统接口标准不统一，影响对设备技术掌握

不同线路的系统设备厂商、型号差异大，致使线路间接口标准不统一，对系统调试、运维、使用操作等带来一系列问题。首先，安装调试、功能验证的难度增加导致潜在隐患无法预知，系统间协调难度增大。其次，大量接口协议间的转化和同步机制的协调，致使同步和传输效率大打折扣。再次，备品备件共享性差，导致运维和故障处置难度增加。最后，由于设备原理、零部件、元器件的差异，检维修规程、策略、参数配置等也需要与之匹配，员工对设备技术的掌握受到影响。

3. 线网系统功能不全制约功能需求及管理跨度

进入线网运营后，网络结构复杂、功能多样，结构上有车站、车辆基地、架修基地、大修基地、主变电所、控制中心等大型设施；功能上有线路间的联络线等不同功能形态。车站有多线换乘站、双线换乘站、单线车站。车辆基地有车辆段和停车场。大修有车辆大修基地和设备深度维修基地。变电所有 110kV 和 35kV 等不同功能类型。给日常的管理跨度、应急调度带来了管理难度，特别是联络线设计偏少且分布不均造成网络自救能力不足给线网的平稳高效带来明显的制约。

4. 设施设备状态监测手段不足影响运行状态掌控能力

设施设备发生重大故障对运营行车服务造成严重影响。相比人工巡视、周期性预防检修、人工经验判断等传统手段，能够在线实时监测关键设施设备各子模块、零部件、运行参数的状态并自动分析诊断、风险预判、趋势告警的智能运维系统，是预防设施设备故障的有效手段及前沿手段。总体上，国内大部分中等规模城市轨道交通的设施设备状态监测手段相对较

少，更谈不上综合性的在线监测软硬件平台，严重影响设施设备运行状态掌控能力。

三　苏州市轨道交通网络化规模转变中的功能需求

（一）优化线网规划，做好交通枢纽衔接，共享网络资源

第一，在线网规划阶段，做好与交通枢纽规划的衔接，实现高效、便捷换乘，尽可能做到同步规划，或预留衔接条件。

第二，做好网络化运营设备设施的统筹规划布局，合理设置主变电站、车辆架大修等综合维修基地、线网控制中心、联络线及救援基地，加强线路间的资源共享，提高资源利用率及救援能力。

（二）优化线路设计，提升线网运营的可用性和自愈性

在单条线路层面，主要有以下需求。

第一，两端折返站应该尽可能采用站后双折返线加双存车线与站前交叉渡线相结合的混合折返配线模式，以保障故障下的运营能力。

第二，对于无段场的线路一端应该按照远期行车计划考虑在终点站设置夜间存车线路，可根据实际条件考虑增加配线数量或长度。

第三，长线路或无人驾驶线路应按照一定间隔设置双列位的存车线，以实现故障车快速下线、畅通正线的需要。

第四，在有条件的情况下，中间站可以考虑设置避让线，可以满足停车、故障下线、快慢交路等多重目的，但避让线应至少有一侧站台能满足服务需要。

在线网层面，从其他线路对本线路的支持角度，可研究配线的设置位置。在故障情况下，通过网络实现乘客的可达性，即网络的自愈性。

（三）完善车站功能设计，提升车站服务水平

作为中型规模城市，随着运营网络的逐渐扩张，市民对轨道交通的期望

也会逐步提高，在后续车站设计时不能简单考虑运输需求，还应全面考虑市民便利、舒适的需求。

第一，随着安检工作的全面推广，安检点已成为车站客流流向一个新的集散点，加快安检速度与改善市民等候环境是需要在设计时应该考虑的问题。如通过安检设备智能化、科学规划站厅布局提升安检等候面积等方式提升便利性与舒适度。

第二，换乘站设计需统筹考虑已开通线路运能的问题，这个问题在换乘线路车型、编组不一致时尤其重要，条件允许时可考虑建立模型模拟乘客流向，在以便为新线车站换乘通道规模、换乘设施的选择、站台宽度的选择等提供设计依据。仅依靠建成后运营人员通过铁马栏杆与引导的方式进行换乘组织有一定的安全风险，且降低了市民换乘舒适度，应尽量在硬件上缓解矛盾。

第三，车站设施作为市民直接接触和使用的硬件，应尽量保障其功能完整。在后续线路选型时需考虑运营方维护和更换的便利性，在建设合同中会对备品备件、质保或维保提出要求。如目前车站出入口流行的钢化玻璃设计，虽然美观，但由于尺寸不规则需要定制，在破碎更换时极其麻烦且周期较长，类似设计在后续运营过程中会降低市民的舒适度与满意度，应尽量避免。

（四）提高智能化和标准化，提升设备掌控力

1. 智能化系统应用

借助物联网、云计算、大数据等新技术，打造以数据应用为核心，以智能感知、智能评估（故障预警、状态预判、风险评估）、即时推送、分级响应、辅助决策、精准维修、实时评估、修正规程等为关键点串联起来的管控业务场景，并将其分解为在线采集、故障预警、边缘技术、趋势分析、远程协同、精准维修等专业化系统，实现具备数字化洞察能力。鼓励借助网络化运营作为契机，在接触网与受电弓 6C 在线监测、轨道高速巡检、电客车运营状态监测、电（扶）梯远程监控等重点专业参与制定与线网控制中心数

据交换标准。

2. 标准化设备采用

网络化运营，设备型号种类繁多，大大增加了运营的复杂性和运营成本，如车辆，如果每条线车辆型号均不相同，会造成大部分部件不能通用，影响设备检修及资源共享。今后苏州将尽力推动大型设备定型化，减少设备种类和型号，便于运营企业内部设备资源共享。

（五）加快线网控制中心建设，为网络管理赋能

随着线网的建设，苏州市开始建设多个控制中心，苏州市轨道交通基于“多个区域中心 + 一个应急指挥中心”的运作模式，开展 NCC 的建设。与 5 号线同步建设，实现数据分析中心、预警应急中心、运行监控中心、综合协调中心、信息收发中心、乘客服务中心的功能定位，实现线网业务的统筹管控。

（六）共享网络资源，实现网络运营的经济性

1. 线路资源合理配置与运用，实现网络资源共享

根据线路规划，苏州市轨道交通对网络资源的配置和运用开展了专题研究，具体有供电专业的主所的设置和管理，车辆架大修场地的布局，为实现网络资源共享的线路间的联络线的设置，专业深度维修基地配置等方面。后续将研究不同线路合设段场景下工程车等救援资源的优化共享配置，解决闲置问题。

2. 列车的互联互通，提升网络资源利用率

苏州市轨道交通 3 号线与 4 号线车辆和信号系统一致，利用 3 号线尚未开通以及开通初期，运用车需求不大的时间差，组织 3 号线列车在 4 号线参与日常运营，解决 4 号线的运能问题。在后续新线建设中，同样可考虑列车编组以及信号制式的统一，实现线路间车辆运用共享化。

（七）应用新技术，提升乘客出行体验

1. “互联网 +”赋予乘客新能力

对周围实时环境的了解与运营商提供的服务均了如指掌，同时对个性化需求的快速交付期要求也变得越来越高，这些外部环境的变化反推运营内部服务能力升级。通过构建乘客高度互动的“互联网 + AFC”新体系，满足智能化感知、扁平化响应、精准化服务、差异化体验，推动整个服务体系前置。近期通过手机 APP 建设、云闸机改造打造智行、智维的移动化支付体系；远期引入云技术等技术，强化乘客画像、乘客服务、乘客出行预测与运能组织匹配等新技术，提升基于“互联网 +”服务的新能力。

2. 全自动运行系统的应用

从上海 10 号线开始，国内掀起自动运行线路建设的热潮，自动运行线路有两个主要特点——自动化程度高、可靠性高，有利于提升服务质量。通过自动化实现在线列车高效率的自动连挂/解编功能，并进行相应的线路配套设计和信号功能设计，在高峰期间用长编组，平峰期间用短编组，提升乘客站台候车体验。苏州市轨道交通积极应用此技术，自 5 号线开始采用全自动运行系统。

四　苏州市轨道交通网络化规模转变中的管理对策

线网运营过程中产生的问题与挑战，只有通过运营过程中不断的实践探索才能得到有效解决。

（一）组织的管理

1. 开展组织架构调整探索，支撑企业有序发展

按照城市轨道交通行业的理解，普遍认为一个相对完整的运作单元，其管理的线路幅度在 90 ~ 150km（3 ~ 4 条线）较为合理。基于网络化运营逐步形成，苏州市轨道交通在试运营 2 条线后，着手研究管理体制及组织架构

变革等事宜。经过 3 年的研究和筹划，将运营初期的“职能 + 专业”的管理模式按照区域化、专业化并重的思路在目前运营分公司基础上，复制成立第二个运营分公司，以适度竞争为核心突出运营分公司线路运营责任主体的作用。兼顾线网要素集控、突出集团对运营板块职能管控和线网业务管控，成立运营管理中心，按照“一中心、两分公司”的模式管理运营业务板块。两个运营分公司将最终承担 348km 线网的运营，每个分公司负责 4 条线路的管理。

（1）流程及接口关系调整少，确保运作高效

在既有运营管理体系建设与发展的基础上，对原有可适应组织发展的内部流程及业务接口关系进行保留，对无法匹配及亟须发展的流程加以改善。在现有运营分公司基础上复制第二个分公司，保证运营成果的延续性，避免由调整带来的组织不稳定性，确保可持续发展。成立运管中心着力提高网络运营动态监控水平和突发事件应急处置能力，构建完善的运营安全保障体系，满足生产资源调配和应急指挥的要求，调动生产主体的积极性。

（2）线网资源统筹考虑，保持适当竞争性

在网络化运营的背景下，人才、技术、信息、物资和设备的共享对组织集约发展意义重大，必须统筹考虑线网资源共享并做出规划。同时，由于网络化运营使业务运作更趋复杂化，运营资源配置重复、低效、错位将带来运营成本的剧增，因此，运管中心机构的设置统筹考虑线网资源的利用率问题，发挥社会及经济规模效应。区域化运营分公司业务的同质性的形成，有利于统筹兼顾、适度竞争的运营机制，确保能够评估出各线路的运输质量、服务水平、设备表现、安全管理存在的差异，并有效地转化为内部改进及创新的动力。

2. 创新管理体制，确保网络运营系统高效运作

除搭建完善质量、安全、服务等专业管理体系外，苏州市轨道交通运营注重通过建立和完善度量体系及考核体系来确保组织的高效运作。

一是完成企业标准化体系建设，全面构建质量、环境、职业健康安全体

系三大标准体系架构设置，并根据标准体系框架，对管理手册、程序文件、管理技术标准、记录表单分条线分部门进行了编制，并完成作业指导书的制定。二是完成安全、服务体系建设。强化安全体系管理，夯实安全基础，树立全员安全意识。三是完成苏州轨道交通品牌建设，坚持精致服务理念，打造温馨服务品牌。四是建设较为全面的目标管理体系及评价体系，向上支撑企业各层级指标的实现。同时将指标完成情况与每季度组织绩效评估进行挂钩，通过完善考核体系，确保组织的高效运作。

（二）员工的管理

立足发挥员工的主观能动性，立足发挥员工的首创精神，结合员工的社会尊重和自我实现的内在需要，设计人力资源管理最佳制度和方案。相对于物质等外在报酬的给予，运营公司更应注重于培训、成长等内在报酬的给予。

一是岗位对标做胜任力排查。对照岗位说明书，梳理岗位职责、业务技能、应急处置等应知应会内容，对标排查员工业务技能的掌握情况。二是针对技能薄弱人员安排“一对一”结对帮扶，通过在线学习、安全宣讲、技术比武等措施不断提高员工技能水平。三是开展人员当前岗位上的业务培训，推进员工业务技能交流，提升员工技能水平。四是注重员工职业通道设置，明确员工发展的目标岗位，并在制度的引导下，指导员工的成长、成才，形成稳定有效的人才进步长效机制。五是对员工目标岗位确定技能标准，引导员工自我学习与自我培训。六是发挥员工集体智慧，通过征集培训细化、应急处置细化方案等，激励员工获得自主学习能力，提升员工应急处置上的积极性。

（三）设备的管理

在线网运营下，设备系统制式复杂、型式制式多样、分步区域广、管理难度大，单线人盯设备的质量监控方式效率低并增大管理成本，无法满足管理要求。

1. 完善规章制度及设备修程

一是结合以往各类事故事件、重大故障及重大安全风险，督促各层级完善设备修程及检修记录、安全规章制度、应急预案，针对修程制度提出补充建议和修改意见，确保规章制度的符合性和适宜性。二是在确保有能力把控的安全的前提下，优化设备修程，如车辆实行均衡修模式，提升维修人车比及车辆投运率。

2. 建立设备质量评价体系

一是构建设备固有可靠性和任务可靠性的评价指标，从功能失效、任务失效、服务失效进行分级管控。二是建立对设备系统的状态监测平台，实现各系统的接口状态管理。通过监测数据与数据化的定量判别指标自动对比实现智能化的监测预警，及时发现维护保障作业与应急处置作业，提升运营设备的可靠性。如在生产云平台上建设车辆、信号、供电、轨道、隧道等智能运维系统，在线监测、离线监测、设备自身软件系统以及 Maximo 数据统一上传至智能运维平台，实现故障报警、诊断及未来预测功能。

3. 集中整合资源，提升设备维修水平

一是成立电子工作室，对线网电子类板卡设备、信号继电器设备和转辙机设备进行集中检修，发挥资源整合优势，降低运营成本，提升维修水平。二是成立电源工班，集中管理机电、通号、信号和 AFC 等专业蓄电池，优化维修资源配置，提高蓄电池使用效能，保障设备稳定运行。

（四）文化的管理

通过开展作风调查、员工满意度调查，在推进组织、个人绩效考核的基础上大力挖掘和弘扬企业文化。

一是持续开展员工满意度调查工作，并将提升员工满意度作为企业文化建设的一项重要内容，其调查结果及分析成为管理的重要参考依据，成为企业价值和发展中一项关键因素及核心驱动力。二是注重绩效评估及应用，根据分公司使命、愿景及价值观对过程及结果进行管理。通过开展绩效计划制订、绩效沟通辅导、绩效考核评价、绩效目标提升等持续循环过程，达到组织共同目标，持续提升个人、部门和组织的绩效，并通过考核结果的合理运用达到激励目的。三是通过制度、流程规范员工自主行为。目前苏州市轨道交通运营建立完备的规章制度体系，通过职能手册、岗位说明书、标准化文件及作业指导书等对员工工作行为进行规范性指导。同时，企业管理过程中通过不断完善工作标准、管理标准、技术标准细化员工工作行为；通过流程的系统化管理和运行实践，对员工工作内容进行优化、评价和控制；通过持续体系培训及内外审工作将员工对规意识落到实处并形成机制，最终通过制度牵引使分公司文化贯彻落地。

（五）成本的管理

2018 年国发办 52 号文《关于进一步加强城市轨道交通规划建设管理的意见》中要求，关注了地方政府债务、城市轨道交通企业负债率、责任主体等问题，明确运营成本的控制是未来城市轨道交通关注的重点，未来城市轨道交通需要探索存量资产盘活方式，积极应用新技术，注重内部管理成长，实现运营企业的高质量、可持续发展。

一是城市轨道交通需要创新融资渠道、创新运营补亏机制，按照“自主经营、自负盈亏、自我发展、自我约束”的现代企业制度要求，引导企业健康持续发展。企业要注重盘活轨道交通存量资产，探索运营资产 PPP 运作方式，以提高效率和效益。二是可建立维修技术、维修流程、维修质量验收标准化及定期评估机制，合理利用主动维修、改善维修、机会维修等不同方式的修程以降低维修成本。三是运营需要深挖降本增效潜力，如将相对技术含量低、与行车关联程度低、市场竞争程度高的作业委外，包括站务、风水电运维、安检、后勤作业等。将技术含量高、市场竞争程度高的离线维修作业委外，包括部件更新大修等。同时，用各种智能化维护监控手段代替日检、低效计划修、人工巡视。四是加大校企合作力度，培育教育集团，加大社会培养成熟上岗员工的力度，降低轨道运营企业用工的培训成本。

五 结语

随着城市轨道交通线路规模的不断扩大，原有单一线路的运营管理方式和方法已不能满足网络化运营管理的需求，需要在运营管理模式上用系统的思维方式去分析研究，建立网络化运营管理体系。因此，由网络化运营管理需求提出管理应对措施，不仅保证了运营从单线向网络化运营转变过程中的可持续发展，而且实现了运营管理水平质的飞跃。

参考文献

陶涛、马丽：《城市轨道交通网络化运营管理和组织研究》，《城市公共交通》2018年第6期。

任泽：《城市轨道交通规划与城市规划的互动关系》，《城市建设理论研究》2013年第32期。

B.10
城市轨道交通大型活动保障工作机制研究

邵伟中*

摘　要： 本文结合上海城市保障经验，以城市大型活动保障的类别划分和重要性分析为基础，对大型活动保障的工作机制进行了探索研究，并总结提炼了城市轨道交通在大型活动保障中发挥的作用及其主要保障措施。最后，针对城市大型活动保障工作中面临的突出问题提出了改进和完善的建议。

关键词： 大型活动　轨道交通　运营保障　工作机制

一　引言

随着我国城市进入快速发展阶段，大型城市加速向特大型城市转变，城市规模不断扩大，综合体功能进一步显现，对特大型城市的运行和管理提出了更高的要求。随着城市对外开放和交流的日益深入，像上海等特大城市在卓越城市建设、国际化发展等方面逐渐转入精耕细作的管理阶段，各类大型活动的举办频次越来越高、规模越来越大、影响力不断提升。为此，在提升城市知名度、竞争力和吸引力众多因素中，大型活动的筹办和保障能力也发挥着不容小觑的关键作用，大型活动保障的全面性、协同性和精细化对城市

* 邵伟中，上海申通地铁集团有限公司副总裁，教授级高级工程师，同济大学运输管理工程专业硕士，长期从事轨道交通运营管理工作。

综合能力提升具有极大的促进作用。

根据上海等特大城市历来举办的活动类型进行分析，保障活动基本可从活动性质、活动影响规模和重要程度进行分类。

按照活动性质，活动可分为以下几类。

①体育赛事：如 F1 大奖赛、大师杯网球赛、环法自行车赛、马拉松赛等。

②文艺演出：如演唱会、音乐节等。

③商业促销：如新年（跨零点）商业促销、大型场馆开业促销等。

④展会和旅游：如国际车展、国际旅游节等。

⑤重大节假日：如春节、劳动节、国庆节、元旦等。

⑥政治活动：如 APEC 会议、亚信峰会等。

按照活动保障等级，活动可分为以下几类。

①常规活动：通常安全保卫级别低，活动影响范围小，社会政治舆论维稳保障要求低。如一般节日、普通演唱会、小型商业促销等。

②重大活动：通常安全保卫级别高，社会政治舆论维稳保障要求高。如进博会、亚信峰会、重大政治会议等。

按照活动规模，活动可分为以下几类。

①小型活动：通常活动受众面和影响面较小，对城市的常态运作无较大影响。如小型展会、普通演唱会、普通足球赛等。

②大型活动：通常活动规模较大、影响范围广，城市常态运行保障无法满足活动需求，需专门制定保障措施的活动。如世博会、进博会、车展等。

大型活动的顺利举办离不开城市运行各个方面的保障和支撑，其中交通保障又是确保大型活动期间城市运行平稳的基础力量和重要环节。在大型城市和特大型城市中，随着轨道交通快速建设和发展，路网站点遍布城市各核心区域，出行可达性和便捷性大大提高，轨道交通在城市公共交通中的作用和地位日益凸显，在大型活动中，轨道交通往往成为市民出行的首选交通方式，城市轨道交通保障措施是否精准到位，对大型活动举办地成功与否起着关键性的作用。为此，大型活动轨道交通保障必须建立有效的协同和研判工作机制，制定有针对性的保障措施，为大型活动城市运行提供安全、可靠、高效、优良的保障条件，是实现城市精细化管理、卓越发展的要求和目标的基础。

三　大型活动保障工作机制探索

城市大型活动保障工作涉及城市运行的方方面面，如商务保障、安保要求、基础建设、交通保障等，在特殊活动背景下往往对各环节的保障提出新要求和新目标。为保障各环节、各条线工作有序衔接、紧密结合、各司其职、高效运作，必须建立全面和完善的工作机制，确保整体工作有序推进。

（一）相关方分析

要建立健全顺畅的工作机制，首先要开展大型活动保障工作相关方分析。结合上海市历年大型活动保障经验，将相关方主要划分为政府及职能部门、活动主办方、保障企业、市民乘客和社会相关方五大类，其主要承担的角色及发挥的作用如下。

1. 政府及职能部门

为充分发挥城市管理及服务保障的精细化水平，在大型活动保障中，政府部门主要承担保障统筹和监督的职能，通常负责总体牵头和协调，明确保障要求，制定任务分工，进行重大问题和事项的决策。以上海为例：市交通委作为上海市政府职能部门，承担上海交通的全盘统筹、规划、运营和管理职能。在大型活动中主要负责整体公共交通保障方案策划、统一协调指挥等，强化轨道交通、公交、出租等交通方式的配套及衔接，落实各交通保障单位的协同配合。又如市公安局承担全市公安工作职能，在大型活动保障中主要负责大型活动安保审批、活动安保方案的制定等工作。

2. 活动主办方

主办方是大型活动的直接组织者，主要负责大型活动举办的时间、场地、规模、活动内容等策划和组织。一方面，活动主办方应提出大型活动城市配套保障的基本需求（如交通保障方面要求地铁夜间加开班次、延长运营时间等）；另一方面，其应提供大型活动基础信息（如活动场所、活动时间等）、客流规模等信息，为城市保障各部门和保障企业制定保障措施提供依据。

3. 保障企业

保障企业是大型活动保障的重要支撑力量，通常涉及交通保障企业（公交企业、轨道交通企业、出租公司等）、其他服务保障企业（如食品餐饮企业、酒店企业、通信保障企业等）。其中，交通保障作为大型活动保障的必要环节，不同交通保障企业根据不同活动的特征和需求，承担不同的交通保障职能。通常轨道交通作为核心的交通保障方式，为大型活动的出行提供快速、便捷和大运量的交通保障；公交及出租通常作为辅助力量，在大型活动保障中发挥着灵活机动、有效分流的作用。

4. 市民乘客

大型活动保障中，主要涉及参与活动的市民公众、通过公共交通方式出行的乘客。服务对象的不同决定了城市保障各方面措施不同，以轨道交通保障为例，针对国际性、大量外国公众参与的活动（如进博会、F1 大奖赛等），就要求轨道交通企业提供多语种等多元化的服务措施；面对大量来自外地的公众，在轨道交通保障方面就需要我们提供便捷的票务制度（如提供往返票、多发售一日票等），避免其多次购票的不便。

5. 社会相关方

社会相关方是协助政府、企业等共同参与大型活动保障的个人或社会团体，主要有志愿者（个人、街道志愿者）、社会各界媒体、学校或社区力量等。在大型活动保障中，充分利用社会共治各方力量和多方资源优势，可有效提升大型活动保障整体服务水平和突发情况应急处置联动效率。

（二）工作机制的探索

根据大型活动保障相关方分析可知，大型活动保障涉及保障单位多、保障范围广、工作接口多，为确保各保障条线措施有序衔接，各相关方要各司其职、信息互通、协同配合，我们通过总结提炼上海市历年大型活动保障的经验，从大型活动城市整体保障和轨道交通保障两个层级进行工作机制的研究，以期建立协调高效的大型活动保障工作机制和运作程序，为大型活动的保障提供机制保障和制度支撑。

1. 工作协调机制

为理顺大型活动保障单位工作关系、明确保障工作接口、统一信息来源，上海市已逐步形成了市级及以上的重大保障和普通保障的分级保障机制。市级及以上的重大保障，如针对周期性节假日或大型活动，形成常态联席会议制度，由市交通委、市公安局、交通保障企业（公交企业、轨道交通企业、出租公司等）、活动上级主管部门（商委、旅游局、体委等）等单位组成，统一开展工作对接、信息对接；如针对非常规大型活动（如进博会、世博会），通常由市委市政府牵头成立专项保障小组（领导小组、工作小组），视情扩大保障小组成员单位，制定专项工作计划和任务分工，定期推进保障工作。轨道交通等保障单位通过工作协调机制，明确各自保障目标和职责分工，通过统一协调平台进行信息互通和工作对接。

2. 信息对接机制

大型活动的基本信息是制定城市各方面保障措施的基础条件，为此我们要依托统一的工作协调平台，实现大型活动保障信息协调对接，确保信息互通及时、信息内容一致。在信息内容上，应涵盖市级统一明确保障目标、工作要求；活动规模、活动客流来源、票务数量及票务组织模式等活动信息；地铁、公交、出租等交通保障要求、运力配套衔接方案、交通保障指挥体系等交通保障综合信息；安全保卫工作要求，道路交通管制及轨道交通站、车、商铺管控要求等安全保卫信息。在信息互通上，除传统会议对接、电话沟通、文件传递等方式，应丰富创新信息对接手段，建立跨单位信息平台对接工作规范和机制，实现保障信息、运营数据实时交互和互通。

3. 客流研判机制

为提高大型活动保障措施精准度，大型活动保障应基于活动背景情况形成健全的客流研判机制。首先，活动主办方应提供活动出票数据、票务组织方式、活动入离场特征等信息，提前研判大型活动客流规模、客流来源和客流特征等信息。其次，政府职能部门基于活动基本情况，牵头研判活动对全市运行安全、交通保障等各方面的影响。如市交通主管部门牵头开展全市交通出行需求研判，对出行客流量、客流分布、不同交通方式出行比例等信息进行整体研判。最后，各保障企业以整体客流研判为基础，根据对各自系统的影响开展内部细化预测研判。如轨道交通企业根据市交通出行需求研判，进一步细化各线路、站点客流数据，从而为制定精细化运营保障措施提供依据。

4. 统一指挥机制

因大型活动保障要求通常突破城市常态运行的工作机制，具有较强的特殊性，为此在保障过程中常需要对指挥体系进行自上而下的优化和调整。较为普遍的做法有：政府层面增设大型活动保障临时指挥部、现场指挥点等方式，同时理顺和调整与公安部门、活动主办方、保障企业等单位原有的指挥流程；或者采用各保障单位联合值守指挥的模式，确保统一指挥、保障有力、执行到位。企业层面，通常根据上级指挥机构调整，进行同步优化和衔接。如轨道交通通常会根据大型活动特点，设立路网协调指挥层、现场一线指挥点等多级指挥机构，明确内部纵向和外部横向的信息汇报和指挥流程。

5. 保障评估机制

从持续改进和 PDCA 管理角度出发，大型活动保障也应形成总结评估机制。一方面，通过汇总分析，查找不足，提出优化提升建议；另一方面，通过总结有效举措，形成长效可推广的经验。根据评价主体和角度不同，保障评估包括市级总体评估和保障企业自评估。市级层面总结分析侧重于对城市运行总体情况及各行业保障情况的总体评估（包括交通保障、餐饮保障、基础设施保障等），交通保障的评估主要评价轨道交通、地面公共交通、出租交通等不同交通方式在城市交通保障中的协同配合实施效果、各自发挥的作用等。保障企业自评估侧重于重大活动企业保障实施情况的内部总结分析，评价保障企业内部工作方案、保障措施的实施效果。

三　大型活动保障轨道交通主要措施

围绕大型活动对城市各保障方面提出的新要求，上海地铁结合多年的大型活动保障经验分析，大型活动对城市轨道交通的运营保障需求主要有大客流运输（尤其是活动开闭时段的集中抵离客流）、安全保卫（主要涉及封站跳停、商铺关闭等）、客运服务和宣传引导、设施设备维护保障、与各专业/各单位的应急联动处置等方面。针对以上几方面的需求，主要的保障措施如下。

（一）大客流保障措施

1. 运力保障

大客流保障是大型活动轨道交通保障的关键，而运力配置是解决大客流运输的最核心的措施。运力配置基于客流需求和研判分析为基础，通常分为计划性运力调整和临时性的运力调整两方面。

针对将给轨道交通常态运营带来较大影响的可预判性活动，根据不同大型活动的客流出行特征，上海地铁已逐步形成了多样化的行车计划：计划性加密开行间隔（如大型展会保障）、调整主支线开行比例（如 F1 大奖赛）、计划性封站跳停（如配合交通管制需求）、末班车后定点加开（如音乐节、跨年活动等）、开行专列（如配合重要任务）等，并按需编制专用列车运行图。

若大型活动的举办对轨道交通常态客流特征未造成明显变化，通常采用灵活的行车调整手段进行运力调整。主要措施有行车交路调整、大客流区段增开列车、临时跳停等。

2. 现场客流组织

大客流保障除行车组织外，有效、合理的车站现场客流组织是确保大客流有序疏散的重要保障。现场的客流组织秉持“快进慢出”的总体原则，重点针对出入口、换乘通道、安检、站台乘降等核心区域和关键环节，通过设施设备布局调整、客流现场管控手段，实现控制客流总量、均衡诱导等目的。

客流现场管控手段通常有站外管控措施（如绕行、蛇形排队）、出入口调整（如单进单出或关闭）、分级限流、增加关键区域人员布岗，以有效控制乘客进站速度。设施设备调整方式主要有调整闸机、购票机启闭状态，调整安检设备布局和数量调整（如增加手持安检仪、增设快速通道等），采用隔离栏杆实施客流分流等措施，按需提升或限制车站通行能力，合理控制客流分布，避免客流对冲和交叉。如 F1 中国大奖赛期间，11 号线上海赛车场站实施车站费区、车站出入口和赛车场蓄客区三级限流模式，减轻散场时段车站站台客流压力。另如进博会期间，上海地铁根据展期安排，对 2 号线徐泾东站出入口实施“只出不进”“只进不出”“进站免安检”等管控措施；同步实施高峰时段出入口客流预警机制，实现行车客运应急联动。

（二）服务措施

轨道交通作为城市的服务窗口之一，在大型活动保障期间，势必要求它以高标准、高水平，为乘客提供高质量的服务。通常情况下，上海地铁客运服务措施主要体现在人性化服务举措、宣传引导、票务组织等方面。

人性化服务举措方面，因不同活动的影响面不同，轨道交通服务对象种类多种多样，不同类型乘客的服务需求也不尽相同。针对外国乘客多、外地乘客多、老年乘客多等大型活动，通常采取多语种服务（如 F1 大奖赛、世博会、进博会等）、爱心接力（大型交通枢纽站点）、志愿者服务等一系列人性化措施提升服务质量；通过开展礼仪培训、车站服务设施改造（如出入口整治、厕所改造等）、违规违法现象整治、活动氛围营造等环境改善措施，全方位提升乘客乘车体验。宣传引导方面，积极采用便民手册、电视直播、官网发布、APP 信息发布、公众号发布等多途径为乘客出行提供便利服务信息和应急信息；同时，可通过增加导向标识、广播宣传等方式全网引导客流。票务组织方面，通常包括增设临时售票点，强化应急票、一日票、三日票、返程票等。

（三）设施设备保驾

设施设备是轨道交通各系统正常运行的基础条件，设施设备保障核心在于提升关键设施设备运行的稳定性和突发故障下应急抢修的效率。

提升设施设备稳定性方面，主要采取对涉及大型活动的线路开展专项检查，进行隐患集中消缺整治；调整日常的维护检修计划，严格控制活动相关线路的重大施工实施，以减小施工对设备状态造成影响的可能性。突发故障下应急抢修方面，主要通过加强活动相关线路现场保驾人员、根据活动特点调整现场值守地点、采用重点专业联合值守、供应商参与联合保驾值守等措施，以及有效提高现场突发情况的响应速度和处置能力。如进博会期间，上海地铁建立了关键设备的设备/运营合署值守模式，启动供应商应急联动机制，实施关键值守点区域调整，以提高故障响应速度。

（四）应急管理

应急管理目的在于提升大型活动城市轨道交通保障的安全管理效能和应急处置效率，轨道交通应急管理核心有应急预案编制、应急演练及应急响应三个方面。

在既有应急预案体系的基础上，结合大型活动保障特点、保障要求和关键环节，针对性地细化完善应急处置专项预案，内容主要涉及应急指挥体系、行车调整、车站大客流组织及设施设备保障等方面。

为检验应急预案的可行性、提升各岗位协同配合和突发事件的处置能力，在大型活动前有计划地开展应急演练。应急演练科目通常包括大客流疏散、行车调整、消防安全、恶劣天气应对及设施设备抢修拉动等。应急演练开展的方式有桌面推演或实操演练、专项演练或综合演练、企业内部演练和市级联动演练等。

应急响应方面，上海地铁建立了五级预警机制，明确不同预警等级下各专业/各岗位的应急响应速度、关键环节的应急处置时间、应急响应支援保驾地点等内容。一旦启动预警，各单位、各岗位按照预警机制要求，及时响应、快速处置、有效联动，以最快速度、最小影响进行突发事件处理。

（五）安全保卫

大型活动安全保卫工作核心在于通过提升安保专业化程度，控制和减少城市轨道交通安全风险，防范人员伤亡事件发生，涉及常规安保和新型安保等方面。

常规安保主要通过增加安检设备及人员、投用警犬嗅爆、重点列车跟车保驾、开展联合执法、加大车站巡查力度等安保措施，提升轨道交通站点安全保卫能力。随着智能化和现代化技术发展，安全管控手段也逐步引入一系列新技术、新设备，如人脸识别系统、智能安防系统、新型安检设备、新型搜爆器材、高端摄像监控器材等智能科技手段，提升轨道交通安全防控能力。如进博会期间，在上海地铁关键车站引入“智能安防”人脸识别高清监控系统，大大提升了关键区域的安全防卫能力。

（六）各方协同联动

在大型活动中，轨道交通运营保障涉及多单位、多专业，各方支援和协调联动是做好运营保障工作的重要支撑。上海地铁经过多年的保障积累，逐步形成了多专业、多层级的联动协作模式。

一是点面结合的措施，在保障重点区域的同时，兼顾整条线和全路网的运营保障。如采取路网远端客流引导和限流、多站点绕行方式、其他线路运力配套调整等。二是实施行车和客运专业联动措施。如根据车站现场客流情况，实施现场客流预警、运力提升或下降的联动调整方案，及时缓解现场客流压力。三是跨单位联动处置措施。实施与市府职能部门、活动主办方、其他保障单位的联动处置，及时进行客流数据、现场情况等信息互通，实现现场联合指挥、轨道交通内、外区域同步诱导。

四　思考和建议

大型活动保障已逐步成为城市精细化管理的一个重要组成部分，大型活动举办的效果、保障水平也成为衡量城市服务能力、城市运行管理水平的重要方面。上海市作为国际性的大都市，先后多次举办各类大型国际性会议、大规模赛事及影响面广的活动，在活动的策划、组织、保障等方面逐步形成了可复制、可推广的经验，建立了相应的工作机制。

针对上海市最新提出的建设全球卓越城市的目标，我们在大型活动保障方面也需要精益求精，深入研究城市发展和大型活动需求的变化，要健全和完善与城市发展策略及要求相匹配的大型活动工作机制、创新保障措施。

（一）规划设计要全局性

城市各个系统的承载能力及运行能力存在一定限度，如活动场馆有容纳能力上限；轨道交通线路受设施设备条件等因素限制，运输能力也有一定限制。一旦大型活动的客流规模超出城市运行能力的情况，容易造成服务质量下降，甚至带来一定安全风险隐患。

一方面，在大型活动场所和城市基础设施规划设计阶段，要充分考虑大型活动的规模需求与城市基础设施能力的匹配性，要充分考虑活动场所与基础设施的位置和联通条件，要充分考虑不同交通方式间的配套衔接关系。另一方面，在大型活动策划前期，应充分考虑城市各个系统自身的保障能力，对活动场地的选择、客流规模的控制、活动举办的时间等方面要实施合理、精准的规划，全局性、集约化、精细化制定大型活动策划和保障策略。

（二）政策制度要体系化

上海市历经世博会、进博会等众多国际性和高级别的大型活动保障的考验，城市运行保障工作逐步形成了有效的工作方式和对接机制。从城市安全运行角度出发，国家层面、市级层面建立了大型活动安全管理条例等相关制度。但从大型活动筹划、组织、配套保障等整体角度来看，上海尚缺乏统一完整的法律法规或管理制度。

为此，建议市级层面要围绕大型活动保障各重要环节、参与大型活动的保障单位等角度，制定全面、统一的管理办法。进一步明确活动主办方、政府职能部门、保障企业（如轨道交通、公交公司等）等相关单位在大型活动保障中所承担的职能，规范活动策划、申报审批、研判分析、信息互通、保障措施制定等各环节的工作要求，建立健全完善的制度标准体系。

（三）保障研判要精细化

精细化保障背景信息研判是合理制定各方面保障措施的基础和依据，任意环节的背景信息研判不细、不准、不精，都可能给大型活动保障实施效果带来一定偏差。如轨道交通保障方面，若客流研判不足，容易造成运能配置低，产生大客流积压风险；或运力过度投放，造成资源浪费等。

为此，在大型活动前期策划阶段，城市各保障部门要充分、全面、精确地提供活动基础背景、客流特征、安保要求、票务政策、调休政策等相关信息，并统筹协调做好各类信息对城市运行保障各方面的影响研判，为保障措施的制定提供精准参考依据，确保各方面措施更加具有针对性和高效性。

（四）信息共享要规范化

大型活动的信息共享和传递是实现城市各保障系统有序衔接、协调联动的基础，一旦信息沟通渠道不畅、时间滞后、内容不准，很容易造成信息不对称、保障工作处于被动状态。为此，建议在大型活动策划前期，要明确信息共享的各方面要求，如实施信息共享的各主体单位、信息沟通的渠道、信息的内容、时间要求、提交形式等内容，建立和规范信息对接的机制。同时，在大型活动保障期间，针对突发应急信息要建立及时、快速、准确的反馈机制和应急支援等申请机制，确保各保障主体间能实现统一指挥、高效协同。

（五）协调配合要机制化

大型活动保障涉及政府职能部门、活动主办方和保障企业等多家单位、部门和企业，若无统一高效的协调联动机制，容易造成多头管理、指挥不畅、信息闭塞等问题，为此，建议在现有大型活动保障机制基础上，完善统一协调联动平台，建立平台运作机制，明确各单位的职责分工、规范工作流程等工作制度，从而进一步加强不同部门间的协调联动，提升保障工作推进的有序性和高效性。

B.11 浅析郑州地铁运营需求管理策划与组织

刘宏泰*

摘　要：　城市轨道交通前期工程设计、建设对线路后期运营影响非常大，运营单位将运营经验教训转化为运营需求，介入前期设计建设，对推动工程质量提升、实现高品质运营有着重要意义。本文结合郑州地铁的经验做法，从组织机构、工作机制、标准制度、体系机制建设等方面研究运营需求管理的工作思路，并提出介入过程中需要关注的问题及解决思路，为城市轨道交通运营同行提供参考。

关键词：　城市轨道交通　运营需求　郑州

目前，以运营需求为主导、运营管理为主线的设计理念，被逐步纳入城市轨道工程设计工作中；“设计为运营”“运营前置”已成为国内城市轨道交通行业的共识。运营需求管理是指运营单位提前介入工程建设时期（也可简称“运营介入”），为工程建设各阶段提供最直接的运营经验及服务需求，能够提出工程建设需要优化、改进的需求和建议。本文结合郑州地铁运营需求管理经验，分析了运营需求的策划与组织管理。

一　郑州地铁运营需求管理的背景与目的

（一）郑州地铁运营线路概况

郑州地铁2013年开通了首条线路，截至2018年底，郑州地铁已运营3

---

* 刘宏泰，高级工程师，郑州地铁集团有限公司运营分公司党委书记、总经理。

条线，分别为 1 号线、2 号线一期、城郊铁路一期，运营里程 93.6 公里，其中城郊铁路一期设有部分高架区段，其他线路均为地下线路。3 条线路共设 59 座车站、1 座控制中心、3 个车辆段、1 个停车场、5 座主变电站。

（二）运营需求管理的背景与目的

五年建设，百年运营。城市轨道交通工程建设质量直接关系到工程建成投运后运营服务水平，开展系统性的运营介入将对促进工程质量起到关键作用。

①建设、运营阶段具有连贯性和相关性。对于轨道交通全寿命周期管理，建设、运营均属轨道交通寿命周期内的重要阶段，需要运营介入，以实现顺利过渡。

②部分设计标准不够具体和细致。运营人员通过运营实践总结归纳出细致、全面的运营需求内容，能结合地方特点，因地制宜，贴合运营实际，对建设工程实施起到精准、有效的指导作用。

③设计单位在执行标准规范过程中，对于可上下浮动设计的，存在偏于满足基本需求的情况，无法满足运营高品质需求。

④各线路建设过程中施工工艺、质量参差不齐。或同一线路不同标段施工标准、做法不一，均影响最终交付运营后的线路服务品质。

⑤随着运营经验积累，运营单位逐渐形成一套完善的运营需求，可以反哺建设。根据运营经验，前期轨道交通建设遗留问题，将在运营阶段突显，并直接影响线路运营水平和服务质量。所以，既有线路运营中发现的问题，如不及时总结、反馈给建设部门并在新线建设中纠正，依然会在新线重复出现。

⑥近年来国内轨道交通线路建设、运营规模迅速发展壮大。社会、乘客服务期望值不断提高，进而对运营品质及工程质量提出了更高的要求。

综上所述，轨道交通工程建设需要不断借鉴已运营线路或其他城市轨道交通线路运营经验，通过运营单位全过程介入新线建设，充分反馈运营需求，优化规划、设计细节，及早发现设计、施工、设备问题，以运营经验反哺建设，可以大大促进工程质量提升，实现高品质运营。

（三）郑州地铁供电专业运营需求管理经验做法

2013 年，郑州地铁 1 号线开通运营后，前期受多重因素影响，供电系统方面逐渐发现一些运行或维护方面问题，比如未设计电能计量系统，需要人工抄录和数据统计；主所支援供电设置多套定值组，影响救援效率（定值组切换不能实现远方切换功能）等，前期遗留的问题给后期供电设备维护、运行带来很大的困扰与考验，问题整改又增加运营负担，同时给运营安全埋下一定的隐患和不确定因素。基于此，后续线路建设期间，运营管理单位积极主动开展了运营需求管理策划与组织工作，通过总结已开通线路供电系统运行和维护经验，充分发挥专业技术力量，从设计阶段开展，到施工安装、单系统调试和联调、验收接管等全面介入建设工作，充分反馈运营意见、建议和需求。通过实践证明，建设时期运营单位全方位地介入，在提高供电系统设备的运行水平和检修维护效率方面，助推作用明显，效果显著，具体做法如下。

1. 完善组织机构

郑州地铁运营公司成立了新线筹备管理部门，统筹组织运营新线筹备工作，牵头对接新线对内对外事宜，建立了运营与建设的沟通平台及联络机制；在此基础上，供电专业分阶段成立了 6 个介入工作小组，如运营需求管理小组，主要介入设计阶段，参与规划、工可、初步设计等阶段供电系统部分的会审，提出运营意见；组织供电专业人员参与供电系统施工图送审稿的流转等。比如郑州地铁 5 号线工程建设期间，运营需求管理小组供电专业在组织会审 5 号线供电系统图时，发现正线同一供电分区两相邻牵混所整流机组设置于同一段 35kV 母线问题（易造成“大大双边”的供电方式），针对该问题，运营需求管理小组及时与设计管理部门、设计单位沟通对接，协商解决问题；通过新线筹备管理部门牵头协调，正式向设计管理部门反馈调整该设计的建议，问题得以顺利解决，避免了运营后供电系统运行风险。

2. 总结提炼运营线路供电系统运行维护经验，形成成果文件

在《地铁设计规范》等标准规范下，明确细化了供电系统设计方面需

求，纳入《郑州轨道交通工程设计运营需求标准》等集团公司企业标准，编制了《郑州市轨道交通运营介入新线工程典型案例汇编》等供电专业介入参考资料；在生产中心层面，以供电专业为例，发布了《变配电运营需求技术标准分册》《变配电设备采购项目运营需求书标准分册》等文件。

3. 不断增加介入的深度和专业性

随着新建线路陆续投入运营，供电专业在总结运营维护经验的基础上，更是长远考虑网络化运营、资源共享等诸多因素，适时地提出了建立能源管理平台、主变电所共享建设，以及接触网可视化接地系统的新技术应用等运营需求。

二　运营需求管理存在的问题分析

从上述背景与目的分析、供电专业运营需求管理的历程可以看出，国内新兴地铁公司成立初期，往往缺少健全的介入管理机制，大都是经历了从无到有再逐步完善的过程。一般存在以下四个方面问题。

1. 首条线路运营介入工作启动较晚，运营介入总体滞后

初期主要介入时机节点还停留在验收、接管阶段，前期规划、设计工作缺少运营单位意见。

2. 建设单位与运营单位沟通平台未搭建，建设单位对运营需求的支持力度不够

一般首条线路建设基本完全由建设单位主导，运营机构成立较晚，或力量不强，建设工作参与度较低。

3. 组织机构设置缺失或不完善

建设、运营双方建立良好的沟通渠道后，需要规范完善运作机制，建立相应的组织机构，以更好落实介入工作。

4. 成果文件体系未建立或落实不彻底

运营介入的主要依据虽来源于国家、行业标准规范，但运营经验教训的积累是“本地化”的一个重要成果。如果能够及时将以往发生过的问题、案例归纳总结，形成运营需求标准、案例汇编等，作为后续新线建设参考依

据之一，将是介入工作的重要支撑，也使整个运营介入工作有据可依、有章可循。

三　郑州地铁新线运营需求管理的策划与组织

针对存在的问题，郑州地铁结合经验，全面开展运营需求管理，从组织机构、制度体系、工作计划等方面入手，与新线工期筹划同步进行，精心策划，稳步实施。

（一）成立组织机构

根据轨道交通工程建设的工期筹划及建设规律，一般分为前期介入（规划设计、设备采购阶段）、工程介入（施工安装、单系统调试阶段）、系统联调阶段、验收与接管阶段等。按照精简高效原则，结合运营管理特点，郑州地铁成立了三层（决策层、指挥层、执行层）垂直管理机构（见图1）。

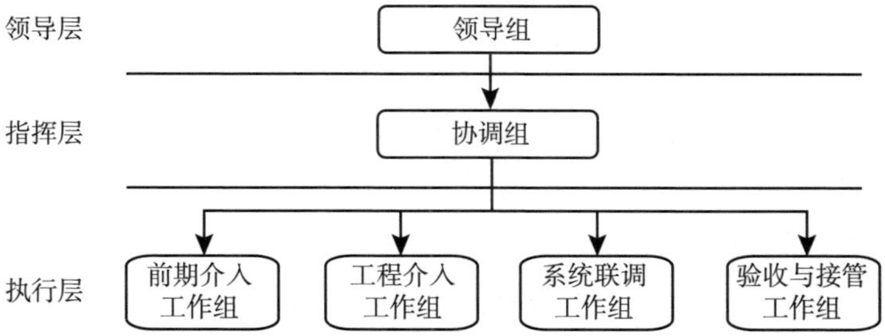

图1　介入组织机构图

决策层的领导组由集团公司领导及运营单位相关负责人组成，依托公司建设运营对接会、技术委员会（下设运营管理专业委员会）等决策机构。主要负责制定介入工作的指导方针，决策工作组上报事宜，决定重大问题处理意见，以及协调各方关系及资源，全面组织、指导介入工作开展。

指挥层的工作组由运营单位相关部门业务分管人员组成，新线部牵头，各专业组组长参与，主要负责统筹指挥介入工作开展、协调处理各类问题、督促相关方落实问题整治。

执行层的各专业组根据介入阶段不同，成立相应的工作小组，由运营单位专业（科室）负责人任组长。负责介入工作的具体实施，汇总、对接、处理各类问题，提出问题处理意见，跟踪处理结果。

（二）建立制度体系

为使组织机构有效运作，必须建立配套的制度体系。郑州地铁运营需求管理制定了较为完善的制度体系，包括管理办法、细则、过程控制等（见图2）。

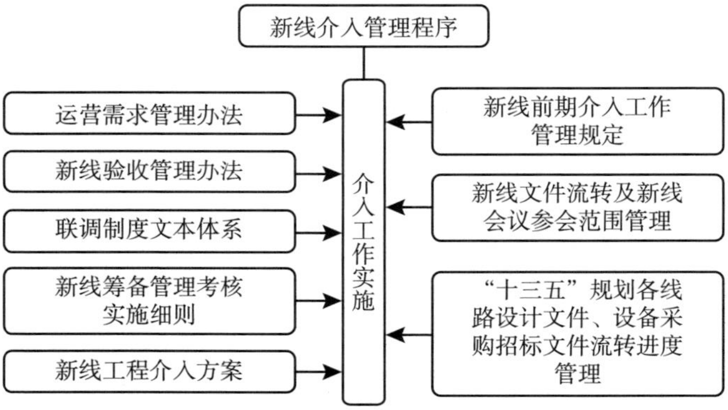

图2　运营需求管理制度体系

1.《新线介入管理程序》

该办法主要划分介入工作阶段，明确介入各方职责，以及介入工作总体要求和具体流程，属于总体性管理文件，在此文件管理的框架下进一步形成各阶段的管理细则、工作方案等。

2.《新线运营需求管理办法》等具体办法、细则

在介入管理程序的基础上，形成涵盖前期介入（运营需求）、工程介入等相应的细则、办法，以及分模块、分线路的工作方案。《新线运营需求管理办法》用于指导前期介入阶段运营需求管理工作开展，规范该阶段介入的管理要求、方式、流程等内容。《新线前期介入工作管理规定》则更加细致地规范了新线筹备管理部门负责运营需求管理的工程师岗位工作流程及要

求《新线筹备管理考核实施细则》主要对运营需求管理工作执行情况开展考核、奖惩等管理。

（三）建立运营需求标准体系

运营人员介入各阶段工程建设主要依据《地铁设计规范》等国家、行业标准，除此之外，结合已运营线路运作经验，细化、补充标准规范条款等，郑州地铁建立了“本地化”的运营需求标准文件。目前已发布了《郑州轨道交通工程设计运营需求标准》《郑州轨道交通机电设备运营需求标准》《郑州轨道交通安装工艺运营需求标准》《郑州轨道交通新线工程运营验收与接管标准》等集团公司企业标准；在运营分公司层面，编制发布了《郑州轨道交通综合监控系统人机界面（HMI）标准》《城市轨道交通机电筹备技术手册》等专业性标准文件，并辅之以《郑州市轨道交通运营介入新线工程典型案例汇编》《郑州地铁新线前期介入运营需求典型案例汇编》等参考资料。

（四）建立对接机制

运营、建设对接机制为运营介入过程中采取的各种有效运作手段，主要包括介入工作机制、会议机制、归口管理机制等，介入工作机制是建设与运营单位协商明确的介入程序、要求等，如新线设计文件（送审稿）必须流转运营单位，充分征询运营意见和需求等工作程序；会议对接机制主要包含了设计联络会、设计回访会、建设运营对接会等，通过不同类型会议，协商、决策相关意见、需求；归口管理机制方面则明确了运营单位内部需求管理具体要求，如物资管理部门要统一归口管理运营单位内部物资相关需求，教育培训部门负责练兵线、培训设施设备、培训教室配置等方面需求管理，最后均由新线筹备管理部门统筹管理，统一出口对接。

（五）制订工作计划

轨道交通工程建设一般可以分为工程准备、工程实施、验收接管、联调演练等四个阶段，以工程准备阶段为例，工程准备阶段包含了规划、工可、总体、初步设计以及施工图设计等工作内容。在该阶段组织运营人员介入，主要是与设计管理部门的沟通对接，形成以设计文件为载体的运营需求管理计划。一方面是运营人员充分参与各阶段设计文件送审稿的流转、会审，提出运营意见、建议。如工可阶段，运营人员应根据线路运营经验，对工程可行性报告运营相关章节内容提出修编意见，并参加工程可行性研究报告交流和专家评审会。另一方面运营人员搜集相关需求，在合适的设计阶段反馈运营需求，进而落实到设计工作中去。郑州地铁发布“十三五”建设规划后，运营单位按照线路、专业，编制了“十三五”规划各线路设计文件、设备采购招标文件流转表，每条线路涵盖了工可、总体设计、初步设计以及19个专业的设计文件（图纸）介入计划，确保介入工作中线路全面、专业。另外计划实施过程中要注意动态调整。

（六）成果巩固与归档

不管是在已开通线路运营期间不断总结归纳的经验教训，还是运营人员分阶段介入新线建设发现的问题，及时总结提炼，形成可复制可借鉴参考的过程资料、成果文件至关重要。郑州地铁逐步建立了完善的需求标准体系、案例汇编系列等，其中《郑州轨道交通工程设计运营需求标准》自2015年下半年发布以来，已更新至第四版。

四　运营需求管理总结与思考

运营介入新线建设是一项全程参与轨道交通工程建设的复杂工作，对建设单位、运营单位要求很高，尤其是运营单位在组织介入的具体策划和实施方面，须关注和提高的内容很多，除上述内容外，还需要做到以下几点。

（一）加大介入人才队伍培养力度

在介入机制不断完善的前提下，需要依托介入队伍高质量地开展相应的工作。随着地铁线路开通数量增加、新技术推广应用，对运营需求管理的全面性、权威性等方面都提出了更高的要求，同时行业技术装备水平不断提高，人才队伍培养和业务技能提升已成为运营需求管理的重点。

（二）不同阶段运营需求管理的侧重点要动态调整

各城市地铁规划建设规模不断加大，从首条线开通，逐步过渡到多线路运营、网络化运营，不同时期运营关注的内容要实时调整，尤其是涉及网络化运营、资源共享等内容，需要专题研究，合理决策，才能获取新线开通后高品质运营的最优解。

（三）树立“建设为运营”的建设理念

城市轨道交通工程是服务大众的，工程建设应以运营目标及服务需求为导向，立足提升运营品质，开展规划、设计、施工安装等工作，从源头提升建设品质、施工工艺，高品质运营才是轨道交通工程的价值体现。

五　结语

运营需求管理具有时间跨度大、涉及专业多、策划组织要求高等特点，行业内并无统一标准规范可参考借鉴，各城市地铁单位均有不同的做法和尝试。今后还有很多问题需要研究，如有不足之处，可做进一步分析探讨。

B.12
深圳地铁车辆智慧运维及其应用

侯文军*

摘　要： 以“智慧列车＋智慧监测＋智慧检修”构建深圳地铁智慧车辆系统，依托车地无线传输技术、云平台、大数据挖掘和智能检修设备等技术，达到实时在线故障诊断报警、故障趋势预测、部件全寿命状态维修管理、机器化检修等目标，并与EAM系统、信号、隧道等跨专业运维数据融合，实现大数据管理。

关键词： 地铁车辆　智慧运维　智慧列车　智慧监测　智慧检修

一　背景

随着信息产业的快速发展，“互联网＋”、大数据、云计算、云存储、物联网等技术在各行业中得到充分运用及验证，这为传统轨道交通行业技术升级提供了可能。

国家“十三五”规划重点提出对先进轨道交通技术的专项研究。在2017年上海轨道交通高峰论坛，行业专家对轨道交通运维智能化与健康管理进行了深入专题探讨，认同智慧运维是今后轨道交通行业发展方向。

轨道交通运维具有专业技术复杂、科技含量高、安全要求高等特点，且轨道交通需要连续运营，其设备巡检、维护试验、备品备件、物资储备等诸

* 侯文军，高级工程师，深圳市地铁集团有限公司运营总部副总经理。

多环节都必须高效、有条不紊地运作。目前运营单位普遍采用人工巡检、纸质或电子记录、人工分析为主的工作模式，效率低、成本高等缺陷日益显现，整体运维体系的变革迫在眉睫。

二　国内外轨道交通行业智慧运维现状

国内外轨道交通行业智慧运维处于探索阶段，名称不同，范围有差异，但鉴于地铁车辆设备的特点，行业内智慧运维绝大部分案例会首先在地铁车辆上实施。

日本、法国、英国等正对地铁车辆的智慧运维研究进行尝试，在检修管理方面基于现代管理理念，重视数据采集与分析，依托先进的计算机网络，把相关岗位人员密切联系在一起，整体考虑运用和维修一体化管理的业务需求，通过开发车载控制管理信息系统实现，集成了强大的状态监测和故障诊断系统，检修基地与调度中心、车辆厂家等信息交互，实现地铁车辆运用维修产业价值链高效联动。

香港铁路综合管理系统开发始于 1998 年，积累了较为成熟的信息化经验，实施 3 年就降低地铁车辆维修成本近 4 亿元，同时又使工作质量和效率大幅提升。

2017 年，上海地铁维护保障有限公司、上海地铁信息中心与中车长春轨道客车股份有限公司、中车青岛四方车辆研究所有限公司联合，以 14 号线建设项目为依托，开展“城市轨道车辆数据智能监测与应用示范工程”，共同建设开发集设计制造、运用维护、检修改造于一体的应用平台及示范列车。上海地铁同时与中车株洲电力机车有限公司以上海地铁 1 号线为依托，开展“司机驾驶行为评估系统”的设计与研发，拟在大数据应用的基础上，对司机驾驶行为进行评估，在其考核、培训等方面提供建议。

北京地铁以燕房线为试点，探索建立一个集信息集成、集中管控、安全防护、智能决策于一体的综合自动化车辆段的检修管理系统，实现地铁检修的智能化，提高车辆段的管理水平，降低检修和管理成本，提高工作效率。

三　深圳地铁车辆智慧运维总体规划

深圳地铁车辆智慧运维系统将车辆各子系统健康管理数据、地面检修维护数据和车辆状态监测数据通过智慧运维平台进行融合，再结合资产管理系统和运营统计分析系统等管理系统的相关统计基础数据，搭建出“智慧车辆＋智慧检修＋智慧监测”的车辆智慧运维大数据平台，运用大数据挖掘和机器学习等技术手段，完成维修时机建议、备件库存优化、修前自动分析等功能，实现部件全寿命状态维修管理。车辆智慧运维系统最终对接运营总部智慧运维平台。

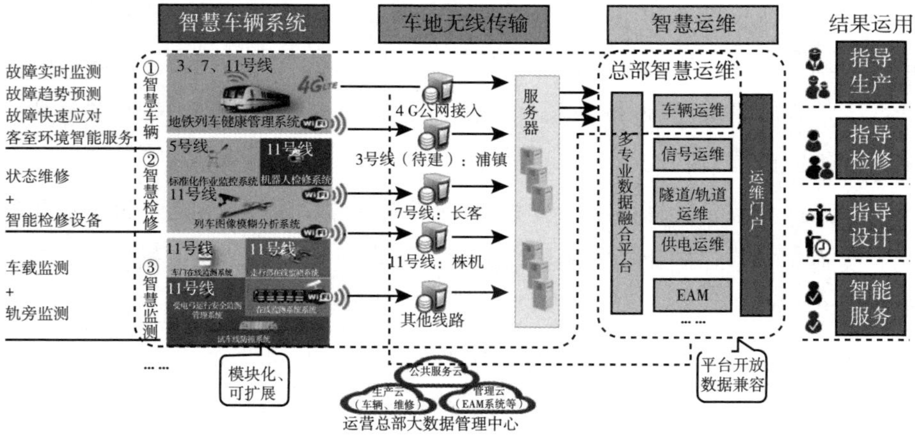

图1　车辆智慧运维平台框架

（一）智慧运维系统组成及特点

智慧运维系统包含智慧车辆、智慧检修、智慧监测三大板块，把车辆实时信息、地面检测信息、监测信息的数据融合，实现大数据分析与应用，完成车辆的健康管理、作业标准智能化和车辆重要系统在线监测功能。

1. 车辆智慧运维实现“智慧车辆、智慧检修、智慧监测”三个子系统数据的整合

建立面向产品全寿命周期和覆盖完整运维业务链的地铁运维数据融和平台，实现地铁运维数据沉淀，充分挖掘地铁运维数据的价值，实现地铁运维模式从故障维修、计划维修向状态性维修转变，提升安全运营保障能力。

2. 车辆智慧运维系统具备无限扩展及数据兼容功能

可以随着技术不断发展，将新技术应用到车辆、轨旁在线监测中，并将其数据融入智慧运维平台中。

3. 智慧运维系统能与总部的智慧平台存储共享

达到数据中心大数据统一存储、集中管控、数据分析技术统一。

（二）实施路线图

规划五年完成，分三个阶段实施。

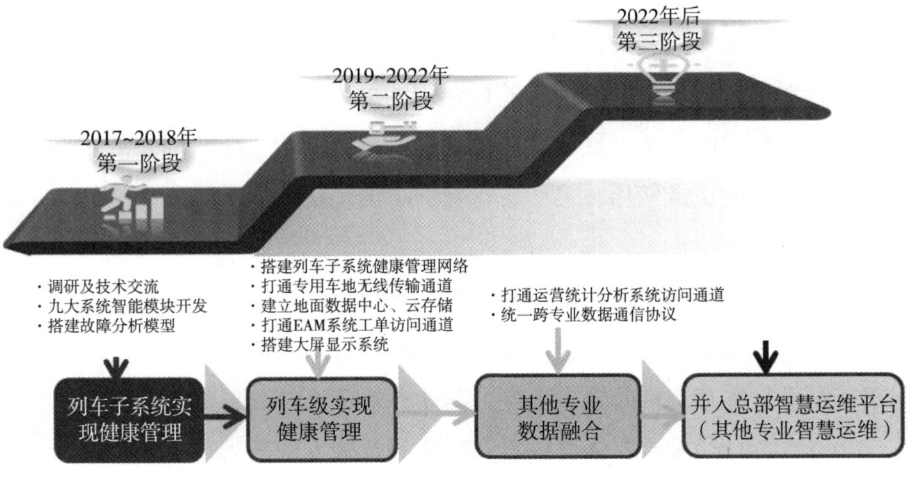

图2　技术方案实施规划

为保障车辆智慧运维系统功能的扩展、技术升级的可持续性，在总体设计时充分考虑了与运营管理云平台、车载设备之间关系，同时对系统扩展性

及兼容性特别予以关注。

技术方案以用户需求为导向设计，规划了运营管理云平台及大数据中心的接口，并接入运营管理云平台，实现资源整合和共享，具备兼容各类车辆健康系统的能力。智慧运维系统实现对深圳地铁各线车辆、监测系统数据的一体化管理，并与深圳地铁资产管理系统进行对接，满足车辆中心日常“运、检、修”全链条的管理需求。

车辆智慧运维系统与智慧车辆实现信息交互，每列智慧车辆配置一套健康管理系统，车载智能中心作为其核心部件，能够对车辆及各子系统数据进行实时采集、存储、故障诊断和分析预测，具备实时将以上数据通过车地无线传输至智慧运维系统。

具备较好的扩展性和兼容性，软件采用接口标准化设计，形成标准化接口协议，具备多类型数据接入，可以集成不同软件供应商的产品，保证系统的软件管理、系统扩容和业务维护不依赖于单一厂商产品；软件开发采用主流语言，兼容所有结构化数据库、显示器、服务器；涉及的软件接口协议和二次开发平台应统一规范并全面开放。在项目竣工验收前，提供完整的项目开发设计文件及接口和二次开发平台的源代码；允许第三方供应商在自己容器中进行数据挖掘分析，系统对挖掘结果的准确率等指标进行评估，促进第三方供应商之间的竞争；硬件采用模块化的框架结构，单一模块的更新等不影响其他模块的正常使用，灵活支持新需求的扩展，以满足新线、新车扩容需求。

第一阶段确定的具体项目包括以下几个。

①11 号线搭建智慧运维显示大屏，同时选取 11 号线 2 列车、8 号线 1 列车新车进行智慧车辆改造、研制，其中车辆子系统具备健康管理。

②选取 3 号线横岗车辆段进行车地无线传输系统部署。

③6 号线、10 号线车辆健康管理系统数据接入智慧运维平台，并研究工程车健康管理方案。

④与总部内其他专业数据实现融合、共享。

⑤车辆智慧运维系统并入总部智慧运维平台。

（三）车辆智慧运维子系统

1. 智慧车辆

实现地铁车辆上九大车载关键子系统实时在线故障诊断报警、故障趋势预测等健康管理，达到对部件可靠性客观评价、改进车辆设计、指导车辆 RAMS 管理、运用情况反馈供应商，主要体现在以下几个方面。

（1）车辆多系统数据融合

车辆 TCMS 数据与具备智能监控子系统生成的监控数据间实现融合。

（2）车载数据集中存储、传输

确保车载数据统一格式、地址、时间存储；高速、智能、安全传输。

（3）九大车载关键子系统健康管理

包括走行部、车门、受电弓、牵引、制动、空调、火灾报警、照明、PIS 等 9 个车载子系统健康管理，及部件实时故障预警、亚健康诊断、部件寿命状态预测，构成车辆子系统健康状态管理，最终实现系统部件全寿命周期管理。

（4）正线分级安全管控和快速应对

对于正线发生的车辆故障，通过自身的智能控制设备实施故障智能处理，若处理无效，给予司机必要的故障处理指引提示，通过监测系统实时将故障现象在 DCC、OCC 进行显示，实现故障快速、分级响应。

（5）乘坐环境智能调控

通过智能监控设备根据拥挤度实现客室车厢温度、广播音量等智能调控。

（6）部件可靠性客观评价

通过智慧运维系统对工单中的部件故障情况分类统计、数据深度挖掘，可以实现对部件的统计分析，进而实现对供应商评价，为车辆设计质量改进提供指导依据。

2. 智慧监测

侧重与车载在线检测系统、轨旁在线检测系统多层次的数据融合，实现以车辆为中心的大数据挖掘和建模等，构建车辆全方位的健康管理。主要体现在以下几个方面。

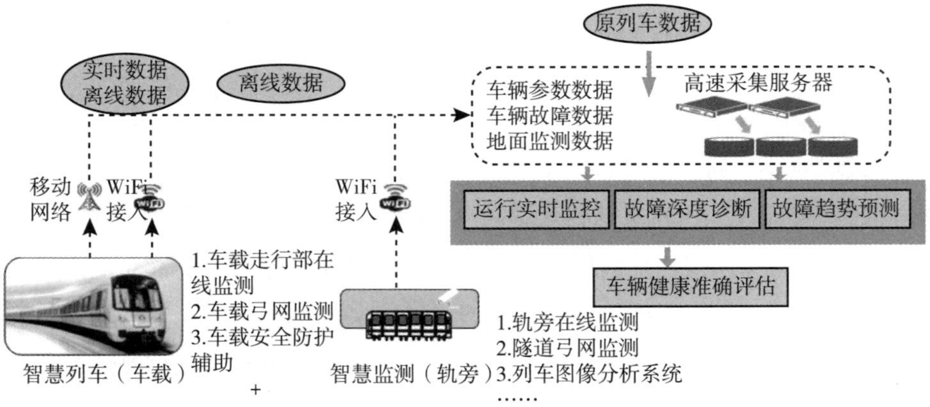

图3　智慧监测示意

（1）轨旁走行部在线监测

主要包括车辆走行部部件的监测。具体包括轮对失圆、轮对尺寸检测、轮温、轴温、制动电阻温度等检测功能。

（2）轨旁受电弓在线监测

能对车辆受电弓姿态、碳滑板尺寸、部件缺失、拉弧状态、部件温升、接触网部分参数等实时监测及数据回传。

（3）车辆图像分析系统

对车辆可视关键部件动态监视，由车底走行部、车顶、车侧三部分组成，通过“图像线扫技术”、“图像特征分析”和“模式识别技术”等多种技术手段，实现车辆外观关键可视部件变形、异物掉落、部件缺失等日常检测分析，指导检修人员进行检修作业，提高工作效率，同时为实现车辆状态修提供依据。

3. 智慧检修

实现检修作业机器人化及人工机器化，采用先进技术实现标准化作业、智能化过程控制，取代部分人工检修，大幅提高作业效率，提高车辆常规检修质量。

（1）标准化作业系统

开发智能手持终端和数据管理后台，利用 AR 技术、人工智能技术、移动通信技术等，辅助传统的人工巡检方式，实现巡检任务信息化分配；对检修工人轨迹追踪；对检修质量进行监控；实现过程控制、报警和事后追溯。

后期通过人员行为分析及调整，改善检修质量。

（2）无人机器检查

结合视觉线路规划、图像分析技术，应用于地铁车辆车顶受电弓检修，消除车顶作业人员触电、高空坠落隐患；无须接触网断电，替代人工进行受电弓外观检查，大幅提高作业效率。

（3）机器人检查

采用视觉引导技术，应用于地铁车辆车底检测、车体轮廓线探测，消除地沟作业人员撞伤刮伤隐患；提高发现异常准确性，杜绝人员失误导致检修质量不可控。

（4）架大修自动化生产线

打造车辆部件自动化流水线，降低劳动强度，提高生产效率和维修质量，设计专用工装夹具和传输工具取代或大幅减少使用移动升降平台、天车等作业工序；将现场目视化、防呆防错措施、生产信息化、岗位可视化标准操作指引等元素融入作业工位，实现作业质量可控可追溯。

（5）智能物流系统

解决以下仓储管理问题。

①流程冗杂，效率不高。

②体量庞大，统筹管理不足。

③管理粗放，细化管理不足。

④作业原始，信息化程度低。

⑤数据浪费，业务支撑数据不足。

通过智能物流系统可实现物料的自动上架和下架、仓储存货信息化管理、物料配送控制及生产现场的物流联动、最低量自动预警、管理可视化等，并且通过对管理流程各个环节信息的自动采集，完成对库存情况实时掌握、数据分析及物流过程全方位管理，与自动化生产模式的互联互通，实现仓储管理模式从事后管理转变为事中管理、实时管理。

（6）跨专业数据融合

实现车辆、轨道、供电、信号、生产设备等五大地铁专业的运维数据高度融合互用，多维度验证各专业系统部件状态，促进各专业系统自我调节及接口良性匹配。地铁运维业务链的数据融和平台，实现地铁运维数据沉淀，充分发挥地铁运维数据的价值。

（7）状态修

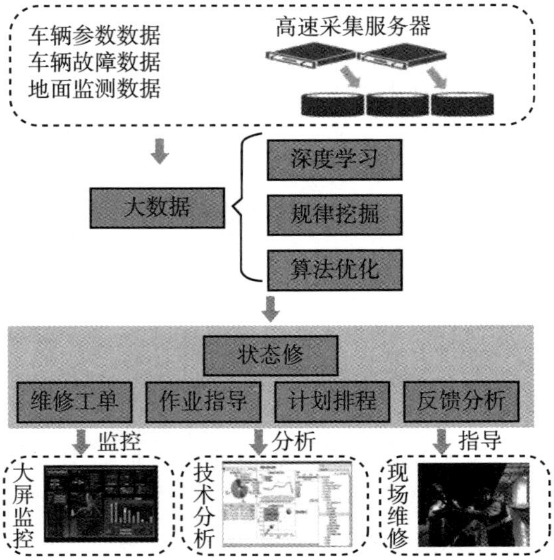

图4　状态修示意

通过地铁车辆智慧运维数据挖掘、多维算法优化等成果应用，实现从一线检修到二线架大修的全寿命状态维修。能做到自动派单、维修时机提供建议、备件库存优化、修前自动分析等高效的生产运作模式。

四　车辆智慧运维应用

目前深圳地铁11号线车辆已安装1列车智能门控器、走行部在线监测、受电弓在线监测，正线安装轨旁走行部和受电弓在线监测，数据通过4G回传至智慧运维服务器，服务器已与资产管理系统和运营统计分析系统对接。

（一）智慧运维平台搭建

实现车辆运营表现、检修管理、状态监控等统计分析功能。

以上结果通过大屏显示，具体有：全网车辆服务可靠度、晚点情况统计、车辆中心工单情况统计、车辆屏界面以及列车走行部和车门系统部件状态和寿命评估，后续将按照规划逐项完善。界面如图 5 所示。

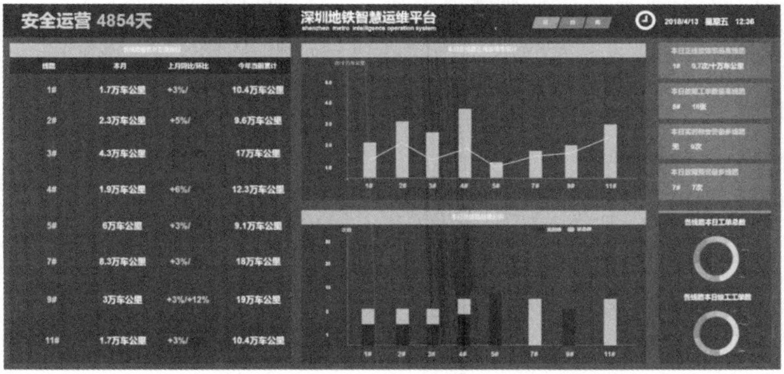

图 5　智慧运维系统大屏显示界面

（二）实际应用案例

1. 轮对尺寸代替人工测量

7 号线、9 号线、11 号线车辆段内出入段线已经安装轮对尺寸检测设备，当列车通过时可以精确测量出轮对的轮径、轮缘厚度、轮缘高度、内侧距、径向跳动等相关尺寸，其中轮径、轮缘厚度、轮缘高度测量精度为 ±0. 3mm，内侧距测量精度为 ±0. 5mm，经验证精确度达到检修要求，正在着手开展采用此设备替代人工测量，以节约人工成本。

2. 受电弓滑板尺寸测量指导更换

通过在线监测系统检测出受电弓碳滑板厚度，当超过最低厚度数值时，发出故障报警信息，尽快安排更换超标碳滑板，其中滑板厚度测量精度为 ±0. 5mm，弓头尺寸偏移量测量精度为 ±3mm，测量精度均达到检修要求，保证了不失修、不过修，同时为研究磨耗规律提供依据。

3. 检测数据确认轮对失圆故障

2017 年 11 月至 2018 年 11 月间，11 号线轨旁在线检测系统已经诊断出 23 起列车轮对失圆故障，经手动测量得以确认失圆，安排镟轮后故障消失，大大改善轮轨关系。

4. 牵引电机轴承振动数据判断轴承故障

走行部在线监测系统曾检测出 2 号线列车轴承电机批量故障，经返厂分解电机发现轴承滚子剥离严重，目前已经完成全部 2 号线一期列车电机非驱动端轴承更换，避免列车正线电机轴承固死等恶性故障。

5. 数据分析结论

深圳地铁 2 号线 208 车共 16 台电机非动端轴承，分析结果如下。

（1）5 台电机非传动端在滚子故障信息，建议分解；

（2）11 台电机传动端存在滚子故障信息，建议跟踪。

表 1　在线监测系统检测出电机轴承故障

轴号	结论＼车辆号	2082	2083	2084	2085
1 轴	电机非传动端	存在轴承滚子故障信息，建议跟踪	存在轴承滚子故障信息，建议跟踪	存在轴承滚子故障信息，建议分解	存在轴承滚子故障信息，建议跟踪
2 轴	电机非传动端	存在轴承滚子故障信息，建议跟踪	存在轴承滚子故障信息，建议跟踪	存在轴承滚子故障信息，建议跟踪	存在轴承滚子故障信息，建议跟踪
3 轴	电机非传动端	存在轴承滚子故障信息，建议跟踪	存在轴承滚子故障信息，建议分解	存在轴承滚子故障信息，建议分解	存在轴承滚子故障信息，建议分解
4 轴	电机非传动端	存在轴承滚子故障信息，建议跟踪	存在轴承滚子故障信息，建议跟踪	存在轴承滚子故障信息，建议跟踪	存在轴承滚子故障信息，建议分解

通过众多先进的监测设备，可以提前精确诊断出部件故障，结合大数据挖掘分析，能实现对各种修程、修制优化分析，推进修程延长，真正实现状态修，达到节约人力成本和降低物资消耗、降低运营成本、推动地铁车辆维保体制变革目的，实现经营地铁目标。

五 小结

通过对国内同行业智慧运维调研，发现国内智慧运维均停留在将列车原有的故障数据或显示界面在地面终端实时展示出来，未对系统进行健康管理以及对列车数据深度挖掘和利用，并未实现真正意义上的车辆智慧运维。

我们坚持以“用户需求为主导，让数据产生价值”为宗旨，推动开展地铁车辆智慧运维系统的建设，有利于提高装备水平、提升装备状态感知能力、优化全寿命管理模式，助力智慧运维发展，最终实现状态修，降低运营成本，推动地铁车辆维保体制变革，从“运营地铁”向“经营地铁”转变，为轨道交通行业发展做出贡献。

B.13
以安全管理体系的完善促进地铁运营高质量发展

张建平 *

摘　要： 安全是地铁运营企业高质量发展的基础，本文以南京市轨道交通运营企业为例，简述了安全管理体系适应线网发展、保障地铁运营高质量发展的演变和完善过程，并介绍了轨行区及防汛管理实践案例。

关键词： 安全管理体系　轨行区　防汛　地铁

地铁是国家反恐怖防范一级重点单位，因其空间密闭、人员密集的"双密"特点，被列为消防三危行业（石化、高楼、地下）之一。据不完全统计，全球地铁、铁路、公交的历史安全事件，仅 2018 年 1 ~ 2 月即发生 46 起，其中地铁行业 30 起，占 65%；国内 19 起，占比 41%，包括火灾 3 起，结构塌方 3 起，列车脱轨 2 起，以及自然灾害、高空坠落、列车冲出限界、道床伤亡、道岔故障、供电故障等。地铁运营是一场只有起点、没有终点的马拉松，具有"三高五性"特征，即高风险、高责任、高压力以及复杂性、长期性、重复性、艰巨性、持续性。运营必须安全，运营安全是一场危机四伏看不见硝烟、收不到鲜花、听不见喝彩的持久战，轨行区安全、消防安全、反恐怖防范和施工安全"四座运营安全堡垒"影响着运营的昨天、

* 张建平，研究员级高级经济师，南京地铁集团有限公司党委委员、副总经理，南京地铁运营有限责任公司党委书记、总经理。

今天和明天。轨道交通运营企业的主业就是保民生，使命就是保畅通，南京地铁以运营安全管理体系的逐步完善，促进企业“稳、进、好”战略目标和高质量发展的实现。

一　以“四步走”战略引领高质量发展

南京是全国第六个开通地铁的城市，目前10线运营、378公里运营网络，规模暂居全国第四，率先实现行政区域轨道交通全覆盖，日均客运量约320万乘次，用11年时间成为南京市客运市场第一主力军，占南京市公共交通出行总量的55%。2018年，南京地铁运营践行“四步走”战略，赋予地铁运营高质量发展更多时代内涵。

1. 总结提炼“654321”高效打法，践行“四步走”战略，引领运营高质量发展

按照中央提出的“创新、协调、绿色、开放、共享”五大发展理念，经过“单线、多线、网络”三个发展阶段，坚持“三个转变”，即高速发展向高质量发展转变，单一服务向综合服务转变，运营地铁向经营地铁转变。在围绕运营企业的生产、经营、管理、融资、改革、发展、稳定、创新等八项任务的管理实践中，把握运营发展脉搏并逐步总结“654321”高效打法：打造六星企业，即业绩优良、安全稳定、设备精良、服务优质、管理精益、品牌知名。完成五项使命，即成本控制、服务水平、运维质量、运营效率、保证能力。实施“四步走”战略，即走下去，行稳致远可持续发展；走进去，以实现功能性位移到情感互动，再到占领心智；走上去，做强核心竞争力，成为行业有影响力、有竞争力的品牌运营商；走出去，实现管理输出，扩大品牌知名度。确定三个定位，即安全、服务、效益。守住两个稳定基本面，即对内职工队伍稳定和对外运输生产稳定。坚持一条高质量发展主线。

2. 正确认识安全、设备、服务三者在高质量发展中的关系

围绕做强、做优、世界一流的愿景目标，以提质增效、管理提升为中心，以安全第一、稳定第一为原则，实现改革再出发、发展高质量。从运营

安全的角度，地铁运营的从业者生存在昨天、今天和明天这“三天”里，即回忆昨天的平安，如释重担；保障今天的稳定，如履薄冰；思考明天的安全，如临深渊。

地铁运营需要“三点”发力，齐头并进，突破关系民生的热点、管理上的痛点和技术上的难点，驾驭好“三驾马车”，即安全是基础、设备是保障、服务是主体。“安全行”才能步步为营，“安全毁”如同工作断了腿，“设备精”才能平安出行，“设备垮”好比冬天里一盆冷水身上洒、海上行舟没了筏、摩天大楼要倒塌；“服务优”赢得万千客流，“服务损”则品牌缺水准、形象毁于瞬、就像前线被围困，必须全力以赴、决一胜负、决不停步。目前，南京地铁运营公司逐步构建了稳固的安全管理体系，通过了国家安全生产标准化一级企业考评，承接的两项交通运输部安全管理课题“城市轨道交通网络化运营安全风险防控与示范”“城市轨道交通运营安全隐患排查规范”顺利通过验收。

二　完善安全管理体系，筑牢“四步走”战略和高质量发展根基

城市轨道交通运营安全是不折不扣的易碎品。截至 2018 年 12 月 31 日，南京地铁已安全运营 4868 天。从单线、多线到网络化运营，十余年的实践，南京地铁逐步摸索和形成了一套运营安全管理体系，包括安全标准化、责任制和工作机制的“一化两制”，生产、公共、信息、廉政“四类安全”，轨行区、消防、反恐怖防范、施工、行车、设施设备、信息、用工、人身、食品等“十项安全防控模块”，以及配套的风控机制。

1. 安全管理体系建立背景

线网规模快速扩张。2005 年 9 月开通 1 号线单线运营，2010 年开始两条线多线运营，2014～2018 年四年内开通八条线跨入十线网络运营，通车里程三级跳，率先在国内实现行政区域区区通轨道，点多、线长、面广、量大是地铁网络化运营的最基本特点。同时，城市公交市场占有率实现颠覆。

2018 年 8 月，地铁在南京市的客运市场分担率达到 59.14%，与公交相差 18 个百分点，全年在 55% 以上。

高速度新线建设、高效率新线筹备、高水平新线开通，伴随的是地铁安全管理体系相对滞后。南京地铁运营公司 2003 年成立，就像一个十五六岁的大男孩，个子长得高，块头也不小，但心智还没完全成熟。隐患就像黑夜里马路上的坑、战场上的雷、丛林中的陷阱。企业发展飞快，管理没有完全跟上。

2. “一化两制”夯实安全管理体系基础

“一化两制”即安全标准化和责任制、工作机制。南京地铁 2015 年通过了国家级安全生产标准化一级企业考评，并按要求逐年复评。在安全标准化逐年达标的同时，一方面，安全生产责任制重点厘清主体责任、监管责任和属地责任，各级各类安全岗位职责更加明确，拉出一张责任清单落到底。在执行层面，建立和完善从党政主要负责人、分管安全生产负责人、公司其他副总、安全生产部门负责人、其他职能部门负责人、分公司主要负责人、班组负责人、外派和劳务派遣人员等各个岗位的安全管理责任。另一方面，安全生产工作机制突破性形成风险识别和隐患排查“双预警”；系统性完善了安全方针、安全承诺，内部各类制度、规范及应急预案体系化；系统性强化了危险源管控能力，依托危险识别小组及风险评价小组，全面识别危险源，评价风险等级，制定控制措施和安全指标。

3. “双预警机制”突出“预防为主”

风险识别预警机制业内领先。2018 年 6 月，南京地铁运营公司承办的交通运输部建设科技项目“城市轨道交通网络化运营安全风险防控与示范”验收会议在南京召开，专家组一致同意该项目通过验收，并认为：主要研究成果已达到国际先进水平，具有广阔的推广应用前景。其中的主要成果“两系统一平台”，即“城市轨道交通客流异常状态识别与预警系统”“城市轨道交通运营安全监测与风险管控系统”“城市轨道交通可视化应急联动指挥平台”系统软件，对提升安全管控水平具有较高的使用价值；“两手册一指南”，即“城市轨道交通网络化运营安全风险辨识手册”“城市轨道交通网络化运营安全应急预案操作手册”“城市轨道交通网络化运营安全风险评估技术指南”，为编制城市轨道交通网络化运营安全风险防控标准奠定了基础。

隐患排查预警机制填补空白。2018 年 12 月，全国城市客运标准委员会在贵阳召开交通运输部行业标准《城市轨道交通运营安全隐患排查规范》审查会议，南京地铁为此标准第一承接单位。审查专家组认为：该标准具有较强的操作性和实用性，适用于城市轨道交通运营安全隐患排查工作，一致通过标准审查。项目组结合南京地铁 2017 年立项以来的故障统计数据展开调查分析，得出南京地铁运营的故障数量、故障等级、事故数量、事故等级都呈逐年递减的趋势。该标准的研究，不仅对南京地铁安全隐患排查治理工作提供了具体、系统的支撑，还对全国城市轨道交通运营安全工作具有较强的示范性和推广性。

风险和隐患行动指南“九字诀”，即严、细、实，快、准、狠，高、大、全。从严，风险和隐患就是事故，事故必须处理；从细，关注落地，强调预想、预判和预案的适用性、实战性；从实，落实事故管理“四不放过”。要快，风险隐患不能等，发现问题立即整；要准，精准到位；要狠，果断有力，实现反应要迅速、训练要有素、处置要又快又好。着眼更高，举一反三，以高标准、高起点、高水平、高科技，保证整改提升的广度、深度、高度、力度；着眼更大，防大寒、防大雪、防大汛、防大雾、防大风、防大暑；着眼更全，全员、全覆盖、全过程，不留死角、不留盲区、不留空白。

4. “四类安全”切中当前运营安全痛点

以“四类安全”保持总体安全稳定基本面。一是生产安全。具体来看，主要涵盖各系统设备和员工操作技能，重点防范人的不规范行为和物的不正常状态。二是公共安全。暴恐事件、独狼式恐袭的压力，隐藏在每天 320 万的客流中，安检质效和警地联动处突是日常重点强化工作。三是信息安全。需保障数十个应用系统、百台服务器、千台交换机、TB 级海量数据运行；移动支付投用后，票务系统从封闭转为开放，接口及网络安全状态愈加脆弱。四是廉政安全。配合政府部门外部审计、实行企业内部审计，发挥审计在查错纠弊、决策支持方面的作用；开展嵌入式监督试点，将反腐倡廉具体防控措施嵌入业务制度和流程中，保障企业业绩优良、干部优秀、工程良好、干好不倒。

5. “十项防控模块”基本覆盖当前运营安全重点

一是轨行区安全，明确工务专业的主体责任，负责全部轨行区的归口管理，在本文具体案例中重点介绍。二是消防安全，重点对既有线和已接管新线车站内禁烟禁明火，严格易燃易爆物品管理，严格站内动火作业管控。三是防恐怖防范，已经组建安检服务子公司，建立安检规范和标准，倒逼民营安检公司提升水平。四是施工安全，侧重轨行区施工违规防范机制和施工物料清单确认机制。五是行车安全，对列车开行过程中的安全隐患和风险源全面管控，对道岔、进路、限界和区间状态进行确认，人防技防相结合。六是设施设备安全，建立设备“五保”机制，即保卫、保养、保温、保洁和保稳，实践“三度两树一复盘”工法，即设备房管理的温度、湿度、整洁度，故障树和事故树原因分析，注重实战演练复盘。七是信息安全。根据国家法律法规，所有信息系统（包括生产系统和办公系统）均在实施公安部门等级保护的定级、备案和取证。八是用工安全，着重于劳动合同、职业资质、安全教育证明、保险措施的完备性。九是人身安全，一方面是对全体员工的安全防范教育培训，另一方面是防护物品和制度的不断完善。十是食品安全，万人企业食品安全涉及稳定大局，健全食品安全认证体系。其中，轨行区安全、消防安全、施工安全和恐怖防范是地铁运营必须攻克的“四座堡垒”。

6. 针对防控的20类风险是对运营安全管理的递延

见木还要见林。地铁运营有看得见的风险，更有看不见的风险，在一化两制、四类安全、十项模块基本构建成运营安全管理体系后，把运营安全递延至整个生产和经营层面，识别和细分二十类安全风险并建立防控机制，顺应规模扩大化、风险多元化的现实状况。战略、运营、财务、法律和市场五类风险为一级风险；结构、行车、施工、票务、环境、采购、用工、廉政、公共安全、食品卫生、消防、舆论、决策等十五类风险为二级风险。首先，通过识别和评估，制定风险与内控管理办法，列出风险清单及风险评估清单；明确了 5 个一级风险源、161 个二级风险源、161 个三级风险源。其次，基于分析，梳理核心业务流程，细化、滚动扩充并覆盖控制层面与业务层面的风险管控体系；最终形成内控手册。

三 源头管控、多措并举和文化渗透，保持安全管理体系持续有效

1. 抓住安全四个源头，实现正本清源

安全源于设计。设计中的1个缺陷，往往带来生产制造环节追加10倍投入，运维中100~1000倍额外成本和精力。对新线有效的设计介入，推动新技术在新线路的运用，可使新线问题锐减。安全源于制造。车辆生产制造、调试验收现场参与监督，老线车辆已出现的问题坚决杜绝。安全源于管养。持续完善设施设备大中修、列车大架修修程；及时调整结构监测业务运营主体，由资源经营性转为安全运营性；强化对前沿技术及趋势的把握，以及对兄弟同行好做法和先进想法的掌握。安全源于责任。不抓人员稳定是失职、不抓设施设备稳定是渎职，安全管理责任制的核心是落实主体、属地和监管单位责任，重大节点实施相应保障、落实“三查”，即各单位自查、职能部门检查、外部专家巡查。

2. 提升“三基五力”，推行安全六项举措

侧重基层、基础、基本功，分层级对风险识别能力、隐患排查能力、现场处置能力、问题整改能力以及洞察预判能力系统强化。六项具体举措：固基强安，冬季和夏季均有不同的“四防”特征，把握季节特点；“冰冻雪雾霾，风雨雷电暑”十种恶劣天气针对防范；结构安全是地铁运营最大的安全，逐步建立轨行区安全标准化，实现轨行区环境标准化、设备标准化、作业标准化，建立轨行区隐患排查机制和保护区巡查机制，实施轨行区防护围栏隐患排查整改、轨行区隐蔽空间整治、高架护栏板和声屏障专项排查等；组织长大区间轨行区风险专项评估，对辨识的七类风险源进行预防管控。科技兴安，加装列车防撞、光纤振动安防系统等；试点智能安检辅助系统，图形对比避免人为漏检；试点AI+安防、AI+巡检，以及工业机器人运用等

智能化项目。文化促安，构建和突出安全文化体系，使安全工作不仅有血有肉，更有灵魂。投入保安，风险识别、隐患整改、问题化解、实训基地、安全奖励等，资金制度化落实到位、投入到位、单独造册。人才助安，2018年起，每年培养一定数量的国家级注册安全工程师。依法治安，安全检查“四不两直”，公司层面安全和设施设备检查以及重大节点督查，对应考核与问责，树立高压线，触线立惩、越线必罚。

3. 把运营安全文化浸润至“细胞体”中

班组是运营安全的落脚点，一个班组就是一个“细胞体”。每个“细胞体”是具有自我学习、自我组织和自我创新三大“新陈代谢”特征的基层单元。使运营安全意识和行为对“细胞体”持续浸润，让基层员工入脑入心更刻骨铭心，既靠血淋淋的事故教训，更靠安全文化的全面渗透。公司层面确定安全口号、行动指南后，各专业结合特点，将安全文化向“细胞体”渗透。例如：乘务班组的安全观——列车一动、安全为重；站务班组安全口诀——高峰上站台，工具带上来，思想不懈怠，处突好又快。专项工作方面，班组防汛专项指导原则——挡洪、排涝、导水、联动；班组设备故障处置原则——三度两树一复盘（温度、湿度、整洁度 + 故障树、事故树 + 演练复盘）等，已基本覆盖日常生产环节，让企业从高层到一线班组，始终牢记安全四个一：脑中紧绷一根安全“弦”，心里多上一把安全“锁”，眼睛戴上一副安全“镜”（放大镜、显微镜），手上高举一把安全“剑”（达摩克利斯之剑）。

四 实战案例介绍

（一）轨行区及轨行区施工安全管理

2018 年，南京地铁全线网轨行区发生的人员侵入、设施设备（异物）侵限、违规作业等各类安全事件共计 15 起。轨行区始终是地铁运营安全管理的重要场所、重点区域、重要环节。

1. 加大轨行区安全管控力度

一是提高施工安全保证金额度与违规作业处罚标准。其中，保护区配合项目单列，按照对地铁影响程度的不同分别收取安全保证2万~10万元不等。同时针对未按规定请销点、违反用电管理规定、未按要办理动火手续、擅自越区作业等11项违规作业提高了处罚标准。二是提高施工负责人培训周期与标准。

2. 建立轨行区安全三级督查机制

公司层面修订《轨行区安全检查管理规定》，明确轨行区安全日常巡查、专项检查、公司督查三级机制；各分公司建立完善业务范围的专业检查、巡查、抽查机制。

3. 开展轨行区设施设备图片化管理

一是编制全线每个区间轨行区设施设备电子档、书面化图册。形成《轨行区设施设备统计表》《轨行区设施设备一览图》。二是强化施工巡检人员有关轨行区专业设施设备培训，提高培训目的性、效果性。截至目前，经梳理纳入排查范围的设备包括以下几个。

（1）人防门

共计265樘（其中16樘兼具防淹门功能）。前期排查时，曾发现部分开通时间较长线路的人防门出现了局部锈蚀，个别人防门附属密贴板脱落等问题。

（2）区间联络通道防火门

共设置联络通道防火门716樘。前期排查时，曾发现其中98樘存在压杆锁的小配件丢失、门体松动、门体开裂、门框与门洞间的填充砂浆脱落等问题。

（3）防护栏

南京地铁全线网地面区段、洞口、部分高架过渡段均设置防护栏，共计41.037公里。前期排查时，曾发现部分地点围栏的两端或下部没有完全封闭，部分围栏高度过低容易翻越，部分护栏存在锈蚀、破损等现象。

（4）其他设施设备

全线网声屏障、护栏板、射流风机、消防水管、风管、电缆、电缆支架、电缆遮阳板、配电箱、照明、轨道、通信、信号、接触网等全面纳入排查范围。

4. 开展轨行区施工作业清单化管理

运输管理事业部（南京地铁控制中心）牵头开展对进入轨行区的施工人员、工器具、物料采用清单化管理，施工计划申报要填写详细人员、工器具与物料清单。具体包括：启动提前报备工作，施工单位必须提前一个工作日提供《施工工器具物料清点清单》；优化《施工工器具物料清点清单》，突出提前提报与当时登记不同项目，降低施工负责人和车站清点核对麻痹大意概率。

5. 开展轨行区人与物标识化管理

作业人员进入轨行区前统一着工作服、反光背心、安全鞋、安全帽，施工报点前确定施工人数，机具、材料，列详细清单，下区间前根据清单进行核对，准确无误下区间作业；作业完成后再进行核对，准确无误后，人员物料清，进行销点。

6. 车站设置施工作业等候区管理

运用监控和标识标贴开展现场管理，全线网车站统一在站台监控覆盖到的部位设置施工人员等待区域，明确人员、物料等待地点。同时，通过现场夜查、录像检查、电话抽查等多种形式对车控室施工登记和核查情况进行检查。除此之外，对重点车站行车岗位员工开展施工管理培训，重点强调车站施工请销点流程、施工资质及工器具物料审核、施工过程把控等作业要求。

7. 开展安全隐患定期排查

全面排查全线隐蔽闲置空间，共计 10 处 24 个门洞，全部加装栅栏门。结合土建巡检计划，每月对隐蔽空间及栅栏门状态进行巡查。

8. 开展监控设备更新补盲

对全线 CCTV 监控设备排查，对个别失效监控已完成更换。老线模拟监控也将在后期 CCTV 系统改造项目中进行整体更换。

9. 推进科技安防技术应用

加装振动光纤设备，针对郊区线长大区间管理难度，已经在南京地铁宁溧城际（郊区线、长大区间）三个区间上线应用。

10. 开展轨行区安全防控专题研究

聘请第三方开展了大胜关铁路桥等特殊地段风险评估及对策研究项目，针对南京地铁运营线网中几处风险较大区域（宁和城际大胜关铁路桥、宁高城际二期石臼湖区域高架桥、过江隧道、四六混跑区段）进行了运营安全风险辨识、分析、评估和控制工作，项目于2018年9月顺利结束并通过专家评审。

（二）防汛防台安全管理

2016年，南京部分地区骤降超历史纪录以来的最强暴雨，波及南京地铁多个线路区间、基地及车站，给地铁的正常运营带来严重影响。南京地铁制定了一系列整改措施，严防类似问题再次重现，确保地铁运营安全有序。

1. 加强源头治理，消除外部隐患

反思车站外部河流、道路、广场、地下车库等严重积水后通过出入口或联络通道隐患，发函当地区政府以及建筑物权属公司，要求对方彻查与地铁毗邻区域，保持自身排水设备的完好。发函市防指，请求高位协调，确保地铁重点车站、基地、区间附近的河道泄洪能力达到或高于防汛要求。

2. 加强设备改造，提高防汛能力

主要包括增设洞口泵房，提升排水效率；加砌防汛墙，提升防洪能力。在易被淹的建筑周边或内侧加砌防汛专用墙和防洪挡板。

3. 增设轨行区水位标识，便于司机观察判断

轨行区如没有醒目的水位标识，司机目测容易存在误区，不能快速、准确判断突发的特大水情。在全线204个地下区间设置醒目的水位标识，每个区间在最低水位处设置3块刻度牌，采用不锈钢材质外贴反光膜分段分色标识。

4. 抬高设施设备基础标高，有效防止被淹

对逃生通道、冷却塔等部分设施设备基础进行了整体抬高。

5. 全线网布点安装雨雪量计，实时监视雨雪情况

为便于控制中心准确掌握雨雪量大小情况，为防灾应急决策提供有效依

据，在 13 个基地或站点位布置 13 台“集中式监视型雨雪量计”，在南京南控制中心安装集中监视系统，实时在线监视地铁管辖范围内的雨雪情况。正在同南京市气象局推进地铁专用气象预警系统建设。

6. 强化基础管理，提高处置效率

主要包括：委托外部咨询公司，开展风险评估，做好事先预防，全面掌握外接通道的防汛风险，并提出针对性的防汛防范措施；建立工务、机自、供电、车辆 4 支专职抢险队伍，提升抢险能力；完善防汛物资储备，专门采购了大型抢险车，配备了大功率的柴油泵、柴油发电机、排水泵等应急物资，各个车站增配了车站出入口的防洪挡板；优化新线防汛设计，提升防汛设计等级，提出了 29 项优化建议，与南京地铁各线路总体设计单位进行了多次交流，逐步在新线的设计方案讨论阶段进行落地。

7. 充分预想，做好停运准备

2018 年，第 18 号台风“温比亚”过境南京，根据气象部门预告和现场监测数据综合研判，按照专项应急预案，提前预想并做好 S9 宁高线跨石臼湖区段、S3 宁和线跨江段停运准备，并报市政府。台风过境当天，两区段风力持续达到 8 级（阵风 9 级）并有增强趋势，及时停运并做好信息发布，使现场无客流积压。

五 结语

地铁运营始终面临“三大战役”：急难险重和故障事故的攻坚战；“十大恶劣天气”——“冰冻雪雾霾、风雨雷电暑”的遭遇战；百年企业安全稳定运营且无终点的持久战。地铁运营的高质量发展，要顶住三大战役的“枪林弹雨”和“十面埋伏”，打造出“安全第一、稳定第一、安全稳定压倒一切”的“金钟罩”和“铁布衫”，确保“两个稳定”，对内职工队伍稳定、对外运输生产稳定，以安全管理体系的完善，促进高速发展转为高质量发展换档期的提质增效和转型升级。

借　鉴　篇

Reference Reports

B.14
东京城市轨道交通网络运营管理经验借鉴

摘　要： 东京都轨道交通系统主要由地铁、国铁和私铁三部分组成，经过多年运营积累已形成了可靠、高效、优质的运营服务体系。东京都内轨道交通三网总运营里程近1000公里，日均客运量近3500万人次，主要线路高峰时期客流拥挤率均超过150%；运营企业经济效益较好，均处于赢利状态。为支持线网间过轨运行的直通服务，各运营企业在线路条件、车站条件、车辆条件、电气化系统、通信信号系统、人员管理系统以及清分系统方面采用了相应的设施设备配置和管理制度设计。此外，东京都轨道交通企业建立了基于行为规范和职责明确的安全管理和应急处置体系，并通过建立信息共享制度、采用先进安全设施设备、强化安全教育和应急演练，提高轨道交通运营安全管理水平。

关键词： 运营服务体系　轨道交通　东京

一　东京轨道交通网络概况

1. 线网概况

东京都轨道交通主要有地铁、国铁（JR）、私铁三大类，地铁主要位于JR山手线包围的市区内，私铁线大多位于郊区。2016年底，东京都共开通13条地铁线路，总运营里程304.1公里，共设285个车站（见表1）。东京地铁换乘衔接做得很好，换乘站占比高，2018年地铁线网中共设有76处两线换乘、14处三线换乘、5处四线换乘、2处五线换乘，并且多处地方设置了两条线间的多点换乘（见表2）。东京都内国铁线路均由JR东日本运营。到2018年，东京都内共运营国铁线路274.4公里，设站184个（见表3）。东京都内私铁线路主要由东武、西武、京成、京王、小田急、东京急行、京滨急行、相模铁道8家公司运营，共运营私铁线路406.8公里，共设车站373个（见表4）。

表1　2016年东京三网线路里程、车站数量

单位：公里，个

	线路名称	线路长度	车站数	换乘站数
东京地下铁	银座线	14.3	19	13
	丸之类线	27.4	28	16
	日比谷线	20.3	21	16
	东西线	30.8	23	9
	千代田线	24	20	12
	有乐町线	28.3	24	17
	半藏门线	16.8	14	13
	南北线	21.3	19	13
	副都心线	11.9	16	13

续表

	线路名称	线路长度	车站数	换乘站数
都营地下铁	浅草线	18.3	20	15
	三田线	26.5	27	11
	新宿线	23.5	21	11
	大江户线	40.7	38	25
总计		304.1	285	

注：副都心线有8.3公里与有乐町线共用，算车站总数时多线共用一个车站算作一个。

资料来源：东京都统计年鉴（平成28年），http：//www.toukei.metro.tokyo.jp/tnenkan/2016/tn16q3i004.htm，结合维基百科网页信息整理。

表2　2018年东京地铁换乘站数量

单位：处

换乘形式	两线换乘站数	三线换乘站数	四线换乘站数	五线换乘站数
数量	76	14	5	2

注：换乘包括地铁与国铁换乘及地铁与私铁换乘。

资料来源：根据https：//www.tokyometro.jp/lang_ en/station/rosen_ ct_ 1803.pdf资料整理。

表3　2018年东京都JR线路基本情况

单位：公里，个

线路名称	线路全长	车站总数	东京都线路长度	东京都内车站数
东海道本线	104.6	21	14.4	9
中央本线	424.6	112	53.1	32
南武线	39.6	29	13.1	10
横浜线	42.6	20	11.9	6
青梅线	37.2	25	37.2	25
五日市线	11.1	7	11.1	7
武藏野线	71.8	26	13	5
八高线	92	23	15.7	6
东北本线	535.3	150	13.2	13
山手线	34.5	29	34.5	29
埼京线	36.9	19	22	17
常磐线	343.1	80	11.8	11
总武线	120.5	49	12.8	8
京叶线	43	18	10.6	6
总计	1936.8	608	274.4	184

资料来源：根据JR东日本官方资料及维基百科数据整理，https：//www.jreast.co.jp/sc/。

表 4　2016 年东京都私铁线路基本情况

单位：公里，个

线路名称	线路长度	车站数
私铁线	406.8	373

资料来源：东京都统计年鉴（平成 28 年），http：//www.toukei.metro.tokyo.jp/tnenkan/2016/tn16q3i004.htm。

2. 线网运量与运距情况

2016 年东京轨道交通三网线路日均客流量中，私铁线路日均客流量最大，为 1461 万人次，国铁日均客流量最小，为 938 万人次。国铁平均运距最大，为 21.1 公里，地铁平均运距最小，均低于 10 公里。

2016 年，东京地铁日均客运量为 1028 万人次，其中东京地下铁 724 万人次，都营地下铁为 304 万人次。早期开通的线路运量较后期开通的线路客运量更高，东西线日均客运量最高达到 143 万人次。后期开通的大江户线、南北线、副都中心线日均客运量相对较小。从客流类型来看，定期客流（通勤、通学客流）较普通客流比例更高。最早开通的银座线、丸之类线平均运距较小，均小于 5 公里，东西线、千代田线、有乐町线平均运距相对较高，均大于 7 公里（见表 5）。

表 5　2016 年东京地铁日均客流量及平均乘距

单位：万人次，公里

线路		定期	普通	总数	平均运距
东京地下铁	银座线	53	58	111	3.5
	丸之类线	72	59	132	4.9
	日比谷线	65	53	118	5.3
	东西线	89	54	143	8.8
	千代田线	78	46	124	7.1
	有乐町线	69	42	110	7.3
	半藏门线	59	44	103	5.2
	南北线	32	21	54	6.1
	副都心线	33	22	55	5.9
	总数	414	310	724	8

续表

线路		定期	普通	总数	平均运距
都营地下铁	浅草线	41	31	72	5.2
	三田线	40	24	64	6.6
	新宿线	45	29	75	6.9
	大江户线	51	42	93	5.8
	总数	178	126	304	—

资料来源：国土交通省鉄道統計年報［平成 28 年度］，http：//www. mlit. go. jp/tetudo/tetudo_ tk2_ 000045. html。

2016 年，JR 线路日均客运量 938 万人次，平均运距为 21. 1 公里。不同线路间日均客运量差距较大，其中东海道本线、中央本线、山手线的客流量相对较大，日均客流量均大于 190 万人次。五日市线、武藏野线、八高线的日均客运量不足 10 万人次。从客流类型来看，定期客流是非定期客流的 1. 43 倍（见表 6）。

表 6　2016 年 JR 线路日均客流量及平均乘距

单位：万人次，公里

线路		定期	普通	总数	平均运距
JR 东日本	东海道本线	114	78	192	21. 1
	中央本线	125	81	206	
	南武线	8	4	12	
	横浜线	11	6	17	
	青梅线	10	6	16	
	五日市线	2	1	2	
	武藏野线	4	2	7	
	八高线	1	0	2	
	东北本线	51	46	97	
	山手线	155	125	280	
	埼京线	7	4	11	
	常磐线	25	10	35	
	总武线	30	18	47	
	京叶线	9	6	14	
	总计	552	386	938	

资料来源：国土交通省鉄道統計年報［平成 28 年度］，http：//www. mlit. go. jp/tetudo/tetudo_ tk2_ 000045. html。东京都统计年鉴（平成 28 年），http：//www. toukei. metro. tokyo. jp/tnenkan/2016/ tn16q3i004. htm。

2016 年，东京主要私铁线路日均客流量 1461 万人次，其中东京急行客运量相对较高，日均客运量 380 万人次，相模铁道日均客运量最低，为 63 万人次。从客流类型来看，定期客流较非定期客流更多，定期客流为分定期客流的 1. 58 倍。小田急的平均运距最高，为 15. 5 公里，东京急行的平均运距最低，为 9. 7 公里（见表 7）。

表 7　2016 年东京主要私铁线路日均客流量及平均乘距

单位：万人次，公里

运营单位	定期	普通	总数	平均运距
东武	162	87	249	14. 1
西武	111	67	178	13. 5
京成	45	32	77	14. 2
京王	107	74	181	11. 7
小田急	126	79	205	15. 5
东京急行	231	149	380	9. 7
京滨急行	71	57	128	13. 8
相模铁道	41	22	63	11. 1
总计	895	566	1461	

资料来源：国土交通省鉄道統計年報［平成 28 年度］，http：//www. mlit. go. jp/tetudo/tetudo_ tk2_ 000045. html。

3. 线网各线路日均开行列车数量

东京轨道交通各线列车开行对数处于 11 ~41 列/小时，最大的为东武运营的伊势崎线，高峰小时列车开行对数为 41 列/小时，是一条私铁线路。部分国铁与私铁线路高峰小时列车开行对数较小，不足 20 列/小时，如东武运营的野田线高峰小时列车开行对数 11 列/小时。地铁线路中，大江户线、南北线、副都中心线等后期开通线路高峰小时列车开行对数较小。根据日本国铁 1960 年调查数据，有多条轨道交通线路早高峰拥挤率超过 200%，通过日本政府及企业的不懈努力，轨道交通服务水平不断提升。2017 年，东京轨道交通线路早高峰拥挤率均低于 200%，拥挤率最高的为东京地下铁的东西线，为 199%。部分线路的拥挤率高是因为其高峰小时列车开行对数相对较少，如 JR 运营的东海道线；部分线路拥挤率低是因为其高峰小时列车开行对数较高；具体统计数据如表 8 所示。

表 8　2017 年东京各网各线路日均开行列车数量情况

单位：列/小时，%

运营单位	线路名	高峰小时列车开行对数	拥挤率
JR 东日本	山手线(全线)	23	—
	京滨东北线・根岸线(大宫 – 大船)	26	186
	中央快线・中央本线(东京 – 甲府)	30	184
	东海道线(东京 – 汤河原)	19	187
	横须贺线・总武快线(大船 – 东京 – 稻毛)	19	181
	宇都宫线・高崎线(上野 – 那须盐原 – 神保原)	14	—
	中央・总武缓线(三鹰 – 千叶)	26	197
	崎京线・川越线(大崎 – 新宿 – 武藏高萩)	19	185
	常磐快速线・常磐线(上野 – 羽鸟)	19	157
	常磐缓线(绫濑 – 取手)	24	154
	南武线(川崎 – 立川)	25	189
	横滨线(东神奈川 – 八王子)	19	—
	武藏野线(府中町 – 西船桥)	15	—
	青梅线	17	—
	京叶线	23	—
东武	伊势崎线	41	149
	野田线	11	—
	东上线	24	137
西武	池袋线	24	163
	新宿线	26	160
京成	京成本线(含支线)	24	143
京王	京王线	27	167
	井之头线	28	148
小田急	小田急线	29	194
东京急行	东横线	24	168
	目黑线	24	—
	田园都市线	27	185
	大井町线	20	—
	池上线	24	—
	东急多摩川线	20	—

续表

运营单位	线路名	高峰小时列车开行对数	拥挤率
京滨急行	品川～横滨	27	144
相模铁道	相铁线	26	—
东京地下铁	银座线	30	160
	丸之内线	31	165
	日比谷线	27	157
	东西线	27	199
	千代田线	29	178
	有乐町线	24	163
	半藏门线	27	173
	南北线	18	—
	副都心线	18	—
都营地下铁	浅草线	24	129
	三田线	20	156
	新宿线	17	153
	大江戸线	20	—

资料来源：国土交通省，东京地区铁路线延迟“可视化”（2017 年度），http：//www. mlit. go. jp/report/press/tetsudo02_ hh_ 000102. html。国土交通省，都市铁道整备，http：//www. mlit. go. jp/common/001245347. pdf。

4. 轨道交通企业收入、乘客支出与政府补贴情况

2015 年，东京三网轨道交通均赢利，其中 JR 的收益最高，其次为私铁，最低的为地下铁。地下铁主要有东京地下铁及都营地下铁两家单位运营，其运营收入为 5658 亿日元，其中包括轨道交通收入 5142 亿日元，公共汽车收入 369 亿日元，其他收入 147 亿日元。地下铁企业运营成本 4528 亿日元，其中轨道交通运营成本 4077 亿日元，公共汽车运营成本 380 亿日元，其他运营成本 71 亿日元。2015 年地铁企业盈利 1130 亿日元。JR 主要有 JR 东日本运营，其运营收入为 20369 亿日元，其中包括轨道交通收入 19631 亿日元，公共汽车收入 2 亿日元，其他收入 737 亿日元。JR 东日本运营成本 16269 亿日元，其中轨道交通运营成本 15909 亿日元，公共汽车运营成本 24 亿日元，其他运营成本 337 亿日元。2015 年 JR 东日本盈利 4100 亿日元。私铁主要有东武、西武、京成、京王、小田急、东京急行、京滨急行、相模

铁道几家企业运营，其运营收入为11697亿日元，其中包括轨道交通收入7922亿日元，房地产收入3334亿日元，其他收入441亿日元。私铁企业运营成本9477亿日元，其中轨道交通运营成本6356亿日元，房地产运营成本2746亿日元，其他运营成本375亿日元。2015年私铁运营企业盈利2220亿日元。具体企业收入与成本等情况如表9所示。

表9　2015年东京三网轨道交通企业收入、乘客支出情况

单位：亿日元

运营企业		地下铁	JR东日本	私铁
轨道交通	营业收入	5142	19631	7922
	旅客票款收入	4618	18050	7426
	成本	4077	15909	6356
	盈利	1065	3722	1566
公共汽车	营业收入	369	2	0
	成本	380	24	0
	盈利	-11	-22	0
房地产	营业收入	0	0	3334
	成本	0	0	2746
	盈利	0	0	588
其他	营业收入	147	737	441
	成本	71	337	375
	盈利	76	400	66
总计	营业收入	5658	20369	11697
	成本	4528	16269	9477
	盈利	1130	4100	2220

注：私铁主要统计了东武、西武、京成、京王、小田急、东京急行、京滨急行、相模铁道这几家运营单位。

资料来源：国土交通省鉄道統計年報［平成27年度］，http：//www. mlit. go. jp/tetudo/tetudo_tk2_ 000040. html。

二　线网间的列车运行组织

1. 过轨运行组织

日本因拥有规模庞大、线路联通的公营与私营铁道路网，从而产生出许多直通运营服务。目前日本最大的直通运营系统为东京的地下铁系统，13条线路中就有 10 条实施直通运营，庞大的运输规模使其成为全世界规模最大的都市铁路系统。例如，东京地下铁浅草线上，就有京滨电铁公司、京成电铁公司、都营地铁公司、北大铁道、芝山铁路这 5 家铁路公司在共同运行。5 家公司的列车在同一条线路上运行，同时都营地下铁的列车也能运行到另外 4 家公司的线路上。由于列车属性差异，组织过轨一般对线路能力有一定影响。一般的做法是利用过轨区段富裕能力组织插入式过轨，这种方式组织简单，两类列车间相互干扰小。对于直通运营，不仅需要简单地连接铁路轨道，更有线路设备、司乘工作、旅客指导、票务管理，甚至失物招领服务的相互对接。

（1）线路条件

要实现两条线路的直通运营需要在两条线路之间设置联络线，使两者之间相互联通。除此之外，两条线间的轨距需要一致，东京轨道交通常见的轨距有 1435mm、1067mm、1372mm。如果两条线路轨距不一致，需要改变其中一条线路来匹配另一条线路。例如，京成电铁株式会社为使旗下线路与浅草线直通运营，把全线的轨距调整为标准轨距（1435mm）。后期建设的地铁线路，由于设计时考虑了与已有私铁线路或 JR 的直通运营，故采用了与直通线路相同的轨距。直通运营线路还需要统一限界，以适应不同车辆尺寸的差异。

（2）车站条件

不同线路客流情况不同，所以列车编组不同，为实现不同线路间直通运营，对车站规模有一定的影响，如：小编组线路站台需要延长。另外，直通运营往往采用多交路模式，对于折返线、停车线等配线设置要求更高。JR 中央缓行线和地下铁东西线的直通运行，JR 和地下铁的轨距相同（1067mm），供电制式相同（DC1500V），但是由于限界不一样，JR 列车更宽的车体不能停靠地铁的站台，JR 为了直通专门设计了地铁直通用列车 E231 系 800 番台，和地铁列车同样的宽度，以便实现正常的直通运行。而地铁方面的列车不存在这个问题，则可以直接运行至 JR 的线路上。

（3）车辆条件

用于直通运营的车辆需要与相应运行线路的设施和操作模式相对应，包括由车辆的极限、车门的数量和位置、车辆的性能（例如，加速、减速）和最大速度等导致的车辆尺寸。此外，车辆装置有处理电气化差异的设备等。操作模式方面，根据有关企业之间的协议，对车辆操作方法等方面做出了相应规定。

当信令系统、安全设备（ATS/ATC 等）、列车无线电通信系统等不同时，需要以不同方式安装具有相同的功能设备，以便与所有商业运营商兼容。在某些情况下，可以直接在运营商之间对这些设施进行标准化后进行直通运营。

（4）电气化系统

当电气化系统不同时，通过改变其中一条线路电气化系统或引入配备有可以运行多种不同电气化方案（双电压车辆，AC 直流车辆等）的设施的车辆来解决。此外，曾经有过通过用机车拉动火车来实现直通运营，尽管火车不能照原样到达非通电部分。在这种情况下，利用发电机和电源车来提供诸如室内照明和空调服务的电力。

供电制式方面，东京都轨道交通线路的供电制式有接触网供电 1500V、接触网供电 750V、第三轨供电 600V 等方式，若要实现相互直通，需要统一供电制式。东京地铁中的丸之内线和银座线因供电制式不兼容，无法与郊区线路实现直通运营。后期建设的地铁线路考虑到与郊区线路的直通运营，普遍采用了架空线直流 1500V 的供电制式。

（5）信号控制系统方面

直通运营列车需与 2 条线路的信号系统兼容。在规划阶段，可统一 2 条直通线路的信号制式，采购统一标准的信号系统。若 2 条线路均已建成，可在直通运营列车上搭载 2 套设备，以分别适应不同线路的信号制式。

（6）人员管理

在日本直通运营中，每个司机只在自己公司管辖范围内线路或边界上驾驶车辆，所以要求司机熟悉与本公司有合作的线路车辆的操作方法，保证直通运营的顺利进行。

2. 清分情况

在直通运营中，一条线路的运营涉及多个企业，因此有必要以某种方式结算或抵消费用。常见的几种形式为：租车形式、租线形式、线路互用形式。在大多数情况下，铁路和其他设施的所有权，车辆的持有和列车的运营分属不同企业，通常通过调整双方支付的车辆使用费来抵消支付。另外，当持有设施的公司和持有车辆并驾驶列车的公司彼此不同时，后者向前者支付线路使用费。

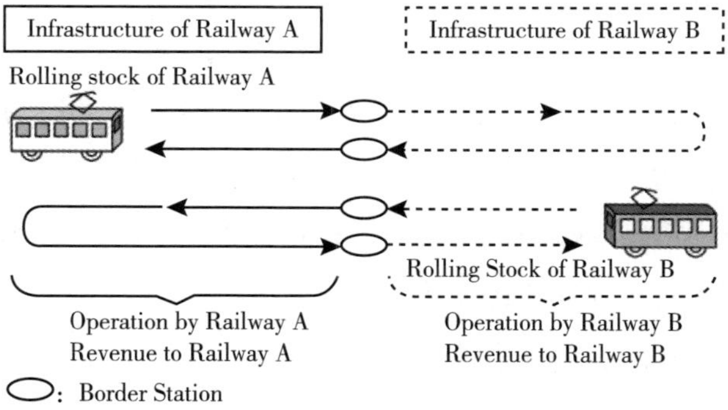

图 1　日本直通运营模式

资料来源：Through-Train Services A Comparison between Japan and Europe, Fumio Kurosaki, Japan Railway & Transport Review No. 63. Mar 2014。

以东京地铁公司和 JR 东日本公司为例。前者拥有东京市区的线路，后者拥有车辆（市郊大量的客运需求，促使这些车辆要求直接进入东京市区的轨道线路），可以采用的方式有："租线"，JR 东日本公司可以租用东京地铁公司的线路（每年或每一季度等给东京地铁公司上缴一定数量的金额，事先签订相关租金以及安全运营等协议），所有盈利（顾客的票款）归 JR 东日本公司；"租车"，东京地铁公司可以合用 JR 东日本公司的车辆，使其进入线路运营，在定期向 JR 东日本公司交付租赁费用之后（事先签订相关租金以及安全运营等协议），所有盈利（顾客的票款）归东京地铁公司。

三　东京轨道交通安全与应急

1. 东京地下铁安全与应急相关资料

东京地下铁是以经营日本东京都地区地铁线路为主要业务的铁路公司，负责经营东京都地区13条线路中的9条地铁线路，线路总长度195.1公里，车站数184站，日均客流量742万人次。为保障庞大东京都地铁网络的平稳运行，东京地下铁株式会社将安全与应急管理工作摆在首要位置。东京地下铁从政策、制度、人员管理、设施管理等方面提升其安全与应急能力。

（1）在安全政策上，最先明确“关于员工运输安全的行为规范”

具体举措包括：

将安全作为运输工作的重要使命，相互合作，不断努力确保安全；

充分贯彻落实运输安全相关法律法规；

不断了解最新的运输安全情况；

不断针对工作进行反思、查缺补漏，尤其针对看似安全的日常工作；

在发生事故、灾害以及紧急状况下，把营救乘客生命放在第一位；

在第一时间将最全面、最准确的安全信息发布到相关网络平台之中；

始终以问题意识为行事，尤其针对安全相关的审查工作。

（2）有针对性地调整安全与应急减灾工作内容的重点，每年根据实际情况不断修正

表10　安全与应急减灾的重点目标

项目	具体内容
预防公司事故	主要针对员工与承包商的失误问题，要注重列车车辆与设备等公司事故预防机制，不断完善安全审查工作程序，确保工作顺利执行
消除人为失误	主要贯彻落实工作基本方针与法律法规，不断吸取其他公司事故中的失败经验，深入思考事故原因，并采取有效措施

续表

项目	具体内容
强化事故应急	主要针对自发生事故或灾难后的恢复重建工作,通过不断加强运营区域的防灾网络构架以及跨部门防灾应急培训体系;落实每日针对车站与车辆基地的巡查工作,妥善处理各类警报与安全事故,尽最大可能防范暴恐及犯罪事件
合同与寄售工作事故预防	主要针对合同工作与委托工作中的事故,完善管理机制,充分沟通协商,树立地铁运营商的责任意识,尽全力防止事故发生

(3)在安全管理系统中，明确各主要管理岗位人员在安全工作中的具体责任，并建立严谨的监督制度

图 2 给出了东京地下铁安全管理岗位人员的组织架构图，表 11 进一步介绍了不同类型人员各自的职责。

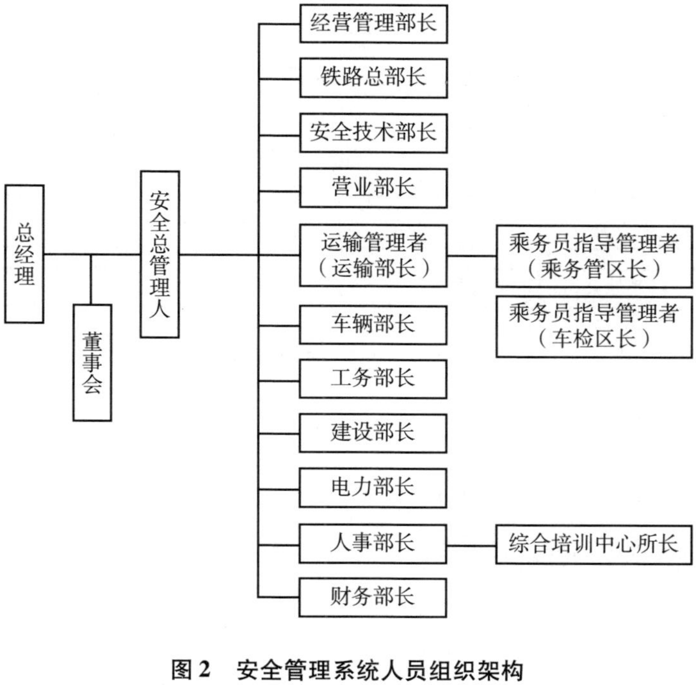

图 2　安全管理系统人员组织架构

表 11　各职务人员在安全工作中的责任

总经理	负责指挥指导运输安全整体工作
安全工作管理人员	负责确保铁路设施、车辆以及驾驶的安全以及各部门之间的相互协调，落实运输业务，监督每个部门的工作安全性
运营工作管理人员	负责保障运营工作的安全稳定，审查乘务员、设施及车辆的安全负责管理整体的运营计划、乘务员以及车辆操作
乘务员调度管理人员	负责乘务人员的素质与能力审查，并定期向总经理上交乘务员满意度报告

东京地下铁还设有安全信息管理系统，如图 3 所示，为确保安全工作，在铁路总部会议后，管理委员会将进行审议，重大事项由董事会进行审议裁决。公司定期总结活动进展状况与成果，并将结果汇报至各个会议机构，确保信息的横向部署与整体安全管理。

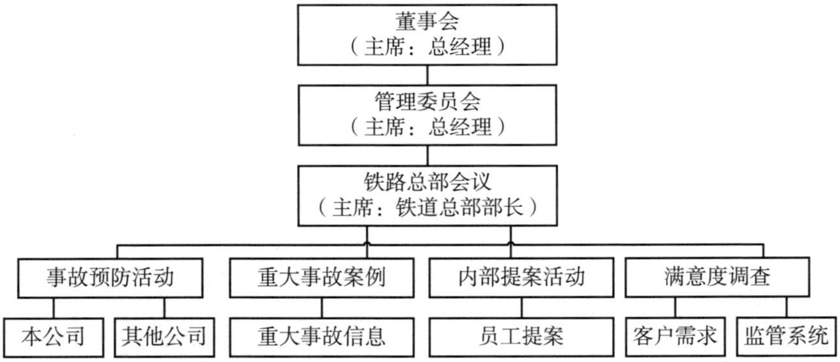

图 3　安全信息管理系统

（4）信息共享制度

将收集到的各类信息，如每日会议摘要、日常事故情况等进行汇总，连通业务部门每日收集到的公司内部提案、运营调整等信息，通过公司互联网络进行实时更新，供公司全体员工查看，同时用于管理工作以及员工培训工作。

（5）东京地下铁站安全设施

①安装站台屏蔽门与可移动踏板

为了有效防止乘客跌落事故，车站在站台加装屏蔽门以及和列车连通的脚踏板，以确保乘客的乘降列车安全。根据最新统计，东京地下铁全线路屏蔽门与可动脚踏板建设覆盖98个车站，覆盖率达55%，预计在2025年达到线路车站全覆盖。

②安装防止乘客跌落站台的橡胶垫

由于站台与列车间的距离较大，为有效防止乘客在乘降过程中发生跌落事故，站台加装了橡胶垫。

③车站内安装工作人员对讲机

为了进一步提高乘客安全性，每个站台都设置了工作人员对讲器，在应对火灾或暴恐事件等安全与应急事故的过程中，可以第一时间与调度中心取得联系。

④车站内安装自动体外心脏除颤仪

为了有效应对乘客突发心脏疾病等紧急情况，第一时间挽救乘客生命，东京地下铁从2005年开始在站内安装自动体外心脏除颤仪（AED），在2008年6月完成对所有车站的安装工作，不断完善安全管理部门的乘客安全应急响应制度。

（6）车站与列车安全管理

①各车站设立总指挥所

总运输指挥所集运输控制、车辆控制、电力控制与设施控制于一体，可实时收发来自各个地铁站的信息，达到整体网络信息实时共享。在事故发生时，可迅速提供车辆与车站情况信息，第一时间与总部及各车站信息共享，以最快速度采取有效措施。并且，在应对随时可能发生的地震方面，网络信息共享功能尤为重要，未来将针对总指挥所的安全与应急功能不断升级改造，以更好更快保障乘客安全。

②紧急备用电池的应用

为了使在车站之间停靠的列车能够在发生大规模停电时前往最近的车站，防止安全事故，确保乘客安全，安装了紧急备用电池。除了完成在东西线路等站间距较长的长途桥段安装紧急备用电池，并投入运营，还在银座线的列车上安装紧急备用电池，运行原理分别如图4和图5所示。

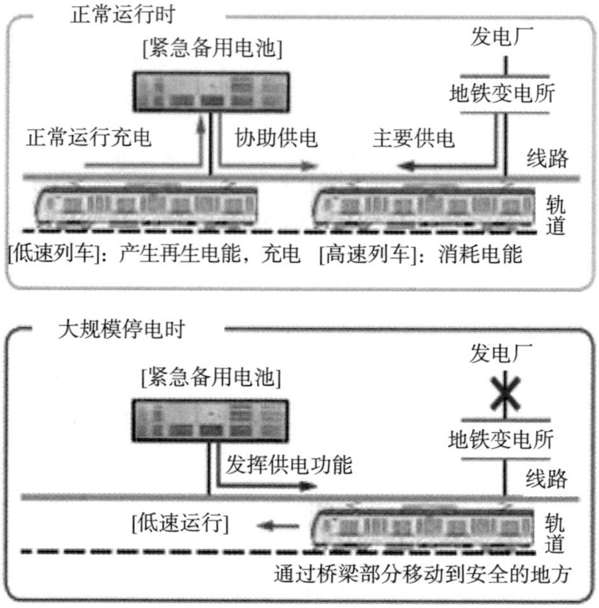

图 4　东北线运行案例

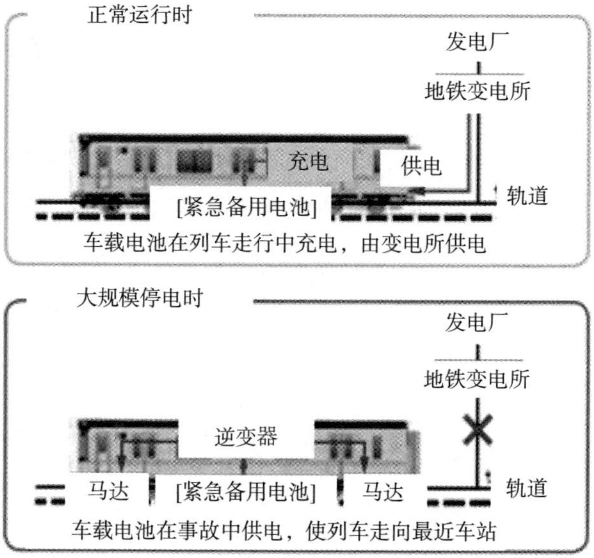

图 5　银座线运行案例

③安装紧急停止信号设备的 ATC 连锁

在日比谷线、东西线（中野站除外）和半藏门线，当检测到紧急停止信号装置或检测垫检测到跌落事故时，ATC 被关闭并互锁，从而紧急停止列车。但是，为了在车站发生火灾时按下紧急停止信号装置，ATC 信号被切断的秒数是 30 秒，所以我们可以在停止一次后立即处理通过车站的通道。此外，在没有屏蔽门的车站，急停信号的紧急停止信号在 2017 年末投入使用，将建立一个机制，通过增设一个紧急停止信号确认灯，安排紧急列车停车直到列车通过站台，如图 6 所示。

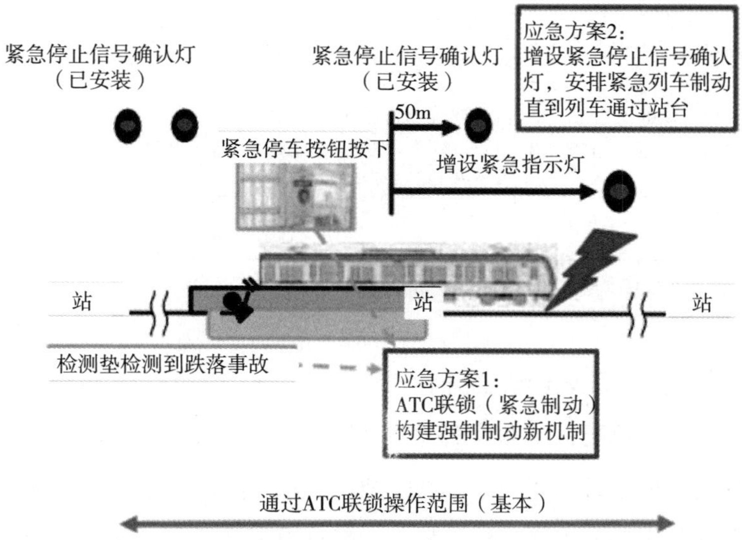

图 6　紧急停止信号设备的 ATC 联锁图示

④应急对策总部的信息传输系统构架

针对地铁站突发的事故与自然灾害等问题，东京地下铁联合警察局、消防局、国土交通省及新闻社等部门，组成信息传输系统，明确各组织分工，有效应对各类突发事件；具体流程如图 7 所示。

此外，东京地下铁还将应急信息的发布类型分为三类，并针对每个等级划定了标准，如表 12 所示。

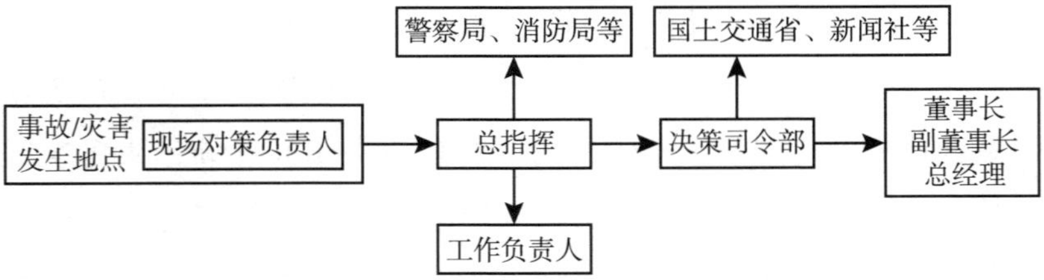

图 7　建立应急措施总部的信息通信系统

表 12　应急系统类型及发布标准

第一种应急系统		第二种应急系统		第三种应急系统	
主要发布标准		主要发布标准		主要发布标准	
①发生铁路事故，发生死亡与大量人身伤害		①发生了铁路事故		①发布了暴风、暴雨、洪水警报	
②发生了大规模灾难		②自然灾害造成巨大破坏		②存在自然灾害损坏危险	
③发生了严重意外或有可能发生严重事故的情况		③严重阻碍了当地居民、道路交通等		③可能会发生意外的异常情况	
		④发生意外异常情况		④警方要求保安等	
事故/灾害对策负责人	董事长	事故/灾害对策负责人	铁路部门主管或安全技术经理	事故/灾害对策负责人	总干事或安全与工程经理

资料来源：东京地铁线官网，https：//www. tokyometro. jp。

2. 东京都交通局安全与应急相关资料

都营地下铁负责日本东京都地区 13 条地铁线路其中 4 条，同时负责东京樱花有轨电车与日暮里 · 舍人线。2017 年，东京都交通局负责的轨道交通日均客流量达 335. 2 万人次，其中，都营地下铁 4 条线路日均客运量 275 万人次，东京樱花有轨电车日均客运量 4. 8 万人次，日暮里 · 舍人线路日均客运量 8. 6 万人次。东京都交通局主要从设立安全方针政策、安全管理系统及开展演练活动来保证其地下铁运营安全。

（1）安全方针政策

东京都交通局在每年的安全报告书中，均会针对每年的实际情况，对“安全方针政策”进行调整与完善，强化公司针对运营安全的责任意识。为了彻底深化“安全第一”的工作意识，公司监督所有员工在完成各项工作中贯彻落实的“安全方针政策”的情况，并且每年实施“安全优先措施”

政策，在不断的努力下，东京都交通局连续 5 年获得了国土交通省颁发的“无铁道安全事故”的荣誉。

方针政策及措施的具体内容如表 13 所示。

表 13　安全方针及措施

方针政策	措施内容
遵守规章制度，严格履行职责	遵守运输相关法律法规，基本行动，认真履行基础工作
	定期开展员工、委托人和承包商提供的教育培训工作
秉持问题导向，根除事故萌芽	分析和利用事故，强化事故的处理与预防工作
	加强信息共享与沟通，强化部门之间的相互协作
提供可靠设备，保障车辆安全	引进、更新及改造设备与车辆时，把安全性放在首位
	不断强化设备及车辆的维护与审查管理，保障安全性
强化审查机制，明确保护使命	实施“PDCA”循环，把重点放在内部审计和管理评审

注：PDCA 循环是一系列——计划（Plan）、执行（Do）、评估（Check）和改进（Act）的机制，即不断改进与运输安全相关的工作。

（2）安全管理系统

图 8 为东京都交通局安全管理系统人员组织架构图，表 14 介绍了其各自的职责。

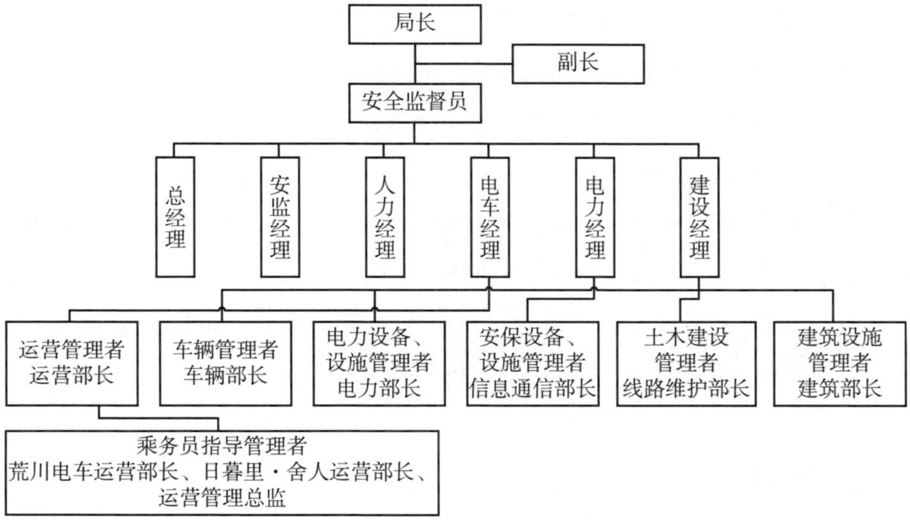

图 8　安全管理组织管理体系

表 14　安全管理系统

职务	职责
局长	负责运输安全工作的整体安排 负责确保运输安全,时刻掌握铁路、轨道运输项目的实施和管理状况,并进行必要的改进 时刻听取安全监督员的意见并采取适当措施
安全监督员	负责确保铁路、轨道设施、车辆驾驶的安全性与可靠性,将安全监督工作放在首位 负责确保职工遵守相关法律法规,明确"安全优先"的意识,贯彻落实相关安全措施 参与确保运输安全的重要业务管理决定,并发表必要的意见与建议
运营经理	负责统筹整体的运营系统,确保铁路、轨道设施、车辆以及工作人员的安全,负责在必要时调整列车开行计划 负责管理乘务员与车辆、列车的运行计划编制、工作人员培训以及日常维护工作
乘务员指导经理	负责定期评价基础人员工作状况(工作适应性、知识与技术水平),以及工作满意度等情况,并上报上级领导
设施经理	负责运输设施的维护工作,保障运输工作的畅通 负责设施的定期检查工作,安排设备检查与维护的人员
车辆经理	负责运输车辆的管理,保障运输工作畅通 安排车辆管理与维护的人员

（3）安全相关活动

①时刻宣传贯彻安全政策

公司将“安全政策”设置在各个工作场所，并要求每位员工将“安全政策”挂在工作服上，有效渗透运输安全意识。

②都营运输安全日

为了吸收1994年在浅草线（平成路）的浅草桥与2006年发生在荒川线的列车碰撞等严重事故的教训，自2007年起，每年的6月13日被定为“城市交通安全日”，旨在保障“乘客安全”的态度与决心，将提高运营安全性放在工作首位，并将6月定为“基本操作与基本作业彻查月”，彻底排除安全隐患。

③安全演练

演练1：事故应急响应演练

东京都交通局在日常运营中，注重事故应急响应演练，每年会围绕包含乘客疏散引导、救援演练、列车脱轨恢复演练、设施恢复演练等一系列事故应急响应事件，提高事故应急响应效率，第一时间确保乘客安全。2017 年，东京都交通局共进行 2 次事故应急响应演练。

演练日期与地点：2017 年 10 月 20 日，三田线・志村车辆基地

演练预设事故情况：当列车穿过日比谷车站时，发生了震级为 6 级左右的地震，有一定冲击，并引发了停电情况。乘务员进行了紧急制动，部分列车车厢脱轨，由于冲击，部分乘客受伤。

演练 2：自然灾害应对演练

为了提高针对自然灾害情况下的应急响应，东京都交通局进行暴雨期间部分车站的防汛相关的演练，车站信息如表 15 所示。

演练日期与地点：2017 年 6 月 7 日，大江户线・三田线・春日站（换乘站）

演练预设事故情况：东京 23 区发布暴雨洪水警报，雨水已开始从各出站口渗入。

表 15　部分实施防汛演练的车站信息

演练日期	演练线路	演练车站
2017 年 10 月 6 日	浅草线	本所吾妻桥站
2017 年 11 月 2 日	大江户线	筑地市场站
2018 年 1 月 19 日	新宿线	滨町站

演练 3：都营地下铁与东京地下铁协作演练

作为东京都地区的地下铁运营方，地铁网络互联互通，都营地铁与东京地铁每年定期举行协作演练。2017 年，主要针对地震应急情况进行了演练，两公司员工相互合作，共同引导乘客疏散至安全地点，并发放救济物品，采取救助措施。

演练日期与地点：2017 年 12 月 14 日，大江户线・中野坂上站

演练预设事故情况：东京地区发生大规模地震，要确保地铁站的乘客安全。

演练 4：反恐演练

为有效提升应对暴恐事件的能力与效率，东京都交通局协同警察部门与消防部门共同、有计划地开展针对危险品的反恐演练，如图 9 和图 10 所示。

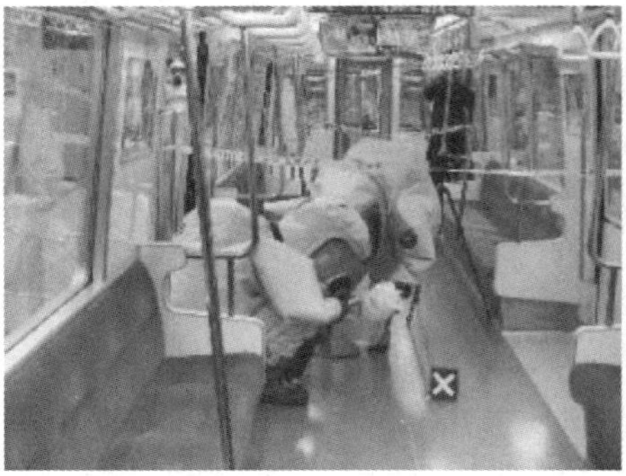

图 9　协同警察局排查危险物品

图 10　配合消防部门排查危险物质

表 16　各站反恐演练开展情况

演练日期	演练线路	演练车站
2017 年 5 月 26 日	大江户线	清澄白河站
2017 年 7 月 5 日	荒川线	荒川停车场
2017 年 12 月 5 日	新宿线	马喰横山站
2018 年 2 月 20 日	三田线	西巢鸭站
2018 年 3 月 14 日	日暮里 - 舍人线	舍人公园站
2018 年 3 月 15 日	浅草线	马込车辆段

3. 地铁换乘站防灾合作演练的案例

作为东京都地区的地下铁运营方，都营线与东京地铁线每年定期举行协作演练。在 2013 ~ 2017 财年，逐年进行两线路协同防灾演练，已成功完成合作演练 5 次。演练主要在人流密集的换乘站开展，演练内容主要针对地震、反恐、水灾、火灾等应急情况，以乘客生命安全保障为第一位，两公司员工相互合作，同时会协同消防局、警察局等部门，引导乘客疏散至安全地点，发放救济物品，采取必要的救助措施，提高保障乘客安全的能力与效率。

（1）2013 财年合作演练

演练预设事故情况：东京都发生 6 级地震，地铁换乘站内大量乘客被困。

演练日期与地点：2013 年 3 月 11 日，三田线·日比谷站（都营线）与有乐町线·有乐町站（东京地铁线）。

（2）2014 财年合作演练

演练预设事故情况：东京都发生 6 级地震，地铁换乘站内大量乘客被困。

演练日期与地点：2015 年 1 月 17 日，新宿线·九段下站（都营线）与半藏门线九段下站（东京地铁线）。

（3）2015 财年合作演练

演练预设事故情况：地铁换乘站发生有毒物品泄漏事件，有大量受害者。

演练日期与地点：2015 年 11 月 20 日，三田线·日比谷站（都营线）与有乐町线·有乐町站（东京地铁线）。

（4）2016 财年合作演练

演练预设事故情况：东京 23 区发布暴雨警报，地铁换乘站内积水严重。

演练日期与地点：2016 年 5 月 21 日，三田线·大江户线春日站（都营线）与南北线·丸之内线·后乐园站（东京地铁线）。

（5）2017 财年合作演练

演练预设事故情况：东京都发生 6 级地震，地铁换乘站内大量乘客被困。

演练日期与地点：2017 年 12 月 8 日，大江户线·中野坂上站（都营线）与丸之内线·中野坂上站（东京地铁线）。

参考文献

东京都统计年鉴（平成 28 年），http：//www. toukei. metro. tokyo. jp/tnenkan/2016/tn16q3i004. htm. 2019 - 4 - 22/2019 - 5 - 22。

JR 东日本旅客鉄道株式会社，https：//www. jreast. co. jp/sc/. 2019 - 5 - 22/2019 - 5 - 22。

国土交通省鉄道統計年報［平成 28 年度］，http：//www. mlit. go. jp/tetudo/tetudo_tk2_ 000045. html. 2019 - 5 - 10/2019 - 5 - 22。

东京地区铁路线延迟“可视化”（2017 年度），http：//www. mlit. go. jp/report/press/tetsudo02_ hh_ 000102. html. 2019 - 1 - 21/2019 - 5 - 22。

国土交通省．都市铁道整备，东京，2018，http：//www. mlit. go. jp/common/001245347. pdf. 2018－7－17/2019－1－20。

国土交通省鉄道統計年報［平成27年度］，http：//www. mlit. go. jp/tetudo/tetudo_ tk2_ 000040. html. 2018－12－28/2019－1－22。

Kurosaki F.，"Through-train Services：a Comparison Between Japan and Europe"，Japan Railway & Transport Review，2014.

東京地下鉄株式会社．安全報告書，东京，2018，https：//www. tokyometro. jp/safety/prevention/safety_ report/pdf/2018/report_ 11. pdf. 2018－9－13/2019－1－22。

東京都交通局，2018安全報告書（鉄・軌道事業），东京，2018，https：//www. kotsu. metro. tokyo. jp/about/safety/pdf/railwaybusiness_ 31. pdf. 2018－9－10/2019－1－22。

B.15
香港城市轨道交通网络运营管理

摘　要： 香港城市轨道交通系统是全球乘坐方便、服务质量高的轨道交通系统之一，其运营里程达230公里，日均客运量超过550万人次。香港铁路公司经营经济效率和财务状况良好，基本业务利润超过百亿港币/年。香港轨道交通采用划分细致、优惠多样的票制票价体系，并具有一套较为完善的票价调整机制。香港城市轨道交通采用线路独立运营模式运行，通过采用线路环形衔接、同台换乘设计、列车运行计划优化、接驳信息公布等措施提高了换乘客流组织和网络运营管理效率。

关键词： 票制票价　换乘客流组织　运营效率　香港

一　香港特别行政区及其城市轨道交通概况

1. 概述

香港特别行政区位于中国华南地区，包括香港岛、九龙、新界和周围262个岛屿，管辖陆地总面积1106.34平方公里。截至2018年6月，总人口约744.89万人，人口密度为每平方公里6830人（2017年），是世界上人口密度最高的地区之一。2017年地区生产总值（GDP）为26609.8亿港元（23034.8亿元），人均GDP为359996港元（311630.9元）。本地居民总收入（GNI）为27717.1亿港元（23993.3亿元），人均总收入为374977港元（324599.2元）。①

① 本地生产总值（人均）及本地居民总收入（人均）均为以2017年当时市价计算的数据。港币与人民币兑换率为1港币=1.1552人民币，为2017年内平均数字。

香港的城市公共交通包括轨道交通（地铁、轻轨、电车）、公交车、轮渡、出租车等，2018 年 10 月平均每日载客量超过 1324 万人次。其中轨道交通是最安全可靠、快捷舒适、环保的交通方式，是香港公共客运系统的骨干，每日载客量约占公共运输总载客量的 44%。

2018 年 1 ~ 10 月各类公共交通的平均每日载客量及其比例统计如表 1 所示。

表 1　2018 年 1 ~ 10 月按公共交通分类的平均每日载客量比重

单位：万人次，%

月份	轨道交通	专营巴士	公共小巴	轮渡	居民巴士	出租车	港铁巴士	合计
1	563.14	398.6	182.11	12.19	23.02	87.62	14.05	1280.73
2	550.29	388.75	176.85	13.48	22.27	89.75	13.03	1254.42
3	563.48	407.12	181.14	13.21	22.78	90.19	13.98	1291.9
4	547.7	399.52	179.29	13.71	22.01	88.17	13.69	1264.09
5	551.01	406.16	182.28	12.27	22.43	90.04	14.19	1278.38
6	548.85	400.75	181.42	11.47	22.58	89.95	13.88	1268.9
7	552.39	402.28	179.78	12.17	21.86	89.24	13.56	1271.28
8	559.46	402.44	180.28	12.63	22.54	88.97	13.35	1279.67
9	556.25	390.22	178.66	10.51	22.52	85.29	14.03	1257.48
10	580.34	422.61	181.89	13.6	22.72	88.2	14.72	1324.08
1 ~ 10 月平均	557.29	401.85	180.37	12.52	22.47	88.74	13.85	1277.09
占比	43.6	31.5	14.1	1.0	1.8	6.9	1.1	100

各类公共交通方式中，轨道交通所占比例最高，其次为专营巴士。轨道交通和各类巴士的载客量可占到全部载客量的 90%，轨道交通对于城市客运的分担量处于较高水平。一年中不同月份之间的载客量和各类交通方式的比例相对稳定。香港的公交巴士有多种分类，包括专营巴士、公共小巴、居民巴士等，进一步还可按不同运营商进行划分。

香港的轨道交通（也称铁路）包括地铁（也称港铁）、轻轨、机场快线、香港电车，其中地铁、轻轨、机场快线均由香港铁路公司（港铁）运营，香港电车由香港电车有限公司运营，该公司目前是威立雅运输集团的子公司。

香港各线路轨道交通年乘客人数如表 2 所示。

表 2　2012～2017 年香港轨道交通年乘客人数

单位：万人次

线路	2012 年	2013 年	2014 年	2015 年	2016 年	2017 年
港铁						
港铁线路	154477.6	159033.2	166515.3	169577.8	170353.6	175414.5
机场快线	1269.5	1365.5	1488.1	1572.5	1613.3	1662.1
轻轨	16721.0	17165.2	17419.9	17614.9	17870.9	17850.2
香港电车	7405.3	7228.2	6625.1	6485.4	6475.8	6280.6
合计	179873.3	184793.1	192048.4	195250.5	196313.6	201207.5

根据香港运输署 2018 年 10 月发布的资料，香港轨道交通不同类型系统近年来日均客运量如表 3 所示。

表 3　2013～2018 年香港轨道交通平均每日乘客人次

单位：万人次

年份	月份	港铁线路	机场快线	轻铁	香港电车	小计
2013		435.71	3.74	47.03	19.80^	506.28
2014		456.21	4.08	47.73	18.15^	526.16
2015		464.60	4.31	48.26	17.77^	534.93
2016		465.45	4.41	48.83	17.69^	536.38
2017	5	460.91	4.26	48.44	17.73	531.33
	6	470.40	4.41	49.43	16.36	540.60
	7	474.69	4.25	48.28	16.12	543.34
	8	465.97	4.54	46.55	15.37	532.44
	9	495.78	4.70	51.94	16.80	569.22
	10	488.48	5.04	50.49	17.07	561.09
	11	507.50	4.68	50.70	17.40^	580.28
	12	500.58	4.88	48.80	18.16	572.43

续表

年	月	港铁线路	机场快线	轻铁	香港电车	小计
2018	1	492.68	4.52	48.91	17.03	563.14
	2	482.72	4.34	46.77	16.47	550.29
	3	492.71	4.90	48.63	17.25	563.48
	4	477.59	5.18	47.92	17.01	547.70
	5	480.00	4.37	50.09	16.55	551.01
	6	477.98	4.84	50.01	16.01	548.85
	7	483.22	4.60	49.08	15.49	552.39
	8	491.87	4.64	47.64	15.30	559.46
	9	485.92 *	4.97	49.78	15.58	556.25
	10	507.42	5.23	50.72	16.98	580.34

注：港铁线路包括观塘、荃湾、港岛、东涌、迪士尼、将军澳、东铁、西铁、马鞍山、南港岛线、城际客运及高铁香港段。港铁港岛线于2014年12月28日延伸至香港大学站和坚尼地城站，而西营盘站则于2015年3月29日启用。港铁观塘线于2016年10月23日延伸至何文田站和黄埔站。南港岛线于2016年12月28日通车。高铁香港段于2018年9月23日通车。

* 包括高铁的乘客人次；^ 不包括免费乘搭日的乘客及在选定日期可免费乘坐电车的特定乘客。

香港城市轨道交通主要包括港铁和电车两大类。港铁（原称地铁公司）自1979年开始在市区运营，2007年12月地铁公司与九广铁路公司的车务运行业务正式合并（两铁路合并，港铁以租借形式运行东铁线、西铁线及相关设施，租借时间为50年），并成立为港铁公司。合并后的港铁网络是亚洲最具效率及覆盖面最广的铁路系统之一，由中环及铜锣湾的商业中心区连接至新界以及大屿山，包含香港地铁、轻轨和机场快线。整个铁路系统共有91个车站（换乘站不重复计算）和68个轻铁站，整个系统线路总长230.9公里。

2. 地铁线路

截至2018年底，香港地铁共营运10条地铁线路（一些新建线路合并到既有线路中，如九龙南线），网络覆盖香港岛、九龙及新界，分别为观塘、荃湾、港岛、南港岛、东涌、将军澳、迪士尼、东铁、马鞍山及西铁线，网络全长约187.4公里；其中东铁线的罗湖及落马洲站与深圳相连，方便旅客往来香港及深圳。

表 4　香港地铁线路各线情况

线路	通车年份	起点站	终点站	车站数(个)	长度(千米)	车厂
东铁线	1910	红磡	罗湖/落马洲	14	41.1	何东楼
观塘线	1979(2016 延长)	调景岭	黄埔	17	14.2	九龙湾
荃湾线	1982	中环	荃湾	16	16	荃湾
港岛线	1985	坚尼地城	柴湾	17	16	柴湾
东涌线	1998	香港	东涌	8	31.1	小濠湾
将军澳线	2002	北角	宝琳/康城	8	11.9	将军澳
西铁线	2003	红磡	屯门	12	35.4	八乡
马鞍山线	2004	乌溪沙	大围	9	11.4	大围
迪士尼线	2005	欣澳	迪士尼	2	3.3	小濠湾
南港岛线	2016	金钟	海怡半岛	5	7	黄竹坑

观塘线、荃湾线、港岛线及将军澳线设有维修车厂，分别为九龙湾、荃湾、柴湾及将军澳车厂，负责相应运行线路的 1500 伏直流电动车组维修保养工作；东铁线、马鞍山线及西铁线的维修车厂分别设于何东楼、大围及八乡，为相应线路的 25 千伏交流电动车组提供维修保养服务。轻铁车辆的维修在屯门车厂进行，机场快线、东涌线及迪士尼线的电动车组由小濠湾车厂负责维修保养。南港岛线的电动车组则由黄竹坑车厂负责维修保养。每个车厂均设有停车、洗车、预防性及故障性维修设施，包括更换重型设备时用的起重及顶升设备等。

香港地铁线路根据不同时间执行不同的发车间隔（服务水平），一般分为周一至周五、周六、周日及公共假期，有些线路在周一至周四、周五执行不同的发车间隔。各线在主要繁忙和非繁忙时段的发车间隔，如表 5 所列。此外，为方便市民欢度节日，港铁公司将于农历年除夕夜、中秋节、平安夜以及公历年除夕夜加强列车服务。

在平日运营中早高峰的客流相对密集，早高峰的发车间隔一般会略小于晚高峰；周六的高峰客流相对较小，周六的高峰时期发车间隔要大于周一至周五的高峰间隔；周日或公共假日的运营与其他时间不同，在中午和下午存在繁忙时间，发车间隔相对较小。各线路不同时段的在线运行列车数，如表 6 所示。

表 5　地铁路线列车平均班次情况

序号	线路	平日、星期日及公众假期（分钟）			星期六（分钟）		
		平日早上繁忙时段	平日晚上繁忙时段	平日非繁忙时段/星期日及公众假期*	早上繁忙时段	晚上繁忙时段	非繁忙时段*
1	港岛线	1.9	2.1	3.1~6	3	2.4	4~5
2	荃湾线	2.0	2.0	2.5~5.5	2.5	2.2	4~5.5
3	观塘线						
	调景岭－何文田	2.1	2.3	2.8~5	2.5	2.3	3.5~5.3
	何文田－黄埔	4.2	4.6	3.6~6.2	5	4.6	3.5~5.3
4	将军澳线						
	北角－将军澳	2.2	2.2	4~5.8	2.2	—	4~5.6
	北角－宝琳	2.5/4	2.5/4	4~6	2.5/4	—	4~6
	北角－康城	6.7	6.7	—	6.7	—	—
	调景岭－康城	—	—	10.5~13.8	—	—	10.7~13.8
5	南港岛线	3.3	3.3	4.5~6	4.5	4	4.5~5
6	东涌线						
	香港－青衣	3.6	4	6~12	5	—	6.5~12
	香港－东涌	6~8	4~8	6~12	10	—	6.5~12
7	迪士尼线	4.5~5	4.5~5	10#	4.5~5	4.5~5	10
8	西铁线	2.9	3.5	5~7	3.5	4	5~7
9	东铁线						
	红磡－上水	2.6~8	4~8	3.5~8	2.6~8	4~8	4~8
	红磡－罗湖	6~8	6~8	5.5~8	6~8	6~8	6~8
	红磡－落马洲	10~12	10~12	10~14	10~12	10~12	12~14
10	马鞍山线	3	4	5~8	3	4	4.5~7

注：* 于晨早及午夜时段，港岛线、南港岛线、荃湾线、观塘线、将军澳线、东铁线及西铁线班次将减至每 12 分钟一班，而部分轻铁路线班次将减至每 23 分钟一班。

#于星期日及公众假期，迪士尼线的列车班次将在香港迪士尼乐园的早上开放及晚上关门时间，维持每 4.5~5 分钟一班。

表 6　香港地铁线路在线列车数

线路	周一至周五						周六						周日/公共假期					
	1	2	3	4	5	6	1	2	3	4	5	6	1	2	3	4	5	6
港岛线		35	18	33	18	17		22	25	29		17		14	19	22		
荃湾线	17	34	22~20	34	20	19	17	27	27	31	27	19	14	25	25~22	27	—	17

续表

线路	周一至周五						周六						周日/公共假期					
	1	2	3	4	5	6	1	2	3	4	5	6	1	2	3	4	5	6
观塘线		34	20	32	21	19		28	29	31	19			26	26	26	17	17
将军澳线		16	9 2	16	8 2			16	9 2	9 2	8 2			8 2	9 2	9 2	8 2	
南港岛线		7	5	7	5	5		5	5	6		—		4	5	5	5	5
东涌线		13	9	13	11	11		10	10	10	10	10		10	10	10	10	10
迪士尼线		2	1	2	1			2	1	2	1	1		1	1	1	1	
西铁线	23	25	13	20	12	12		21	13	18	15			14	14	14	—	
东铁线	—	—	—	—	—	—	—	—	—	—	—	—	—	—	—	—	—	—
马鞍山线		13	8	11	—		8	13	10~8	11	—	—		8	8	8	8	
机场快线	—	—	—	—	—	—	—	—	—	—	—	—	—	—	—	—	—	—

注：①各个时段分别表示清晨、早上繁忙时间、午间（白天）、下午繁忙时间、晚间、深夜。②标志“–”的数据表示数据缺失，空白的数据表示该线路没有该时段的划分，线路至少包括早高峰、白天平峰、晚高峰这3项运行列车数。③将军澳线第2行数据为调景岭–康城的穿梭车在线列车数。

3. 机场快线

香港机场快线是连接香港国际机场及香港商业中心区最快捷的交通工具，也是全球最优质的一条机场铁路。机场快线全长35.3公里，旅客由机场前往中环市中心约需24分钟。此外，机场快线是旅客及参展商前往亚洲国际博览馆最方便的途径。由机场前往博览馆站只需约2分钟；由博览馆站前往市中心约需28分钟。机场快线5个车站分别是博览馆站、机场站、青衣站、九龙站、香港站，各车站为旅客提供一流设施和便捷服务，包括市区预办登机服务及机场快线穿梭巴士服务等。列车服务班次情况如表7所示。

表7　机场快线列车平均班次情况

线路	平日、星期日及公众假期（分钟）			星期六（分钟）		
	平日早上繁忙时段	平日晚上繁忙时段	平日非繁忙时段/星期日及公众假期 *	早上繁忙时段	晚上繁忙时段	非繁忙时段 *
机场快线	10	10	10~12	10	10	10~12

香港的机场快线与东涌线分线运营，九龙站至青衣站段为双向 4 线轨道，外侧为东涌线使用；在香港站至九龙站、青衣站至欣澳以及欣澳站至小濠湾车厂站区间东涌线与机场快线共用轨道。机场快轨与东涌线在香港、九龙、青衣站可实现换乘，由于机场线收费系统相对独立，两条线路无法进行无缝衔接。

4. 轻轨（轻铁）

轻铁（Light Rail）是一个区域性运输系统，自 1988 年开始运营，是新界西北区的主要交通工具，并随着市镇发展而不断拓展。2003 年天水围支线通车后，轻铁网络拓展至 36. 15 千米，共有车站 68 座。轻轨还是接驳地铁的主要手段，在元朗、天水围、兆康、屯门 4 站可以换乘西铁线。根据线路的运行区域可以将 12 条轻铁线路分为 5 个区，各线路在同一物理轨道网络上运行，表 8 是各线路的基本运行情况。

表 8　轻铁线路各线运行情况

区域	线路号	起终点	行车里程（千米）	车站数（个）	行车时间（分钟）
屯门区内	505	三圣 – 兆康	5. 9	北 16 南 14	24
	507	屯门码头 – 田景	6. 6	16	27
	614P	屯门码头 – 兆康	北 5. 9 南 5. 6	13	21
	615P	屯门码头 – 兆康	北 6. 6 南 6. 8	16	23
屯门 – 元朗	610	屯门码头 – 元朗	北 13. 7 南 14. 3	26	45
	614	屯门码头 – 元朗	13. 4	24	42
	615	屯门码头 – 元朗	北 13. 9 南 14. 6	26	45
屯门 – 天水围	751	友爱 – 天逸	11. 9	北 23 南 22	41
天水围区内	705	天水围循环线	5. 9	15	25
	706	天水围循环线	5. 8	15	25
	751P（繁忙时服务）	天水围 – 天逸	3. 3	9	17
元朗 – 天水围	761P	天逸 – 元朗	北 6. 8 南 7. 4	14	28

与地铁类似，轻轨在平日、周六、周日及公共假期执行不同的发车间隔。因为轻轨服务大量通学客流，在学校假期（非公共假期）时，轻轨将执行与周六接近的发车间隔。表 9 为轻轨平均班次情况，表 10 为轻轨不同时段上线列车数情况。

表 9　轻轨列车平均班次情况

单位：分钟

线路	平日、星期日及公众假期			星期六		
	平日早上繁忙时段	平日晚上繁忙时段	平日非繁忙时段/星期日及公众假期	早上繁忙时段	晚上繁忙时段	非繁忙时段
路线 505	6 ~ 9	5 ~ 9	7 ~ 14	6 ~ 9	5 ~ 9	8 ~ 14
路线 507	5 ~ 9	6 ~ 9	7 ~ 15	6 ~ 9	6 ~ 9	7 ~ 15
路线 610	5 ~ 9	5 ~ 10	8 ~ 17	6 ~ 12	7 ~ 10	8 ~ 17
路线 614	10 ~ 17	10 ~ 16	11 ~ 23	11 ~ 15	11 ~ 16	12 ~ 23
路线 614P	9 ~ 12	8 ~ 12	10 ~ 20	9 ~ 14	8 ~ 13	9 ~ 16
路线 615	10 ~ 18	10 ~ 18	11 ~ 23	11 ~ 15	12 ~ 15	14 ~ 23
路线 615P	9 ~ 12	8 ~ 12	10 ~ 20	9 ~ 14	8 ~ 13	10 ~ 16
路线 705	5 ~ 6	5 ~ 7	6 ~ 11	4 ~ 6	5 ~ 6	5 ~ 11
路线 706	5 ~ 7	5 ~ 7	6 ~ 13	5 ~ 6	4 ~ 7	6 ~ 10
路线 751	4 ~ 9	5 ~ 9	7 ~ 16	5 ~ 9	8 ~ 11	8 ~ 16
路线 751P	7 ~ 15	5 ~ 12	—	—	—	—
路线 761P	3 ~ 7	4 ~ 6	5 ~ 14	4 ~ 6	5 ~ 8	6 ~ 14

表 10　轻轨运营车辆数（车底数）

线路	周一至周五						周六/学校假期						周日/假期					
	1	2	3	4	5	6	1	2	3	4	5	6	1	2	3	4	5	6
505	5	11/2/3	6	8/2	5/1	4	5/3	7/4	6/4	8/4	4/1	4/1	5/3	7/4	7/4	7/4	5/4	4
507	6	12/2/2	6/2	8/2	7/2	5	5/2	7/4	7/5	7/5	6/3	5/1	5/2	6/3 6/4	7/5	7/5	6/4	5
614P	4	6/ ~ /1	4	5	4	5	4	5	4	5	4	5	3	4/1	5/3	5/3	4/1	5
615P	4	5	4	5	4	4	4	5	4	5	4	4	3	4/1	5/3	5/2	5/1	4
610	11/3	13/2	10/2	12/1	9/1	6	7	11/4	9/4	11/4	9/2	8	8/3	8/2	10/3	10/3	10/3	6
614	6	8/ ~ /1	6	7/1	6	5	7/1	7	7	7	6	5	5	6	7	7	6	5
615	7/2	7	6	8	5	5	7	8	6	7	6	5	5	6	7	7	5	5
751	11/6	13/6/1	9/3	13/6	9/3	6/2	8/5	12/8	9/5	9/7	9/4	6/2	6/3	10/4	12/6	12/6	10/6	6/3
705	3/3	7/5/2	4/4	5/5	4/4	3/3	3/3	6/6	5/5	5/5	5/5	3/3	3/3	4/4	5/5	5/5	4/4	3/3
706	3/3	7/5/2	4/4	5/5	—	—	3/3	5/5	4/4	5/5	4/4	3/3	3/3	4/4	5/5	5/5	4/4	3/3

续表

线路	周一至周五						周六/学校假期						周日/假期					
	1	2	3	4	5	6	1	2	3	4	5	6	1	2	3	4	5	6
751P		4/~/1		4														
761P	9/4	13/13	10/10	12/12	—	—	6/4	11/11	9/9	9/9	8/8	—	6/5	8/8	10/10	10/10	6/6	5/5

注：①各个时段分别表示清晨、早上繁忙时间、午间（白天）、下午繁忙时间、晚间、深夜。②运营车辆数中3个数字分别表述：总数、其中的托卡班次（2列编组）、特别班次数目。

5. 电车

香港电车于1904年开始运行，最初使用26辆电车，已经发展至164辆双层电车，平均每日载客量20万人次。电车系统线路共30公里，设120个车站，平均站间距较短，约为250米。香港电车共有7个电车总站，分别是坚尼地城、石塘咀、上环街市（现称西港城）、铜锣湾、北角、筲箕湾及跑马地，也有部分电车班次以屈地街电车厂或西湾河电车厂作为终点站。香港电车经营6条线路连接坚尼地城至筲箕湾，由坚尼地城至筲箕湾的一段为双轨，长13公里；环绕跑马地的一段为单轨，长约3公里。6条电车线路分别为：上环（西港城）－筲箕湾、跑马地－筲箕湾、石塘咀－北角、石塘咀－铜锣湾、坚尼地城－跑马地、坚尼地城－筲箕湾。

6. 港铁运营和收支情况

根据2017年港铁财报，2017年港铁公司基本业务利润达到105.15亿港币，比2016年上升11.3%。按照业务划分各项收入如表11所示。

表11　2016～2017年港铁公司总收入分类

单位：百万港元

年度	2017			2016		
项目	净收入	净支出	EBITDA	净收入	净支出	EBITDA
香港客运业务	18201	10726	7475	17655	10022	7633
香港车站商务	5975	501	5474	5544	532	5012
香港物业租赁及管理业务	4900	802	4098	4741	811	3930

续表

年度	2017			2016		
项目	净收入	净支出	EBITDA	净收入	净支出	EBITDA
中国内地及国际的铁路、物业租赁及管理附属公司	16990	16088	902	13478	12890	588
其他业务	2378	2318	60	2423	2278	145
中国内地物业发展	6996	7328	-322	1348	1709	-361
总收入	55440	37763	17677	45189	28242	16947

注：EBITDA 表示税息折旧及摊销前利润。

对于香港客运业务，按照不同的经营内容对总收入进行分类，如表 12 所示。客运业务中，2017 年总开支为 107.26 亿港元（见表 11），扣除折旧、摊销及非定期付款前的毛利率为 41.1%，扣除后毛利率为 9.1%。

表 12　2016～2017 年港铁公司香港客运业务总收入分类

单位：百万港元

年度	2017	2016
本地铁路服务	12840	12395
过境服务	3277	3252
机场快线	1076	998
轻铁及巴士	707	707
城际客运服务	135	137
其他铁路相关收入	166	166
总收入	18201	17655

对于香港车站业务，按照不同的经营内容对总收入进行分类，如表 13 所示。总开支为 5.01 亿港元，扣除折旧、摊销及非定期付款前的毛利率为 91.6%，扣除后毛利率为 79.0%。

表 13　2016～2017 年港铁公司香港车站业务总收入分类

单位：百万港元

年度	2017	2016
车站零售设施	4143	3723
广告	1071	1090

续表

年度	2017	2016
电讯业务	635	561
其他车站商务	126	170
总收入	5975	5544

对香港物业租赁及管理业务，中国内地及国际的铁路、物业租赁及管理附属公司、其他业务中各项收入进行归纳，如表 14 所示。

表 14　2017 年港铁公司其余收入分类

单位：百万港元，%

	香港物业租赁及管理业务		中国内地及国际的铁路、物业租赁及管理附属公司		其他业务	
总收入	4900		16990		2378	
总开支	802		16088		2318	
EBITDA	4098		902		60	
EBIT	4082		766		-5	
EBITDA 毛利率	83.6		5.3		2.5	
EBIT 毛利率	93.3		4.5		—	
分项	物业管理	292	(EBITDA)		昂坪 360	263
	物业租赁	4608	MTR Nordic	234	顾问业务	356
			伦敦 Crossrail	59	香港特区政府项目管理	1725
			墨尔本铁路	214	其他业务	34
			Sydney Metro Northwest	251		
			深圳龙华线	124		
			中国内地物业租赁及管理业务	20		
	合计	4900	合计(EBITDA)	902	合计	2378

二　香港轨道交通的票制票价

1. 港铁的票制票价

港铁的票制主要包括单程票、八达通和旅游票 3 种，此外还有港铁公司推出的常客车票计划，每个票制下都有详细的分类。整体上，香港轨道交通采用计程票价，乘坐的车站数量越多票价越高。

（1）单程票

单程票只可用于购票当日使用，价格根据车程距离决定。最低票价为4.0港元，最高票价为58港元。除了机场快线外，不设往返票。单程票分为成人票、特惠票，其中特惠票适用于3～11岁的儿童或65岁及以上的老年人。线网中尖沙咀、尖东站为两个独立车站，分别设有出入站闸机，使用单程票的乘客通过这两个站换乘时，需要分别购买两段行程的车票。

（2）八达通

八达通系统是一种电子票务系统，适用于港铁、机场快线、轻铁、巴士、小轮等多种公共交通工具。八达通分为成人、老年人、儿童、个人卡4个卡种。成人八达通卡是彩色的；老年人八达通卡是绿色的；儿童八达通卡是粉红色的，适用于年龄在3～11岁的儿童，使用儿童八达通卡乘搭公共交通工具（小巴及部分屋村巴士除外）可以有半价优惠；个人八达通卡也是彩色的，是八达通公司发行的一种实名的八达通卡。个人八达通卡需要注册，卡上印有持卡人的姓名及相片，储存了持卡人的年龄以判断所属的年龄组别（儿童、成人或老年人），多用于进入大厦等设施，或用于取代学生八达通。地铁网络内，在绝大部分情况下使用八达通的票价低于单程票票价，只有少数几个车站间八达通票价略高于单程票。

（3）旅游票

①成人游客全日通

可于任意一天任意次乘坐地铁及轻铁（机场快线、港铁巴士、东铁线头等车厢，以及来往罗湖或落马洲站除外），只限于非香港居民并且直至购票当日在香港逗留少于14天的游客使用。任意一天指首次车程进入闸机开始24小时内。成人游客全日通售价为65港币，在发票当日内1个月有效。

②儿童游客全日通

类似于成人游客全日通，只适用于3～11岁的儿童，售价为30港币。

③机场快线旅游票

机场快线旅游票的售价为250港币（一程）或350港币（两程）。机场快线旅游票的可乘车范围：乘坐任1次或2次机场快线单程车程（不包括机场至展览馆)，以及连续 3 天内无限次搭乘港铁、轻铁及港铁巴士（新界西北）（机场快线额外车程、港铁巴士、东铁线头等车厢，以及来往罗湖或落马洲站除外）旅游票的使用对象、发售方式与全日通票相同。如果乘客将旅游票交回港铁客服中心，可返还 50 港元。机场快线为独立收费线路，其车票包括八达通、单程票、即日来回票、来回票，其中来回票在往返之间在 30 日内有效，适合于短期出行。机场快线票价如表 15 所示。

表 15　香港机场快线票价

单位：港币

往/返	往返机场			往返博览馆		市区往返博览馆(优惠)
	单程/即日来回		来回	单程/即日来回		即日来回(博览馆逗留 1 小时)
	八达通	智能车票	智能车票	八达通	智能车票	八达通
香港站	110	115	205	100	115	80
九龙站	100	105	185	100	105	72
青衣站	65	70	120	65	70	47
机场站	—	—	—	5. 5	6	—

注：表中票价为成人票，儿童票半价。

此外，机场快线设置团体车票，组团出行可以享受团队优惠价，如表 16 所示。

表 16　香港机场快线团队票票价

单位：港币

	2 人行	3 人行	4 人行
香港 – 机场	170 85(每位平均价)	230 76. 7(每位平均价)	280 70(每位平均价)
九龙 – 机场	150 75(每位平均价)	210 70(每位平均价)	250 62. 5(每位平均价)
青衣 – 机场	100 50(每位平均价)	140 46. 7(每位平均价)	170 42. 5(每位平均价)

④常客车票计划

港铁公司为吸引公商务乘客、提高铁路竞争力，提出了系列常客车票计划。主要有港铁都会票、全月通加强版和日票类常旅客车票。

常客客票1：港铁都会票

港铁都会票覆盖63个市区车站，允许40日内乘坐40次，售价为435港元。允许使用车站如表17所示。

表17　港铁都会票服务车站范围

指定港铁车站	
荃湾线	所有车站
港岛线	所有车站
南港岛线	所有车站
观塘线	所有车站
将军澳线	所有车站
东涌线	香港至青衣各站
西铁线	红磡至荃湾西各站
东铁线	红磡至九龙塘各站(不适用于头等)

常客客票2：全月通加强版

全月通加强版旅客票共有5款，乘客除可于有效月份内无限次往来指定车站外，指定车站外的车程，可享原价车费75折优惠。

表18　全月通加强版类型及售价情况

单位：港元

全月通加强版		售价
东铁线(普通线)及马鞍山线	上水/乌溪沙－尖东	485
西铁线	屯门－南昌	515
西铁线	屯门－红磡	600
东涌线	东涌－南昌	405
东涌线	东涌－香港	635

常客客票3：日票加强版

屯门至南昌发行屯门－南昌全日通，该票可于购票当天无限次乘搭往来屯门至南昌沿途各站、轻铁及港铁巴士。

2. 香港电车票制票价

香港电车采用单一票价制度，车票包括单程票、月票、旅游票，单程票有成人票、儿童票、老人票，票价分别为 2.6 港元、1.3 港元、1.2 港元。旅游票为四日通行票，即允许 4 天内无限次数乘坐。可以通过八达通、月票或现金交纳车费。

表 19　香港电车车票类型及票价情况

单位：港元

类型	票价
成人票	2.6
儿童票(3～12 岁)	1.3
长者票(65 岁及以上)	1.2
月票	220
四日通行票	34

3. 轻铁票制票价

轻铁与地铁不能直接换乘，其收费系统是独立的。轻铁设有 2 种收费模式，分别为八达通和单程票。单程票采用分区收费，有效时间为 2 小时，可在单程票所属收费区内以单一方向乘坐列车，不可作为回程或重复乘车使用。轻铁的票价如表 20 所示。

八达通票按照乘坐的车站数量进行收费，票价如表 21 所示。

表 20　香港轻铁单程票票价

单位：港元

类型	收费区数量		
	1～2	3	4～5
成人票	5.5	6.5	7.5
特价票	2.5	3.5	4.0

表 21　香港轻铁八达通票票价

单位：港元

类型	车站数量						
	1~3 站	4~6 站	7~12 站	13~15 站	16~18 站	19~21 站	22 站或以上
成人	4.7	4.9	5.0	5.7	6.1	6.9	7.2
儿童、学生	2.1	2.1	2.5	2.8	3.1	3.1	3.6
老人、残疾人	2.0	2.0	2.0	2.0	2.0	2.0	2.0

此外，八达通卡有日票和月票，有屯门－南昌全月通、屯门－红磡全月通、屯门－南昌全日通的乘客可以免费搭乘轻铁。但通过月票乘车需要确认八达通，持有日票可以直接乘车（需要乘车证）。

使用八达通卡的轻铁乘客还可以享受部分车费优惠，包括当日第 2 次乘车票价 9 折、3% 的车费回赠、学生优惠、残疾人优惠、轻铁积分优惠。西铁线或持有西铁线全月通加强版的乘客可以免费通过轻铁转乘西铁线。轻铁采用开放式的检票系统，即不设闸机，主要是受到站台宽度的限制，同时为了减少土地占用。轻铁客运助理会在车站、车厢内进行查票工作，未能及时出示有效车票的乘客会被加收附加费，是成人最高单程票票价的 50 倍（目前约为 290 港元）。

4. 过境列车票价

目前香港的过境列车主要有红磡站（也称九龙站）通过东铁线开行的港铁城际直通车以及九龙西站开行的高速铁路列车。在高速铁路列车开通后，城际直通车主要运行红磡－广州区段，票价如表 22 所示。

表 22　东铁线城际直通车票价

单位：港元

到发站	红磡－常平/广州东					
	红磡－常平		红磡－广州东			
项目	一等		特等		一等	
	成人	儿童	成人	儿童	成人	儿童
票价	155	78	250	125	210	105

续表

列车车次	北行列车(Z):812,825,820,804,808,814,826,818,810,828,816,802					
	南行列车(Z):801,807,813,823,817,809,825,815,803,819,827,811					
到发站	红磡－常平/广州东/佛山					
	红磡－常平		红磡－广州东		红磡－佛山	
项目	成人	儿童	成人	儿童	成人	儿童
票价	155	78	250	125	230	115
列车车次	北行列车:Z804;南行列车:Z806/3					

5. 票价调整机制

根据2016年版港铁可持续发展报告，港铁可根据经济情况调整票价，因此票价的变动有一定程度的可预测性。该机制有助于港铁在履行对股东的财务责任与社会期望之间取得平衡，适用于重铁、轻铁、港铁巴士的票价，以及向乘搭机场快线的机场员工所收取的票价。票价调整机制方程式包含多个组成部分。政府统计处所公布的综合消费物价指数和运输业名义工资指数的变动，反映了港铁营运成本的变化。通过引入生产力因素，乘客便可分享到港铁提升生产力所带来的收益。

根据港铁的运营协议，票价一般每五年调整一次。在2013年进行了首次调整，对默认的生产力因素进行修订，并考虑了以下因素。

（1）生产力因素

于2008～2012年的五年内，港铁铁路业务合并后，生产力增加了1.2%。港铁在首次票价调整机制讨论中，与乘客分享港铁提升生产力所带来的收益，把生产力因素设定为0.6%。

（2）负担能力挂钩安排

整体调整幅度计算出来后，会与政府前一年第四季度的家庭每月收入中位数进行比较，并以此中位数为上限。假如家庭收入中位数的按年变动为0或负值，则票价不会调整。这项设置在经济低迷时提供票价援助，其提供的负担能力折扣会在2年内逐步撤销。

（3）服务表现挂钩安排

对因设备故障或人为失误所引致的每宗超过30分钟的列车服务延误，

港铁拨出预先确定的金额（根据服务延误时间按比例增减），并于随后一年通过既定机制向乘客提供回赠。

（4）分享利润机制

按照港铁相关业务产生的利润按比例增减，拨出预先确定的一个金额，再通过回赠机制，向客户提供折扣作为分享的利润。

2016 年，票价调整方案于 6 月生效，整体票价调整幅度 +2.65%，反映以下因素：名义工资指数按年上升 4.1%，2015 年 12 月，综合消费物价指数按年变动为 2.4%；生产力因素为 0.6%。2016 年的调整幅度，低于 2015 年第四季家庭每月收入中位数按年升幅 3.33%。

三　换乘站客流组织

香港地铁线路中（含机场快轨），共有 20 个换乘站，其中 1 个换乘站为 3 线换乘，其余均为 2 线换乘车站。各换乘站的换乘信息和站台结构如表 23 所示。

表 23　香港地铁换乘站信息

线路 1	线路 2	车站	线路 1 上行站台	线路 1 下行站台	线路 2 上行站台	线路 2 下行站台	同台换乘
观塘线	将军澳线	油塘	1#岛 U1	2#岛 U2	3#岛 U2	4#岛 U1	是
		调景岭	1#岛 L2 终点	2#岛 L1 起点	3#岛 L2	4#岛 L1	是
荃湾线	观塘线	太子	1#岛上	4#岛下	3#岛下	2#岛上	是
		旺角	1#岛 L2	2#岛 L3	3#岛 L2	4#岛 L3	是
		油麻地	1#岛 L2	2#岛 L2	3#岛 L3	4#岛 L3	否
荃湾线	港岛线	中环	1#2#岛 L3 起点	（与上行站台相同）终点	3#单侧 L2	4#单侧 L4	否
		金钟	1#岛 L3	4#岛 L2	3#岛 L2	2#岛 L3	是
荃湾线	港岛线	北角	1#岛 L3	2#岛 L2	3#岛 L3	4#岛 L2	是
		鲗鱼涌	1#岛上	2#岛上	3#岛下	4#岛下	否
东铁线	马鞍山线	大围	1#单侧	2#岛	3#岛终点	4#单侧	是

续表

线路 1	线路 2	车站	线路 1 上行站台	线路 1 下行站台	线路 2 上行站台	线路 2 下行站台	同台换乘
东铁线	观塘线	九龙塘	1#岛 G	2#岛 G	1#岛 L2	2#岛 L2	否
东铁线	西铁线	红磡	1#岛 1 4#岛 2 起点	（与上行站台相同） 终点	2#岛 1 3#岛 2 起点	（与上行站台相同） 终点	是（平面布局，中间为西铁线）
		另：	5#6#岛城际直通车（广州东等）				
南港岛线	荃湾线/港岛线	金钟	5#6#岛 L6 起点	（与上行站台相同）终点	—	—	否
西铁线	东涌线	南昌	1#岛	2#单侧	3#单侧	4#岛	是（平面布局,3/4 站台中间为机场快线）
西铁线	荃湾线	美孚	1#岛 P	2#岛 P	1#岛 L3	2#岛 L3	否
线路 1	线路 2	车站	线路 1 上行站台	线路 1 下行站台	线路 2 上行站台	线路 2 下行站台	同台换乘
荃湾线	东涌线	荔景	1#岛 L3	2#岛 L5	3#岛 L3	4#岛 L5	是（L54#站台并列机场快线）
东涌线	迪士尼线	欣澳	1#岛 1	2#单侧	3#单侧 起点	（与上行站台相同）终点	是
东涌线	机场快轨	香港	3#4#岛 L4 起点	（与上行站台相同）终点	1#侧 L22#（预留）侧 L2 起点	（与上行站台相同）终点	否
		九龙	3#岛 L4	4#岛 L4	1#侧 L2	2#侧 L2	否
		青衣	3#侧 U4	4#侧 U2	1#侧 U4	2#侧 U2	否

注：①表中“岛”表示岛式站台，“侧”表示侧式站台，之后的符号表示该站台在站内的序号或位置，各个站有所不同，其中 L 表示地下，U 表示地上。②三线换乘站金钟站被分开表示，其中的南港岛线站台为单一岛式站台。

综上所述，香港地铁换乘站客流组织特点可归纳如下。

1. 通过多条线路衔接形成环线

香港地铁线网中没有环线，而是通过多条线路的换乘衔接形成环形结构。线网中的港岛、将军澳、观塘、荃湾线通过多点的换乘连接，形成环形通道，并且通过同台换乘提高换乘效率。相比存在环线的地铁网络，这种模式能够减少因环线换乘产生的成本，同时提高线路的运输里程和运输效率。

2. 通过连续同台换乘提高换乘效率

香港地铁为提高线路间的换乘效率，采用连续同台换乘方法以缩短乘客的换乘时间。在成环的 4 条线路之间均通过至少 2 个换乘站实现换乘（荃湾线、官塘线的换乘站为 3 个）。

以荃湾线、观塘线换乘为例，两线的换乘车站依次为太子、旺角、油麻地，其中油麻地站为非同台换乘车站。太子站能够实现荃湾线上行与观塘线下行、荃湾线下行与观塘线上行的同台换乘；旺角站能实现荃湾线上行与观塘线上行、荃湾线下行与观塘线下行的同台换乘。乘坐荃湾线向荃湾方向（上行）进行换乘时，可以分别在旺角站同台换乘观塘线的调景岭方向（上行方向），在太子站同台换乘观塘线的黄埔方向（下行方向）。

除了连续同台换乘外，香港地铁网络还通过单向同台换乘来减少大客流方向的换乘时间，如大围站（马鞍山线进城方向）、红磡站（东铁线、西铁线）、欣澳站（东涌线出城方向）。

3. 调整列车运行配合大客流换乘情况

香港地铁在运行中进行调整以配合需要换乘的大客流，主要方法是加密部分区段的列车、调整列车始发车站。

（1）东铁线在周一至周五的早高峰会开行部分短途的列车，以缓解大围站的换乘压力（马鞍山线换乘进城），即除了在红磡 - 罗湖/落马洲/上水区间运行外，会开行红磡至大埔墟、红磡至火炭、大埔墟至旺角东、火炭至旺角东的列车，以缩短火炭 - 旺角东区段的列车间隔，减少大围站的乘客候车时间和排队人数。

（2）荃湾线在周一至周五下午繁忙时间会开行 4 列金钟至荃湾的列车，即列车不在始发站中环站开始运行，而是在金钟站开始运行，为了给南港岛线换乘至荃湾线的乘客提供一定的运输能力，以免出现中环开出的列车满载率高，而在金钟站出现大量留乘的情况。

（3）西铁线会在周一至周五早高峰时间开行 2 列天水围至红磡的列车，以缩短发车间隔，同时配合轻铁天水围站乘客换乘。西铁线上的屯门、兆康、天水围、元朗等车站均为轻轨的主要车站，列车自天水围开出能够减少天水围乘客的留乘情况。

4. 强化公布末班车的接驳信息

香港地铁在运行中考虑线路之间的列车衔接，特别是末班车的衔接问题。例如，在西铁线中会明确公布接驳东铁线至罗湖/落马洲列车的最后一班列车时间，同样在东铁线会公布接驳西铁线至屯门最后一班列车的时间。

四　香港城市轨道交通企业财务情况

根据港铁 2018 年中财报，香港城市轨道交通相关企业包括香港铁路公司（港铁公司）、九广铁路公司、香港电车公司。其中九广铁路公司拥有既有铁路资产（被港铁公司租借），不进行实际运营；香港电车目前由九龙仓集团有限公司、威立雅运输集团合营的香港电车有限公司经营。截至 2018 年中，港铁公司的总的收支及营运情况如表 24 所示。

表 24　2018 年港铁公司年中总收支和运营情况

项目	截至 6 月 30 日半年度		
	2018 年	2017 年	增/(减)百分率(%)
财务摘要(百万港元)			
收入			
——香港客运业务	9328	8957	4.1
——香港车站商务	3075	2788	10.3
——香港物业租赁及管理业务	2517	2432	3.5
——中国内地及国际得到线路、物业租赁及管理业务附属公司	10453	8015	30.4
——中国内地的物业发展	—	6833	(100.0)
——其他业务	1000	968	3.3
未计香港物业发展利润、折旧、摊销及每年非定额付款前经营利润	9304	11232	(17.2)

续表

项目	截至6月30日半年度		
	2018年	2017年	增/(减)百分率(%)
香港物业发展利润	158	622	(74.6)
未计折旧、摊销及每年非定额付款前经营利润	9462	11854	(20.2)
来自基本业务的公司股东应占利润	4648	5848	(20.5)
资本总值	262814	263768	(0.4)
贷款、其他负债及银行透支	38355	42043	(8.8)
服务经营权负债	10439	10470	(0.3)
公司股东应占权益	168242	166304	1.2
财务比率			
经营毛利率(%)	35.3	37.4	(2.1)个百分点
经营毛利率(不包括中国内地及国际附属公司)(%)	56.0	56.8	(0.8)个百分点
净负债权益比率*(%)	20.8	20.6^#	0.2个百分点
利息保障(倍数)	11.6	18.4	(6.8)倍
营运摘要			
在香港的总乘客人次(百万人次)			
——本地铁路服务	816.1	798.3	2.2
——过境服务	58.1	54.8	5.9
——机场快线	8.5	8.0	6.1
——轻铁及巴士	113.2	112.5	0.7
平均乘客人次(千人次)			
——本地铁路服务	4802	4700	2.2
——过境服务	320.8	303.0	5.9
——机场快线	47.0	44.2	6.1
——轻铁及巴士	647.1	642.6	0.7
每名乘客车费收入(港元)			
——本地铁路服务	8.00	7.95	0.6
——过境服务	29.67	29.32	1.2
——机场快线	65.77	62.87	4.6
——轻铁及巴士	3.16	3.14	0.8
专营公共交通载客量比率(1~5月)(%)	49.2	48.8	0.4个百分点

注：*计入服务经营权负债及非控股权益持有者贷款作为债务的一部分。

#倘从发展商收到有关支付黄竹坑站第二期地价的款项（已于2018年支付政府）不包括于2017年12月31日的现金结余内，集团于2017年12月31日的净负债权益比率将会是23.7%。^于2017年12月31日的数据。

1. 客运业务收入

经济增长产生更多的客流量。2018 年前六个月的香港客运业务总收入因而上升至 93.28 亿港元（见表 25）。由于年度奖金的会计拨备，员工薪酬开支上升，EBITDA 下降至 41.01 亿港元，跌幅为 1.7%，而这一拨备在 2017 年同期没有计提。新资产的启用导致折旧和摊销的费用增加，同时每年的非定额付款也有所上升，EBIT 下降至 11.48 亿元，跌幅为 13.0%。

表 25　港铁公司客运业务收入

	截至 6 月 30 日半年度		
	2018 年	2017 年	增/(减)百分率(%)
香港客运业务(百万港元)			
车费收入	9243	8878	4.1
其他铁路相关收入	85	79	7.6
总收入	9328	8957	4.1
未计折旧、摊销及每年非定额付款前经营利润(EBITDA)	4101	4173	(1.7)
未计利息及财务开支前合计及每年非定额付款后的经营利润(EBIT)	1148	1320	(13.0)
EBITDA 毛利率(%)	44.0	46.6	(2.6)个百分点
EBIT 毛利率(%)	12.3	14.7	(2.4)个百分点

表 26 给出了港铁公司香港客运业务的车费收入数据。

表 26　港铁公司香港客运业务中的车费收入

单位：百万港元，%

项目	截至 6 月 30 日半年度		
	2018 年	2017 年	增/(减)百分率
车费收入			
本地铁路服务	6531	6349	2.9
过境服务	1723	1608	7.2
机场快线	559	503	11.1
轻铁及巴士	358	353	1.4
城际客运	72	65	10.8
车费总收入	9243	8878	4.1

2018 年前六个月，港铁公司所有铁路和巴士客运服务的总客流量上升至 9.978 亿人次，增幅为 2.3%，周日平均客流量增加至 580 万人次，增幅为 2.1%。本地铁路服务［包括观塘线、荃湾线、港岛线、东涌线、将军澳线、迪士尼线、东铁线（不包括过境服务）、西铁线、马鞍山线及南港岛线］的总客流量达 8.161 亿人次，较 2017 年同期增加 2.2%。受到内地旅客人数回升影响，罗湖及落马洲过境服务的客流量增加至 5810 万人次，增幅为 5.9%。由于航空旅客量增长，机场快线的客流量乘客量上升至 850 万人次，增幅为 6.1%。

2. 市场占有率

港铁公司于 2018 年前五个月在香港专营公共交通工具市场的整体占有率为 49.2%，而 2017 年同期为 48.8%。其中，港铁公司在过海交通工具市场的占有率为 69.2%，而 2017 年同期为 69.3%，港铁公司于 2018 年前五个月在过境业务的市场占有率由 50.2% 上升至 51.8%，而在往返机场交通工具市场的占有率也由 21.3% 上升至 21.7%。

3. 票价调整、推广及优惠

根据票价调整机制，港铁票价于 2018/2019 年度的调整幅度为 3.14%，自 2018 年 6 月 30 日起生效。由于 2017/2018 年度的整体票价调整幅度低于 1.5%，因此该年度未进行票价调整，而是将整体票价调整幅度转移并包括在 2018/2019 年度的票价调整内。港铁于 2018 年 5 月 28 日公布的 2018/2019 年度票价推广计划，为顾客节省逾 5 亿港元车费，其中包括以下几点。

- 向八达通乘客提供为期六个月的单程 3% 车费折扣至 2019 年 1 月 1 日。
- 2018 年内不调整港铁都会票、全月通加强版及屯门－南昌全日通的售价。
- 自 2018 年 6 月 3 日起，为换乘港铁及绿色专线小巴路线的八达通乘客提供每程 0.3 港元的折扣优惠。
- 延长早晨折扣优惠计划至 2019 年 5 月 31 日，以及每年为老年人、儿童、学生及残疾人等不同群体提供的固定优惠和其他换乘优惠合共 26 亿港元，港铁在截至 2019 年 6 月的 12 个月期间为乘客提供的车费优惠将超过 30 亿港元。

4. 财务情况

2018 年上半年，港铁集团经常性业务收入增加至 263.73 亿港元，增幅 13.9%，主要因为澳大利亚 MTM 收取的专营权款项在专营权获得续期后有所增加和其车费收入及项目收入的上升、香港客运业务的客流量增长，以及香港车站商务及物业租赁业务的租金收入增加。2018 年上半年数据未记录 2017 年上半年中国内地的物业发展收入，特别是来自深圳天颂物业发展项目的显著性收入。因此，集团总收入下跌至 263.73 亿港元，跌幅 12.1%。

经常性业务的经营利润（未计香港及中国内地物业发展利润、折旧、摊销及每年非定额付款前经营利润）上升至 93.21 亿港元，增幅为 3.0%。该增长主要由于集团的免税店、车站商店及商场租金收入增长使香港车站商务及物业租赁和管理业务的经营利润增加，以及昂坪 360 项目在 2017 年完成缆车缆索更换工程后的利润上升，同时，部分增长被下跌的香港客运业务的经营利润抵消（因员工成本上升，同时 2017/2018 年度的票价调整根据票价调整机制转移至 2018/2019 年度）。经常性业务的经营毛利率下跌至 35.3%，下降 3.8 个百分点，虽然中国内地及国际业务（其营运及维修业务的经营毛利率较低）的利润贡献增加，但较低的毛利率被 MTR Pendeltågen AB 的显著经营亏损进一步摊薄。如果不包括中国内地及国际的附属公司，来自经常性业务的经营毛利率则至 56.0%，下降 0.8 个百分点，主要因香港客运业务的员工成本上升。

香港物业发展利润为 1.58 亿港元，主要来自出售存货单位及车位，以及西铁物业发展项目（包括海之恋・爱炫美、汇玺、汇玺 II 及全・城汇）的代理费收入。

折旧及摊销费用上升 24.61 亿港元，增幅为 3.0%。向九铁公司支付的每年非定额付款上升 9.99 亿港元，增幅为 9.2%，相当于应支付非定额付款的相关收入的 17.3%。

计入香港物业发展利润、折旧、摊销及每年非定额付款后，未计利息及税项前经营利润下跌至 60.02 亿港元，跌幅为 29.8%，由于中国内地的物业发展利润没有入账。

利息及财务开支为5.80亿港元，较2017年同期上升43.9%，原因是借贷款项增加和利率上升，以及没有像2017年同期一样获得汇兑收益。投资物业重估收益为24.35亿港元，主要反映集团部分商场的收益率轻微收缩，以及写字楼的新订租金上升。来自应占八达通控股有限公司的利润上升至9800万港元，增幅为11.4%。集团中其他联营公司及合营公司的利润增加至1.88亿港元，增幅为104.3%，主要来自京港地铁公司的利润提高。

扣除所得税9.72亿港元及非控股权益应占利润8800万港元后，2018年上半年公司股东应占净利润下跌至70.83亿港元，跌幅5.3%。因此，每股盈利由1.27港元下跌至1.18港元，跌幅7.1%。不包括投资物业重估（非现金会计调整），股东应占基本利润下跌至46.48亿港元，跌幅20.5%，每股基本盈利为0.77港元。在这个总额中，集团经常性利润为44.83亿港元，与2017年相当；而除税后物业发展利润则由13.70亿港元下跌至1.65亿港元。

5. 财务状况表

港铁集团的财务状况持续强健，集团的净资产由2017年12月31日的1664.26亿港元增加19.92亿港元至2018年6月30日的1684.18亿港元。资产总值微跌9.54亿港元至2628.14亿港元，主要因为向政府支付黄竹坑站第二期项目的地价导致结余现金减少，部分跌幅被固定资产因为投资物业的重估收益和现有香港铁路网络的更新及升级工程增加所抵消。

负债总额减少29.46亿港元至943.96亿港元，主要由于应付账款及其他应付款项减少，以及净偿还借贷导致，部分减幅因计提2017年度末期普通股股息而有所抵消。

港铁集团2018年6月30日的净负债权益比率为20.8%，相比2017年12月31日的备考净负债权益比率23.7%（此备考净负债权益比率撇除从发展商收到与支付黄竹坑站第二期地价有关的现金，而此地价金额已于2018年支付给政府）减少了2.9个百分点。

参考文献

香港特别行政区政府统计处，香港统计年刊，香港，2018，(https：//www.censtatd. gov. hk/hkstat/sub/sp140_ tc. jsp? productCode = B1010003 2019 – 3 – 13)。

香港特别行政区政府运输署统计处，交通运输资料月报（2018. 10），香港，2018，(https：//www. td. gov. hk/sc/transport_ in_ hong_ kong/transport_ figures/monthly_ traffic_ and_ transport_ digest/index. html，2019 – 3 – 13)。

香港铁路公司，http：//www. mtr. com. hk/ch/customer/main/index. html，2019 – 3 – 12/2019 – 3 – 13。

香港铁路大典·轻铁，http：//hkrail. wikia. com/wiki/% E8% BC% 95% E9% 90% B5. 2019 – 2 – 16/2019 – 3 – 13。

香港铁路公司：《港铁可持续发展报告 2016》，香港，2016。

香港铁路公司：《2018 中期报告》，香港，2018。

香港铁路公司：《2017 年报》，香港，2018（http：//www. mtr. com. hk/ch/corporate/investor/2017frpt. html，2019 – 3 – 13)。

中国城市轨道交通协会：《城市轨道交通 2018 年统计和分析报告》，2019 年 3 月。

B.16
后　记

本报告在编写过程中，得到了以下单位的大力支持，在此表示衷心的感谢！（按拼音顺序排序）

北京京港地铁有限公司

北京市地铁运营有限公司

北京市轨道交通运营管理有限公司

长春市轨道交通集团有限公司

长沙市轨道交通集团有限公司

成都轨道交通集团有限公司

重庆市轨道交通（集团）有限公司

大连地铁集团有限公司

东莞市轨道交通有限公司

福州地铁集团有限公司

广州地铁集团有限公司

贵阳市城市轨道交通有限公司

哈尔滨地铁集团有限公司

杭州市地铁集团有限责任公司

合肥城市轨道交通有限公司

昆明地铁运营有限公司

南昌轨道交通集团有限公司

南京地铁运营有限责任公司

南宁轨道交通集团有限责任公司

宁波市轨道交通集团有限公司

青岛地铁集团有限公司
上海申通地铁集团有限公司
沈阳地铁集团有限公司
深圳市地铁集团有限公司
苏州市轨道交通集团有限公司
天津轨道交通集团有限公司
武汉地铁集团有限公司
无锡地铁集团有限公司
乌鲁木齐城市轨道集团有限公司
西安市轨道交通集团有限公司
厦门轨道交通集团有限公司
郑州地铁集团有限公司

Abstract

Report on the Development of Urban Rail Transit Operation in China (2018 - 2019) is divided into five parts, including general report, industry management chapter, network operation chapter, expert opinions chapter and reference chapter.

General report, including the review of urban rail transit development, basic operation status, service analysis, standardization construction, management innovation and hot topic forecast. In view of the development of network, analyzed some indexes such as passenger boarding, passenger journey, passenger intensity, transfer coefficient, average distance, operational service time and average travel speed. In addition, this part collects the newly released national standards, industry standards, local standards and group standards related to urban rail transit operation, analyzes the enterprise management innovations such as intelligent operation and maintenance, and discusses the hot topics on urban rail transit safety supervision, diversified payment, regional rail transit integration and intelligent operation.

Industry management. It focuses on the management system and legislation construction progress, and puts forward relevant policy recommendations. Analyzing the relevant documents issued by government and gives some suggestion related to source treatment of operation safety, emergencies handling and public safety prevention

Network operation, including network operation demand overview, passenger service demand, train operation organization demand, emergency management demand and enterprise management demand. For service environment, facilities and comfort level of passenger transfer, it analyzes some typical cases, such as station expansion, AFC system renovation and toilet revolution to improve passenger experience. For the demand of capacity adaptability and emergency treatment, it mainly discusses the unbalance of passenger flow, shortage of usable train, delay propagation, network security redundancy and network emergency command center, etc. And based on the typical cases, gives some suggestions for realizing the network operation requirements.

The expert opinion. It concentrated on the subject including equipment management requirements, enterprise management requirements, big event security requirements, operation standards requirements, intelligent maintenance of vehicles and the improvement of safety management system.

The reference, taking Tokyo and Hong Kong as examples to analyze the network operation. This part mainly discusses the operation data, the train operation organization mode and the safety and emergency management of Tokyo urban rail transit system. In addition, it analyzes the fare and ticket system, design of transfer station, passenger flow organization and operating income and expenditure of Hong Kong urban rail transit system (MTR).

Contents

Ⅰ General Report

Abstract: China's urban rail transit has continued to develop at a high speed, and the operation scale exceeding 5700 km, increased by 14. 5% compared with 2017. More and more cities entered to network operation stage, industry supervision continuously strengthened and enterprise management and technological innovation capability continuously improved. This chapter gives the review of urban rail transit development status in 2018, analyzes the data of passenger boarding, passenger journey and transter coefficient, summarizes the relevant national standards, industry standards, local standards and corporate standards released in 2018, discusses the innovation of the enterprises in recent years, and forecasts the hot topics in the area of urban rail transit in future.

Keywords: Rail Transit; Operation Scale; Innovation

Ⅱ Industry Management

Abstract: This report summarized the national management system for the urban rail transit, which is managed by the National Development and Reform Commission, the Ministry of Housing and Urban-Rural Development, and the Ministry of Transport ccording to the division of responsibilities, and the specific links of the management. Taking Beijing, Shanghai and Shenzhen as examples, this chapter introduced the local management system of urban rail transit with different characteristics. The national legal system of urban rail transit management has been sorted out, and the administrative documents and departmental regulations are mainly adopted. Local laws and government regulations are basically introduced as needed. However, due to factors such as legal authority and effectiveness, there is still a gap between the actual regulations and the urban rail transit development.

Keywords: Urban Rail Transit; National Management; Legal System Construction

Ⅲ Networked Operation

Abstract: This report mainly summarizes the main differences of urban rail transit network and single line in passenger transport service, train operation organization, emergency management and enterprise management, as well as the basic requirements and objectives of providing better service for passengers. The core and eternal goal of the network operation is to provide a safe, reliable and convenient service for passenger. To achieve the goal of providing better passenger service, it needs to be adapted to the changing demands of the passenger flow characteristics and operational scenarios in the area of traffic organization and emergency management. Meanwhile, in order to achieve sustainable development, enterprises also need to make continuous innovation in organizational structure, management system and new technology application.

Keywords: Urban Rail Transit; Passenger Flow Characteristics; Service for Passenger; Networked Operational

Abstract: This report analyzed the characteristics of passenger service such as the complex organization, close correlation between facilities, and diversification of management. It mainly discussed the issue and cause of operation management in the aspect of service quality, service facilities, service security, and service environment, and clarified the actual demand of passenger service. By selecting the case of station renovation, toilet revolution, passenger injury managemen and so on, the optimization suggestion are put forward from the aspects of convenience facilities design, guidance sign design, noise management and station capacity design.

Keywords: Passenger Service; Convenience Facilities; Station Renovation

Abstract: This report summarizes the characteristics and major changes of network train operation organization from the aspects of coordinated preparation of train operation plan, coordination of transfer station timetable, demand of network train operation organization and adjustment of train operation organization under emergency conditions, emphatically analyzes the current situation and main problems in line capacity matching and network toughness when single line fault. This chapter selects many typical cases such as mix routing, vehicle purchases, transfer in the same platform, line split and fault propagation to analyze the problems, main reasons and effects existing in the network operating conditions, and put forward standardization method and suggestions related to operational requirements from the aspects of engineering project prophase management, capacity configuration, and the application of technology research and development.

Keywprds: Train Operation Organization; Train Operation Plan; Network Redundancy

Abstract: This report mainly analyzes the main technical characteristics of emergency management under network conditions from the aspects of propagation effect of operational emergencies, management complexity of emergency resources and equipment system, risk warning and emergency preparedness requirements, etc. , mainly discusses the current situation and major problems in the coordination of multiple operational entities, risk warning and prevention and control of the comprehensive network dispatching and emergency command center. Besides, based on the selection of the overhaul mode and transformation of substations used in common, as well as typical natural disasters such as typhoons and landslides, this chapter puts forward some operational requirements and suggestions on the establishment of comprehensive emergency command center, industry operation risk database, emergency disposal information sharing platform, and on the method of emergency ability assessment.

Keywords: Emergency Management; Network Command Center; Resource Sharing

Abstract: This chapter systematically pointed out the difference of enterprise management between network conditions and single line conditions, which is from the "two-dimensional mode" of service and maintenance to the "three-dimensional mode" of service, maintenance and network. Focused on enterprise management mode, the elaborating management requirements, the present situation of employees training and the enterprise standardization construction, it selected the typical cases including organization structure change, standardization construction and standards clean from chongqing, shenzhen, nanjing and other cities, and proposed the suggestions in the aspect of establishing the management mode adapted to the network operation requirements, strengthening staff training, improving the construction of enterprise management system standardization

Keywords: Enterprise Management; Standardization Construction; Staff Training

Ⅳ Experts Reports

Abstract: In this article, we had starting from the system and equipment functional requirements of the of the Urban Rail Transit industry, proposed the basic configuration and natural attributes to the system and to the equipment to ensure the overall Network Operation Safety. Discussed the concepts of System safety and Equipment Functional Safety, and the RAMS management framework In this case. Then illustrated some thoughts and actions of Xi'an Metro in these aspects by listing some practical cases. We hope to provide some management ideas for the industry to ensure that the design of the system and equipment can be developed according to the actual needs of the metro operation enterprises, and to ensure the operation safety of the whole Metro network.

Keywords: Urban Rail Transit; System Safety and Equipment Safety; Network Operation Requirements

B. 9 Functional Requirements and Enterprise Management Characteristics of Medium-scale Urban Rail Transit Network / 123

Abstract: Suzhou Rail Transit has operated 3 lines. After entering the networked operation stage, the passenger flow has increased sharply, the scale effect of rail transit is obvious, the relationship with the society is closer and the interaction is stronger. The number of professional system facilities and devices are also increasing, and the degree of correlation between systems is greatly improved. Analyze the functional characteristics and management challenges of the medium-sized network, and propose an enterprise management model that matches the functional characteristics of the medium-sized network. Through innovative management mechanisms, culture leading development, emphasis on network planning and design, strengthening operational equipment security management and promoting intelligent elements to meet the needs of medium-sized network operations.

Keywords: Rail Transit; Network Operations; Suzhou

B. 10 Research on the Guarantee Mechanism of Large-scale Activities in Urban Rail Transit System / 138

Abstract: Based on the experience of Shanghai urban guarantee, this paper explores the working mechanism of large-scale activity guarantee on the basis of classification and importance analysis, and summarizes the role of urban rail transit in large-scale activity guarantee and its main guarantee measures. Finally, this paper puts forward some suggestions for improvement of the outstanding problems in the guarantee work of large-scale urban activities.

Keywords: Large-scale Activities; Rail Transit; Operational Guarantee; Working-mechanism

Abstract: With the rapid development of urban rail transit, construction of new subway lines has been under way. As the early-stage project construction has a great influence on the later stage line operation, the operation unit can fully involve in the project construction, which is of great significance to promote the improvement of project quality and realize high-quality operation. Based on the experience and practice of Zhengzhou Metro operation intervention in power supply system construction, this paper studies the management ideas of operation demand (operation intervention) from the aspects of organization, working mechanism and standard system, and puts forward the problems needing attention and solutions in the process of intervention, so as to provide reference for rail transit operation units to do a good job in operation intervention in new line construction.

Keywords: Urban Rail Transit; Operational Demand; Zhengzhou

Abstract: To build anintelligent vehicle system of Shenzhen Metrobased on "IntelligentTrain, IntelligentMonitoring and IntelligentOverhaul", relying on train-ground wireless transmission technology, cloud platform, big data mining, intelligent overhaul equipment and so on, it achievesreal-time online diagnosis and fault alarm, fault trend forecast, maintenance management of total life-cycle for components, mechanized maintenance. And fusing the transdisciplinary operation and maintenance data of EAM system, signaling, tunneling and the others of our companywill achieve the big data management.

Keywords: Metro Vehicle; Intelligent Operation and Maintenance; Intelligent Train; Intelligent Monitoring; Intelligent Overhaul

Abstract: Safety is the foundation of high-quality development of metro operation company. Taking the rail transit operation company in Nanjing as an example, this paper describes the evolution and improvement of the security system in order to adapt to the development of network and the high-quality development of metro operation. The cases of track area management and flood prevention are introduced at the same time.

Keywords: Security System; Track Area Management; Flood Prevention; Metro

V Reference Reports

Abstract: The Railway Transit in Tokyo Metropolis (Tokyo Met) is mainly composed of Tokyo Metro, Japan Railways and Private Railways, which has formed a reliable, efficient and good quality system for operation and sevice. The length of lines in Tokyo Met is near 1000 kilometers and amount of served passengers is more than 35 million per day. The ratio of passengers load to capacity exceeds 150% due to congestion on the most of lines, which brings a good financial position with fine profitability. The operational companies in Tokyo Met imported and imporved many equipments and facilities as well management system, including lines, stations, rolling stocks, electrical systems, communication and signals, human resources management and fare clearing systems, to support the through service on trains running over different lines. The companies also established a behavior standard and responsibility-based system for safety management and emergency. It led to the enhancement of operational safety manament by establishing information sharing, promoting euipments and facilities, intensifying safety education and emergency trainming.

Keywords: Operation Service System; Railwag Transit; Tokyo

Abstract: Hongkong Mass Transit Railway (HK MTR) is one of the most convenient, highest service quality railway systems through the world, whose operational length is more than 230 kilometers and number of served passengers is beyond 5. 5 milion per day. HK MTR has a high efficiency of business and good financial position, for example, its profit from basic business exceeds 10 billion Hongkong dollars per year. HK MTR employs an elaborated ticket fare system with diversified special schemes and futher completes the regulation mechanism for ticket and fare. Although its operation is independent at line level, HK MTR has much imporved the efficiency of passenger transfer and operational management through the ring-shaped connection of lines, design for passenger transfering on the same platform, optimum train plans and information system on transferring to other transports.

Keywords: Ticket Rate; Transfer Flow Organization; Operational Efficiency; Hongkong

S 基本子库
UB DATABASE

中国社会发展数据库（下设 12 个子库）

全面整合国内外中国社会发展研究成果，汇聚独家统计数据、深度分析报告，涉及社会、人口、政治、教育、法律等 12 个领域，为了解中国社会发展动态、跟踪社会核心热点、分析社会发展趋势提供一站式资源搜索和数据分析与挖掘服务。

中国经济发展数据库（下设 12 个子库）

基于"皮书系列"中涉及中国经济发展的研究资料构建，内容涵盖宏观经济、农业经济、工业经济、产业经济等 12 个重点经济领域，为实时掌控经济运行态势、把握经济发展规律、洞察经济形势、进行经济决策提供参考和依据。

中国行业发展数据库（下设 17 个子库）

以中国国民经济行业分类为依据，覆盖金融业、旅游、医疗卫生、交通运输、能源矿产等 100 多个行业，跟踪分析国民经济相关行业市场运行状况和政策导向，汇集行业发展前沿资讯，为投资、从业及各种经济决策提供理论基础和实践指导。

中国区域发展数据库（下设 6 个子库）

对中国特定区域内的经济、社会、文化等领域现状与发展情况进行深度分析和预测，研究层级至县及县以下行政区，涉及地区、区域经济体、城市、农村等不同维度。为地方经济社会宏观态势研究、发展经验研究、案例分析提供数据服务。

中国文化传媒数据库（下设 18 个子库）

汇聚文化传媒领域专家观点、热点资讯，梳理国内外中国文化发展相关学术研究成果、一手统计数据，涵盖文化产业、新闻传播、电影娱乐、文学艺术、群众文化等 18 个重点研究领域。为文化传媒研究提供相关数据、研究报告和综合分析服务。

世界经济与国际关系数据库（下设 6 个子库）

立足"皮书系列"世界经济、国际关系相关学术资源，整合世界经济、国际政治、世界文化与科技、全球性问题、国际组织与国际法、区域研究 6 大领域研究成果，为世界经济与国际关系研究提供全方位数据分析，为决策和形势研判提供参考。

法律声明